TOEFL® MAP
ACTUAL TEST

New TOEFL® Edition

Susan Kim
Michael A. Putlack
Lee Cheong
Stephen Poirier

Speaking 2

DARAKWON

TOEFL® MAP
ACTUAL TEST

New TOEFL® Edition

Speaking 2

Publisher Chung Kyudo
Editors Zong Ziin, Cho Sangik
Authors Susan Kim, Michael A. Putlack, Lee Cheong,
Stephen Poirier
Designers Kim Nakyung, Park Narae, Lee Seunghyun

First published in April 2022
By Darakwon, Inc.
Darakwon Bldg., 211, Munbal-ro, Paju-si, Gyeonggi-do 10881
Republic of Korea
Tel: 82-2-736-2031 (Ext. 250)
Fax: 82-2-732-2037

Price ₩18,000
ISBN 978-89-277-8013-7
      978-89-277-8007-6 (set)

www.darakwon.co.kr

Photo Credits
Shutterstock.com

Components Main Book / Script and Translation Book
7 6 5 4 3 2 1   22 23 24 25 26

TOEFL® MAP
ACTUAL TEST

New TOEFL® Edition

Speaking **2**

머리말

영어로 말해야 하는 상황에서, 정확한 답을 알면서도, 혹은 더 좋은 아이디어가 있음에도 불구하고 섣불리 손을 들고 말하지 못했던 경험이 있으신가요? 많은 유학생들이 손꼽는 학교 생활에서 가장 힘든 점은 토론이고, 해외에 있는 직장인들이 겪는 회사 생활의 힘든 점은 회의입니다. 말을 할 줄 알면서도 모국어가 아니라서 내 발음이 맞을까, 혹시 문법이 틀리지 않을까 하는 걱정에 말을 할 타이밍을 놓치거나 아예 안 하는 경우가 종종 있습니다.

특히나 눈 앞에 타이머가 작동하는 토플 시험장에서는 아무리 준비를 하고 가도 문제가 제시되는 순간 머릿속이 하얘진다는 경험담을 많이 들었습니다. 저 역시 처음 iBT가 나와서 한국에서는 시행되지 않았던 시기에, 캐나다에 가서 시험을 보았던 시간을 잊을 수 없습니다. 저는 "강사니까…" 자신 있게 스피킹을 시작했건만, 처음 1번 문제에서 아이디어가 쉽사리 떠오르지 않다 보니 페이스를 잃으면서 그 다음 문제들도 줄줄이 허둥대며 낭패를 보았죠. 학생들에게 전략을 알려 주고자 봤던 시험이, 본의 아니게 학생들이 패닉 상태에 빠지는 순간에 공감하게 되는 에피소드로 남았습니다.

그렇다면, 영어를 할 줄 아느냐 모르느냐가 스피킹 실력의 척도를 나타낼까요? 영어가 모국어인 사람들에게 주제를 주고 15초의 준비 시간 후 초시계를 앞에 보여 주며 45초 동안 말하라고 하면 대부분은 여러분과 같은 반응을 보이며 몇 마디 못할 것입니다. 이는 비단 언어의 문제가 아닌 논리와 순발력의 문제이기도 하니까요. 시험은 분명 편한 분위기의 환경이 아닙니다. 정해진 시간 안에 조리 있는 답변을 또박또박 말해야 합니다.

논리, 영어 실력, 그리고 자신감과 순발력이 어우러질 때 스피킹 점수는 올라갑니다. 본 교재는 최신 경향에 맞는 다양한 주제를 다루고 있으며, 효율적인 학습을 위해 단계적인 스피킹 훈련 방법을 제시하고 있습니다. 먼저 brainstorming을 통해 주제에 대한 아이디어를 도출해 내고, note-taking을 하면서 논리를 키우며, sample response를 큰 소리로 따라 읽고 자신감과 실력을 키울 수 있습니다.

본 교재를 통해 토플 시험을 준비하는 여러분들이 반드시 좋은 결과를 얻어 여러분들의 꿈을 향해 조금 더 다가설 수 있게 되기를 진심으로 기원합니다. 학생들에게 조금이나마 도움을 주고자 하는 제 바람을 펼칠 수 있도록 책이 출판되기까지 도움을 주신 다락원 편집부에 감사의 말씀을 전합니다. 마지막으로, 언제나 사랑과 응원으로 제 하루하루를 행복하고 가치 있게 만들어 주는 가족들께 깊이 감사드립니다.

저자 김수진

목차

이 책의 특징

최신 경향의 최다 문제 수록

- 각권 16회분 총 32회분의 문제 수록

- 최신 기출 문제를 분석하여 빈출 주제 및 단어로 문를 재구성

모든 문제에 대한 샘플 리스판스 제공

- 수험생에게 실질적인 도움이 될 수 있는 모범 답안 제공

- 찬/반 혹은 의견을 선택해야 하는 문제에서는 각각에 대한 샘플 리스판스를 수록

고득점으로 이어지는 필수 팁 제공

- 고득점을 얻기 위해 답변 시 반드시 알아야 할 팁 제시

각 독립형 문제에 관련된 연관 토픽 제시

- 해당 주제와 관련이 있는 다양한 문제들을 수록

모든 지문과 스크립트, 그리고 샘플 리스판스에 대한 해석 수록

- 리딩 지문과 리스닝 스크립트, 그리고 각 샘플 리스판스에 대한 해석 포함

리스닝 MP3 파일

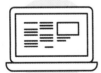   

이 책의 구성

TASK

주제들이 한 쪽으로 치우치지 않도록 빈출 주제들을 균형감 있게
재배치하였다.

NOTE-TAKING

독립형의 경우 노트테이킹 요령뿐만 아니라 브레인스토밍을 원활히
할 수 있는 테이블을 제시하고 있으며, 통합형의 경우에는 리딩 및
리스닝에 대한 노트테이킹 요령을 제시해 두었다.

WORD REMINDER

해당 주제와 관련되고 실제 토플 시험에서 자주 사용되는 단어들을
일목요연하게 정리해 두어, 수험생들이 빠른 시간 내에 단어 학습에
대한 효과를 볼 수 있다.

SAMPLE ESSAY & TIPS for SUCCESS

수험생들이 실제 말을 할 수 있는 레벨을 감안하여 눈높이에 맞춘 샘
플 리스판스들을 제공하였다. 특히 찬/반을 묻는 문제와 의견 선택을
요구하는 문제의 경우, 이에 대한 각각의 샘플 리스판스를 제공해 줌
으로써, 자신의 의견에 맞는 모범 답안을 분석해 볼 수 있다. 또한 답
변에 유용한 사항 등을 TIPS for SUCCESS에 정리해 놓았다.

RELATED TOPICS

독립형의 경우 해당 주제와 관련되어 출제될 수 있는 다양한 문제
들을 추가적으로 제시하고, 아울러 간단한 노트테이킹 작성 요령
들도 수록해 두었다.

TOEFL® iBT에 대한 소개

1. 구성

시험 영역	지분 형식과 문제 수	시간	점수

Reading	• 시험당 3~4개의 지문
	  – 지문 하나는 약 700개의 단어로 구성됨
	  – 각 지문마다 10개의 문제가 출제됨
		54–72분	30점

Listening	• 시험당 2~3개의 대화
	  – 약 3분 동안 12~25차례의 대화가 오고 감
	  – 각 대화마다 5개의 문제가 출제됨
	
	• 시험당 3~4개의 강의
	  – 강의는 3~5분 동안 500~800개의 단어로 구성됨
	  – 각 강의마다 6개의 문제가 출제됨
		41–57분	30점

	**Break** 10 minutes		

Speaking	• 독립형 문제 1개
	  – 15초의 준비 시간과 45초의 응답 시간
	  – 선호 및 의견에 근거한 말하기 문제 1개가 출제됨
	
	• 읽고 듣고 말하기의 통합형 문제 2개
	  – 30초의 준비 시간과 60초의 응답 시간
	  – 대학 생활과 관련된 문제 1개와 특정 학문과 관련된 문제 1개가 출제됨
	
	• 듣고 말하기의 통합형 문제 1개
	  – 20초의 준비 시간과 60초의 응답 시간
	  – 특정 학문과 관련된 문제 1개가 출제됨
		17분	30점

Writing	• 읽고 듣고 쓰기의 통합형 문제 1개
	  – 20분간 읽기 및 듣기 내용을 150~225개의 단어로 요약하는 문제가 출제됨
	
	• 독립형 문제 1개
	  – 30분간 제시된 주제에 따라 최소 300개의 단어로 에세이를 작성하는 문제가 출제됨
		50분	30점

2. 특징

전 세계의 지정된 시험장에서 인터넷을 통해 실시

TOEFL® iBT에서 iBT란 인터넷 기반 시험을 뜻하는 Internet-based Test의 약자이다. 시험은 인터넷 시설이 갖추어진 지정된 시험장에서만 실시되며, 시차에 따른 문제 유출의 소지를 없애기 위해 전 세계에서 동시에 하루 만에 시행된다. 총 시험 시간은 3시간에서 3시간 30분 사이이고, 읽기와 듣기 영역 시험이 끝난 후 10분간의 휴식 시간이 주어진다.

읽기, 듣기, 말하기, 쓰기 영역을 통합적으로 평가

TOEFL® iBT는 네 가지 언어 영역을 평가하는 시험으로, 일부 영역의 시험만 선택할 수는 없다. 특히 말하기와 쓰기 영역에서는 읽고 듣고 말하기, 듣고 말하기, 읽고 듣고 쓰기 등과 같은 통합적인 언어 구사 능력을 평가한다. 문법은 별도의 평가 항목 없이 위의 네 영역에 나오는 문제와 과제를 통해 간접적으로 평가된다.

노트 필기 허용

TOEFL® iBT는 핵심 사항을 필기할 수 있도록 시험장에 입장할 때 연필과 종이를 나누어 준다. 따라서, 읽기, 듣기, 말하기, 쓰기 영역에서 지문을 읽거나 들으면서 중요한 내용을 메모해 두었다가 문제를 풀 때 참고할 수 있다. 노트 필기한 종이와 연필은 시험장에서 퇴실할 때 반납해야 한다.

미국식 이외의 발음 추가

TOEFL® iBT의 듣기 영역에서는 강의 가운데 한 개가 미국식 발음 이외의 영국, 캐나다 등 다양한 국적의 발음으로 나올 수도 있다. 하지만 실제 시험에서 대체적으로 미국식 발음이 가장 많이 들리기 때문에 수험자가 다국적 발음에 대해 크게 걱정할 필요는 없다.

쓰기 영역과 컴퓨터 자판

TOEFL® iBT의 쓰기 영역은 모든 답안을 컴퓨터 자판을 통해 작성해야 한다. 효율적인 답안 삭성을 위해 평소에 엉문 자판에 익숙해 있어야 한다.

인터넷을 통한 성적 확인

TOEFL® iBT는 수험자가 시험을 치른 후 15일 정도 지나서 시험 결과를 온라인으로 확인할 수 있다. 시험을 신청할 때 온라인 성적 확인과 함께 우편 확인까지 선택하면 차후에 우편으로도 성적표를 받아볼 수 있다.

TOEFL® iBT의 Speaking Section 채점 기준

1. 독립형 문제 (Independent Writing Task)

Score 4

매우 명확하고 자연스럽게 답변을 한다. 명확하고 일관성 있는 아이디어로 답변의 완성도가 높다. 이해하기 쉬운 자연스러운 답변을 보이며 문법과 어휘를 효과적으로 사용한다. 발음 및 언어 사용에 있어서 사소한 실수들이 있을 수 있으나, 답변의 전체적인 명료함이나 의미에는 영향을 미치지 않는다.

Score 3

적절하게 답변을 하지만 완성도가 충분히 높지는 않다. 전체적으로 표현이 자연스러우며 답변이 명확하고 문법과 어휘를 효과적으로 사용하는 편이다. 하지만 발음, 말하는 속도, 언어 구조, 혹은 단어 선택에 있어서 사소한 문제가 있기 때문에, 듣는 사람이 이를 이해하기 위해서는 때때로 노력을 기울여야 하며 말이 끊기는 경우도 있을 수 있다.

Score 2

답변을 하지만 아이디어의 전개에 한계가 있다. 아이디어들이 모호하게 표현되고 서로간 연결이 잘 되지 않으며, 문법 및 어휘의 사용이 기초적인 수준에 머물러 있다. 또한, 기본적으로 답변이 명확하기는 하나 발음, 억양, 혹은 말하는 속도에 있어서의 실수 때문에 듣는 사람이 상당한 노력을 기울여야 한다.

Score 1

답변이 매우 짧고 사실상 문제와의 연관성이 없다. 기본적인 아이디어를 표현하는 것 이외의 내용이 부족하며, 발음, 강세, 그리고 억양에 문제가 있고, 문법 및 어휘의 사용이 제한되어 있어서 듣는 사람이 답변을 이해하기가 어렵다.

Score 0

답변이 문제와 관련되어 있지 않거나 요지가 없다.

2. 통합형 문제 (Integrated Writing Task)

Score 4

필요한 정보와 적절한 세부 내용으로 답변을 한다. 전체적으로 명확하고, 자연스럽고, 일관성 있는 답변을 하며 문법과 어휘도 효과적으로 사용한다. 발음, 억양, 혹은 언어 사용에 있어서 사소한 문제가 있을 수 있지만, 답변의 전체적인 명료함이나 의미에는 영향을 미치지 않는다.

Score 3

적절하게 답변을 하지만 완성도가 충분히 높지는 않다. 필요한 정보는 전달하나 세부 내용은 충분히 포함되어 있지 않다. 전체적으로 표현이 자연스럽고 답변이 명료하나, 발음, 억양, 혹은 말하는 속도에 있어서의 사소한 문제 때문에, 듣는 사람이 이를 이해하기 위해서는 약간의 노력을 기울여야 한다. 또한 문법과 어휘를 효과적으로 사용하는 편이나, 일부 단어 혹은 언어 구조의 선택이 부적절하다.

Score 2

연관성 있는 정보를 전달하나, 아이디어들이 잘 연결되지 않는다. 주요 아이디어가 빠져 있거나, 전개가 부적절하거나, 주요 아이디어를 잘못 이해하고 있다. 때때로 답변이 명확하지만 대체적으로 발음, 억양, 혹은 말하기의 속도에 문제가 있어서 듣는 사람이 상당한 노력을 기울여야 한다. 또한 기본적인 수준의 문법과 어휘를 나타내고 있기 때문에, 아이디어의 표현이 제한되어 있거나 모호하며, 혹은 아이디어들이 잘 연결되지 않는다.

Score 1

답변이 매우 짧고 사실상 문제와 연결되지 않는다. 관련된 내용이 없으며 부정확하거나 모호한 표현들이 있다. 말이 종종 끊기고, 말하기를 주저하며, 발음과 억양에 있어서 지속적인 문제가 나타난다. 또한 문법과 어휘의 사용도 심각하게 제한된 범위에서만 이루어진다.

Score 0

답변이 문제와 관련되어 있지 않거나 요지가 없다.

TOEFL® MAP

ACTUAL
TEST Speaking 2

01-01

Which do you prefer, writing a long report or making a presentation? Use details and examples to explain your answer.

PREPARATION TIME
00:00:15

RESPONSE TIME
00:00:45

📝 NOTE-TAKING

A LONG REPORT
- *like doing research* 조사하는 것을 좋아함
- *love writing* 글을 쓰는 것을 좋아함

A PRESENTATION
- *don't get nervous when speaking in public* 대중 앞에서 말할 때 긴장되지 않음
- *prefer communicating orally than in writing* 글을 쓰는 것보다 말로 의사소통하는 것을 선호

Sample Response 🎧 01-02

> A LONG REPORT

I am the kind of person who likes writing long reports. I feel this way for two reasons. First, I enjoy doing research. For instance, I like to visit the library and to search the Internet for information. Then, I enjoy analyzing the data, trying to figure out what it means, and organizing it into a report. Secondly, I love to write. I keep a diary in my spare time and write in it as much as possible. I think I'm a good writer, so I don't mind writing a report for class even if it's several pages long. For these two reasons, I would rather write a long report than make a presentation.

> A PRESENTATION

I am the kind of person who likes making presentations. I feel this way for two reasons. First, I never get nervous when I speak in public. I have given many presentations in the past. While some people get nervous and have problems speaking to large audiences, I am always calm and can give presentations with no problems at all. Secondly, I prefer communicating orally rather than in writing. One reason is that I have trouble writing well. However, I am able to convince people of my opinions whenever I speak. So that makes me a natural at giving presentations. For these two reasons, I would rather make a presentation than write a long report.

WORD REMINDER

organize 조직하다   spare 예비의, 여분의   would rather A than B B를 하느니 차라리 A를 하겠다   nervous 신경질의, 불안한
orally 구두로, 입을 통해서

TIPS for SUCCESS

Timer

답변을 녹음하는 동안 남은 시간을 보여 주는 타이머 때문에 긴장하는 응시자들이 있으며, 심지어는 타이머를 외면하는 응시자들도 있다. 하지만 이제 타이머를 잘 활용하는 연습을 해보도록 하자. 약 25초가 남았을 때 2번째 이유를 설명하고 10초가 남았을 때에는 therefore, thus, hence 등의 단어를 이용하여 답변을 마무리 짓는 연습을 해보는 것이 도움이 된다.

RELATED TOPICS

1 When you do a group project, do you prefer to be the leader of the group or a regular member of the group? 그룹 프로젝트를 할 때, 그룹의 리더가 되고 싶은가, 그룹의 멤버가 되고 싶은가?

LEADER	REGULAR MEMBER
- like being in charge → natural leader 책임을 맡는 것을 좋아함 → 타고난 리더 - make sure all work gets done ∴ high grade 모든 일이 되는 것을 확인 ∴ 높은 평가	- nervous as leader → too much responsibility 리더이면 불안 → 너무 많은 책임 - leader = too much work / regular member = average amount of work 리더 = 일이 너무 많음 / 멤버 = 일의 양이 평균적

2 Students should spend less time doing extracurricular activities and more time studying.
학생들은 과외 활동에 더 적은 시간을 쓰고 공부에 더 많은 시간을 써야 한다.

AGREE	DISAGREE
- too many clubs → meet almost every week 너무 많은 동아리 → 거의 매주 모임 - grades most impt. at school – study more to increase grades 학교에서는 성적이 가장 중요 – 성적을 올리기 위해서는 더 많이 공부	- more activities = well-rounded student 보다 많은 활동 = 취미가 다양한 학생 - sports, clubs, etc. help reduce stress from studying 스포츠, 동아리 등은 학업으로부터 오는 스트레스를 줄이는데 도움이 됨

3 It is possible to get all the news you need to know from the newspaper.
신문에서 여러분이 알 필요가 있는 모든 뉴스를 얻는 것이 가능하다.

AGREE	DISAGREE
- paper covers local news → is the only news am interested in 신문은 지역 뉴스를 다룸 → 흥미가 있는 유일한 뉴스임 - read long news reports → get provided w/lots of info 긴 뉴스 보도를 읽음 → 많은 정보를 제공함	- papers only cover certain stories → ignore news they disagree with 신문은 특정 이야기만 다룸 → 그들이 동의하지 않는 뉴스는 무시함 - reporters = don't understand stories are reporting on → stories are poorly written 기자들 = 보도하는 내용을 이해하지 못함 → 이야기가 엉망으로 쓰여짐

4 Some people prefer to get their news from television. Others prefer to get their news from the Internet. Which do you prefer and why?
몇몇 사람들은 TV로 뉴스를 접하는 것을 선호한다. 다른 이들은 인터넷에서 뉴스를 접하는 것을 선호한다. 여러분은 무엇을 선호하고 그 이유는 무엇인가?

GET NEWS FROM TELEVISION	GET NEWS FROM THE INTERNET
- like videos → can see what is happening 비디오를 좋아함 → 무엇이 일어나는지 볼 수 있음 - prefer short, concise news reports → don't have time to read 짧고 간결한 뉴스 보도를 선호함 → 읽을 시간이 없음	- up to date → can get frequent updates on news events 최신임 → 자주 업데이트된 뉴스 사건을 접할 수 있음 - spend lots of time in front of computer → easy to check news 컴퓨터 앞에서 많은 시간을 보냄 → 뉴스 체크가 쉬움

Music Department Hires New Orchestra Conductor

The Music Department would like to welcome Dr. Philip Martinson to its staff. Dr. Martinson's sole duty will be to serve as the conductor of the school orchestra. The orchestra currently performs in concert three times a year. It has forty members, all of whom are students at the school. Dr. Martinson's office is in Walker Hall. He hopes to increase the size of the orchestra and also to put on more performances during the course of the school year.

 01-03

The woman expresses her opinion about the announcement by the Music Department. Explain her opinion and the reasons she gives for holding that opinion.

PREPARATION TIME

00:00:30

RESPONSE TIME

00:00:60

📝 NOTE-TAKING

READING

- **Dr. Martinson – new orchestra conductor** Martinson 박사 – 오케스트라의 새로운 지휘자
  - only duty – 40-member orchestra 유일한 일 – 40명의 오케스트라
- **wants to increase orchestra size** 오케스트라의 규모를 확대하고자 함
  - put on more concerts 보다 많은 공연

> **WORD REMINDER**
> conductor 지휘자   sole 유일한, 단독의   currently 현재

LISTENING

WOMAN	MAN
• **waste of $** 돈 낭비	• **may agree w/woman** 여자의 말에 동의
- school said had $ probs. but hired new conductor 학교측은 재정 문제가 있다고 했지만, 새로운 지휘자를 고용함	
- 3 concert/year but full-time job 연간 3번의 공연을 하지만 전임임	
• **roommate in Music Dept. but not in orchestra ∴ no benefit** 룸메이트가 음악과이지만 오케스트라에 있지는 않음 ∴ 혜택 없음	• **Music Dept. students benefit** 음악과 학생들에게 이익
- should have given more duties 더 많은 업무를 주어야 했음	

> **WORD REMINDER**
> financial 재정적인, 금전적인   benefit 이익이 되다, 혜택이 되다   prudent 신중한

Sample Response   🎧 01-04

The speakers talk about an announcement made by the Music Department. The announcement reads that a new orchestra conductor has just been hired by the Music Department. The woman dislikes the hiring of the conductor and gives two reasons for feeling that way. The first reason is that she believes hiring the conductor is a waste of money. According to her, the school increased tuition because it needed money. But it hired a person whose only job is to lead an orchestra that performs three times a year. She doesn't understand that. She also says that only a few students in the Music Department will benefit from the new conductor. Her roommate and her roommate's friends are Music majors but aren't in the orchestra, so they probably won't ever meet the conductor. She feels that the conductor should have been given more duties.

The Overconfidence Effect

Confidence is the belief that people have in their judgment and abilities. While most people desire to have confidence, in some cases, people have too much. This is known as overconfidence. Those who suffer from overconfidence have too much faith in their abilities. This often leads them to believe that they can accomplish something whereas, in reality, they are most likely to fail. As a result of the overconfidence effect, people can suffer disappointments in their lives because they build up their expectations of success but then experience failure in reality.

🎧 01-05

The professor talks about two of his students. Explain how their experiences are related to the overconfidence effect.

PREPARATION TIME
00:00:30

RESPONSE TIME
00:00:60

NOTE-TAKING

❶ *too much confidence: overconfidence* 너무 많은 자신감: 과신
   – too much faith in abilities 능력에 대한 과도한 믿음

❷ *believe can do anything* 어떤 것이라도 할 수 있다고 믿음
   – but will probably fail 하지만 실패할 수 있음
   (지문에서 과도한 자신감에 대해 정의를 내리고, 강의에서는 구체적인 예시를 제공할 것이라 추측 가능)

WORD REMINDER
overconfidence 과신   accomplish 성취하다, 이루다   expectation 기대

❶ *smart student → overconfident* 똑똑한 학생 → 과신
   – didn't study for final ∴ get B+ in class 기말 시험 공부를 하지 않음 ∴ 시험에서 C를 받고 수업에서는 B+을 받음

❷ *student wants to be journalist but bad writer* 언론인이 되기를 원하지만 글을 잘 못쓰는 학생
   – many applications but no interviews 여러 차례 지원했지만 면접을 보지 못함
   – very upset 매우 당황

WORD REMINDER
disastrous 비참한   wind up -ing 결국 ~로 끝나다   assume 가정하다

Sample Response   🎧 01-06

The professor lectures to the students about two of his students who had problems with overconfidence. First of all, the professor talks about a student he taught who was very intelligent. The professor says that the student knew he was very smart and was therefore too confident in his abilities, so he didn't study for the final exam. The student did poorly and got a B+ in the class as a result. Next, the professor discusses one of his past students who wanted to become a journalist. She believed that she was a great writer, but she wasn't. So she didn't get any interviews when she applied for newspaper and magazine jobs. This upset her very much, and she had to work in a different profession. These demonstrate a concept called the overconfidence effect. It is a feeling of overconfidence that results in a person experiencing failure rather than success.

01-07

Using points and examples from the talk, explain two ways in which farmers prevent soil erosion on their land.

PREPARATION TIME

00:00:20

RESPONSE TIME

00:00:60

📝 NOTE-TAKING

LISTENING

soil erosion – caused by wind and water 토양 침식 - 물과 바람에 의해 일어남

❶ plants w/deep root systems 뿌리가 긴 식물들
- forms clumps → hard to erode 흙덩어리를 형성 → 침식이 잘 되지 않음
  EX tomatoes & broccoli 토마토와 브로콜리

❷ build barriers 방벽 구축
- wind – plant trees / use mulch 바람 – 나무를 심음 / 뿌리 덮개 사용
- water – build stone walls & dirt barriers / dig ditches 물 – 돌담과 흙벽을 만듦 / 도랑을 팜

WORD REMINDER
prospect 전망, 가능성   soil erosion 토양 침식   topsoil 표토   devastating 파괴적인   productivity 생산성   anchoring point 정착 지점
clump 덩어리   cohesive 점착력이 있는, 결합력이 있는   mulch 뿌리 덮개   channel 수로를 내다

Sample Response 🎧 01-08

In her lecture, the professor talks about two ways that farmers try to prevent soil erosion. The first method that the professor mentions is that farmers plant crops which have deep root systems. She says that tomatoes and broccoli have deep roots. The roots of these plants cause the soil to form clumps underground. The wind can blow away loose soil easily, but it is harder to blow away big clumps of soil. The second method that the professor talks about is that farmers build various barriers. To cut down on wind erosion, some farmers plant lines of trees by their fields. They also put mulch on top of the soil to keep the wind from blowing it away. To cut down on water erosion, some farmers build stone or dirt barriers, and other farmers dig ditches to keep too much water from getting into their fields.

WORD REMINDER
cut down on 줄이다, 감소시키다

TIPS for SUCCESS

통합형에서는 반드시 나온 내용만!
통합형 문제에서는 독립형 문제에서와는 다르게 본인의 의견을 제시하지 말아야 한다. 지문 및 대화에서 나타난 내용만을 가지고 답변하도록
하자. 즉, 화자의 의견에 대해 자신이 찬성하는지 혹은 반대하는지를 언급할 필요는 없다.

TOEFL® MAP

ACTUAL TEST Speaking **2**

🎧 02-01

Do you agree or disagree with the following statement?

The government should provide free housing for everyone.

Use details and examples to explain your answer.

PREPARATION TIME
00:00:15

RESPONSE TIME
00:00:45

📝 NOTE-TAKING

AGREE
- *reduce gap between the rich and the poor* 빈부 격차를 줄임
- *suppress speculation in real estate* 부동산 투기를 통제

DISAGREE
- *freedom in capitalist country* 자본주의 나라의 자유
- *property tax* 재산세

Sample Response　　　　　　　　　　　　　　🎧 02-02

› AGREE

I agree with the statement that the government should provide free housing for everyone. There are two reasons I hold this opinion. First of all, it is a way to reduce the gap between the rich and the poor. For instance, many studies have shown that the middle class is slowly disappearing due to the increasing number of rich and poor people. Secondly, providing free housing will suppress speculation in real estate. To be specific, a lot of young couples have lost all hope of getting nice housing since real estate prices have increased too much. Consequently, increasing the housing supply can solve that problem. For those two reasons, I believe the government should provide free housing for everyone.

› DISAGREE

I disagree with the statement that the government should provide free housing for everyone. There are two reasons I hold this opinion. First of all, purchasing a house with one's own money should be the responsibility of individual people in a capitalist country. For instance, socialist countries where people share assets often suffer from economic crises due to their people suffering from a lack of motivation. Being able to purchase a house with one's own money will make people work harder. Secondly, homeowners have to pay property taxes every year. In most cases, people who earn a lot of money pay more tax because they generally have more expensive homes. For those two reasons, I strongly believe the government is not responsible for providing housing for everyone.

WORD REMINDER

reduce 줄이다　middle class 중산층　disappear 사라지다　suppress 억누르다　speculation 투기　real estate 부동산　purchase 구매하다
responsibility 책임, 책무　capitalist country 자본주의 국가　asset 자산　suffer from ~로 고통 받다　economic crisis 경제 위기　lack 부족
property tax 재산세

RELATED TOPICS

1 It is better to live in a house than in an apartment. 아파트에 사는 것보다 단독 주택에 사는 것이 더 낫다.

AGREE	DISAGREE
- quiet → few people live nearby 조용함 → 소수의 사람들이 가까이 삶 - larger → more space for family 더 넓은 → 가족들을 위한 더 넓은 공간	- convenient → many facilities in complex 편리함 → 복합 건물에 많은 시설들 - safe → guards keep bad people away 안전함 → 나쁜 사람들이 가까이 오지 못하도록 지킴

2 Which do you prefer, living in a large city or living in the countryside?
대도시에 사는 것과 시골에 사는 것 중 어떤 것을 선호하는가?

A LARGE CITY	THE COUNTRYSIDE
- closer to workplace 일터와 더 가까움 - more schools and educational facilities 더 많은 학교와 교육 시설들	- peaceful → can live in nature 평화로움 → 자연에서 살 수 있음 - friendlier people 더 상냥한 사람들

3 Which do you prefer, living in one city your entire life or living in several different cities?
평생 한 도시에 사는 것과 여러 다른 도시에 사는 것 중 어떤 것을 선호하는가?

LIVING IN ONE CITY	LIVING IN SEVERAL DIFFERENT CITIES
- don't have to learn where everything is again and again 계속해서 모든 것이 어디에 있는지 배울 필요가 없음 - can make lifelong friends 평생 친구를 만들 수 있음	- can enjoy life in places around the country 나라 곳곳의 장소에서 삶을 즐길 수 있음 - opportunities to meet variety of people 다양한 사람들을 만날 수 있는 기회

4 The bigger the house I live in, the happier I am. 큰 집에 살 수록 더 행복하다.

AGREE	DISAGREE
- dream house = large house w/many rooms 꿈의 집 = 방이 많은 큰 집 - have lots of possessions → need many rooms for them 많은 소유물이 있음 → 그것들을 위한 많은 방이 필요함	- don't want to clean large place 큰 장소를 청소하고 싶지 않음 - not greedy → no need for large house 욕심이 많지 않음 → 큰 집이 필요 없음

Paulson Hall to Close

Paulson Hall, which has a total of 140 single and double rooms on three floors, will be closed at the conclusion of the fall semester. All students who are currently staying in Paulson Hall must remove their belongings from the dormitory no later than December 23. Some students in Paulson Hall will be relocated to other dormitories on campus. Other students will be obligated to find alternative housing. Students in Paulson Hall should contact Noah Sobe in the student housing office at 565-9833 to discuss their options and to request assistance finding off-campus accommodations.

 02-03

The woman expresses her opinion about the notice by the student housing office. Explain her opinion and the reasons she gives for holding it.

PREPARATION TIME
00:00:30

RESPONSE TIME
00:00:60

📝 NOTE-TAKING

- *Paulson Hall → closed by the end of fall semester* 펄슨 홀 → 가을 학기 말에 폐쇄
  - remove belongings by 12/23 12월 23일까지 소지품을 치울 것
  - some: relocated to other dorms 일부: 다른 기숙사로 재배치
  - others: should find alternative housing 일부: 다른 대체 주거지를 찾아야 함

WORD REMINDER

conclusion 마무리   remove 치우다   belongings 소지품   dormitory 기숙사   relocate 이전하다   obligated 의무가 있는
alternative 대체 가능한   housing 주택   contact 연락하다   option 선택   request 요청하다   off-campus 캠퍼스 밖의
accommodation 거처, 숙박 시설

WOMAN	MAN

- *happy about leaving* 떠나는 것에 기쁨
  - PH: oldest building on campus
    펄슨 홀: 교내에서 가장 오래된 건물
  - rooms: shabby, pipes: leak, many rooms:
    terrible odor 방: 낡음, 파이프: 샘, 많은 방들: 악취
- *upset at school giving last-minute notice*
  학교의 막바지 공지에 언짢음
  - only 2 weeks to find housing
    주거지를 찾기까지 2주밖에 없음
  - busy with final exams + big papers
    기말고사 + 큰 리포트로 바쁨

WORD REMINDER

affect 영향을 미치다   closure 폐쇄   shabby 낡은   leak 새다   disappointed 실망한   acquire 얻다, 구하다   advance 사전의

Sample Response   🎧 02-04

The man and the woman share their views on the school's announcement that it will close a dormitory at the end of the fall semester. According to the announcement, students will either be relocated to other dorms or have to find alternative housing. The woman expresses mixed feelings about the school's decision and provides two reasons for her opinion. First of all, the woman is happy about leaving the dorm because it is the oldest building on campus. She says the rooms are shabby, the pipes leak, and many rooms have a terrible smell. On the other hand, she is upset at the school giving last-minute notice. She explains that students have fewer than three weeks to find housing. Since she is busy with final exams and big papers, she will probably end up living in a place that is not good. Therefore, the woman has mixed feelings about the school's decision to close the dorm.

WORD REMINDER

last-minute 마지막 순간의   end up -ing 결국 ~하게 되다

Solar Storms

There are occasional disturbances on the sun's surface. When these solar storms happen, the sun emits a large amount of energy. The energy is typically released as a solar flare or a coronal mass ejection. When one of these occurs, electrical charges as well as magnetic fields are expelled from the sun and sent out into the solar system. Depending on the size of the solar storm, it can cause disturbances on the Earth if the planet travels through the storm's path. One effect of solar storms is the northern lights while more powerful ones can cause problems for satellites.

02-05

The professor talks about the Carrington Event. Explain how it is related to solar storms.

PREPARATION TIME
00:00:30

RESPONSE TIME
00:00:60

READING

- ***solar storms: occasional disturbances → sun emits E → released as solar flare / coronal mass ejection*** 태양 폭풍: 간헐적 소란 → 태양이 에너지 방출 → 태양 표면의 폭발이나 코로나 질량 방출로 발산됨
  - electrical charges + magnetic fields → expelled from sun → into solar system
  전하 + 자기장 → 태양에서 방출됨 → 태양계를 향함
  - can cause disturbances on Earth 지구에 소란을 야기할 수 있음
  - effect: northern lights // problems for satellites 효과: 북극광 // 위성에 문제가 있을 수 있음
  (언급된 northern lights와 problems for satellites에 관한 구체적 내용이 묘사될 가능성 ↑)

WORD REMINDER

occasional 간헐적인   disturbance 소란   emit 내뿜다   release 발산하다, 표출시키다   flare 불길, 불꽃   coronal mass ejection 코로나 질량 방출
electrical charge 전하   magnetic field 자기장   expel 배출하다, 방출하다   solar system 태양계   northern light 북극광   satellite 위성

LISTENING

Richard Carrington: noticed a flash of white light from sunspot → strange things happening on Earth → Carrington Event
Richard Carrington: 태양의 흑점에서 백색광의 섬광을 알아챔 → 지구에 이상한 일들이 생김 → 캐링턴이벤트

❶ ***night sky: lit up by lights → northern lights*** 밤하늘 → 북극광
  - observed as far south as Panama (close to the equator) → strange ∵ normally observed at northern latitudes 파나마까지 관측됨 (적도에서 가까움) → 이상함 ∵ 보통 최북단에서 관찰됨
  - so bright: people could read newspapers in the middle of the night 너무 밝음: 사람들이 한밤중에 신문을 읽을 수 있었음

❷ ***problem w/communication*** 통신 문제
  - telegraph: tool for long-distance communication 전보: 장거리 통신의 도구
  - stopped working for 12hrs 12시간 동안 작동 멈춤
  - some operators: saw sparks from machines 몇몇 전신 기사들: 기계에서 나오는 불꽃을 봄

WORD REMINDER

astronomer 천문학자   observe 관찰하다   telescope 망원경   observation 관찰   notice 알아채다   flash 섬광   sunspot 태양의 흑점
light up 환해지다   northern light 북극광   normally 보통   latitude 위도   illuminate 밝히다   equator 적도   bright 밝은
communication 통신   telegraph 전보   communicate 연락을 주고받다   long distance 장거리   telegraph operator 전신 기사
spark 불꽃, 불똥   enormous 거대한   myriad 무수히 많은

Sample Response   🎧 02-06

    In his lecture, the professor talks about the Carrington Event. It took place in 1859 and received its name because it was observed by an astronomer whose name was Carrington. According to the professor, Carrington saw a white light emerge from a sunspot. Then, the next day, some strange things took place on the Earth. The northern lights were seen at extreme southern locations such as in Panama, and the sky became so bright that people could read newspapers in the middle of the night. In addition, telegraphs stopped working for half a day. Some telegraphs even had sparks come from them. The professor says this happened because of a solar storm. A solar storm is a disturbance on the sun's surface that can discharge electricity and magnetic fields into the solar system. If it hits the Earth, it can make the northern lights and also cause problems for satellites.

WORD REMINDER

emerge 나오다   discharge 배출하다   electricity 전기

∩ 02-07

Using points and examples from the talk, explain how hedgehogs and sea urchins use their spikes.

PREPARATION TIME
00:00:20

RESPONSE TIME
00:00:60

📝 NOTE-TAKING

animals w/spikes (ex. porcupine) 가시가 있는 동물들 (예. 호저)
other animals 다른 동물들

❶ *hedgehogs* 고슴도치
- scared / upset: raise spikes + curl itself into a ball 무섭거나 기분이 언짢을 때: 가시를 세움 + 몸을 공처럼 동그랗게 말아서 있음
- cannot shoot / dislodge spikes 가시를 쏘거나 상대방에게 가시를 박을 수는 없음
- spikes hurt if penetrating an attacker's body → defensive function
  가시는 공격자의 몸을 뚫고 들어가면 아플 수 있음 → 방어 기능

❷ *sea urchins* 성게
- spikes: multiple functions 가시: 다양한 기능
- 1) for movement: help them roll along the bottom of the ocean 움직임: 바다의 바닥을 기어 다니도록 도움
  2) defensive purpose 방어 목적
- some: capable of injecting venom through spikes 일부: 가시를 통해 독을 주입할 수 있음
- in general, venom: not harmful to humans / harmful to small marine animals
  일반적으로, 독: 인간들에게는 해롭지 ✕ / 작은 해양 동물들에게는 해로움

WORD REMINDER

porcupine 호저 (대형 설치류의 일종)　spike 가시　quill 깃　hedgehog 고슴도치　docile 유순한　curl 몸을 동그랗게 말다　form 형태, 방식
shoot 쏘다　dislodge 제자리를 벗어나게 만들다　attacker 공격자　penetrate 뚫고 들어가다　serve 제공하다　defensive 방어의　function 기능
sea urchin 성게　spine 등뼈, 척추　multiple 다양한　roll 구르다　seafloor 해저　sharp 날카로운　inject 주입하다　venom 독
puncture 찔리다, 펑크나다

Sample Response　🎧 02-08

　　The professor's lecture is about spikes some animals have and how they use those spikes. She mentions the porcupine as having spikes and then goes into detail on hedgehogs and sea urchins, which also have spikes. According to the professor, hedgehogs cannot shoot spikes or dislodge them from their bodies. However, when threatened or scared, hedgehogs can roll themselves into a ball and raise their spikes. The result is a ball of spikes which can hurt anyone or anything that touches it. Sea urchins have spikes they can use to move their bodies on the seafloor. But like hedgehogs, sea urchins also use their spikes for defense. In fact, some have spikes with venom. The venom can harm marine creatures badly, and it can sometimes kill humans if the spikes penetrate a person's body enough times. However, the professor notes that sea urchin venom isn't usually dangerous to people.

WORD REMINDER

threaten 위협하다　roll into ~을 굴리다　raise 위로 올리다　defense 방어, 수비

TOEFL® MAP
ACTUAL
TEST Speaking 2

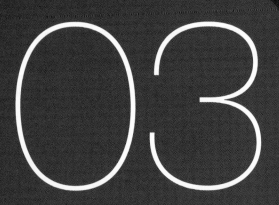

VOLUME HELP NEXT

🎧 03-01

Do you agree or disagree with the following statement?

Parents are the best teachers for children.

Use details and examples to explain your answer.

PREPARATION TIME
00:00:15

RESPONSE TIME
00:00:45

ACTUAL TEST 03

📝 NOTE-TAKING

AGREE
- *spend most time w/children* 대부분의 시간을 아이들과 함께 보냄
- *know children better than others* 다른 이보다 아이들을 더 잘 알고 있음

DISAGREE
- *teachers – trained in teaching methods* 교사 – 교수법에 숙달됨
- *friends – can relate better* 친구 – 관계가 더 좋음

Sample Response 🎧 03-02

› AGREE

I agree that parents are the best teachers for children. I hold this opinion for two reasons. First, parents spend the most time with their children. After all, most children live with their parents until at least college. So this gives parents plenty of time to teach their children. My mom and dad always take the opportunity to teach me many things when we are together. Secondly, parents know their children better than anyone else. For instance, many parents know how their children learn better than their children's teachers or other people. This lets parents teach their children in ways that are highly effective. For these two reasons, I believe that parents are the best teachers for children.

› DISAGREE

I disagree that parents are the best teachers for children. I hold this opinion for two reasons. First, I think teachers are better than parents at teaching. Almost all teachers have taken classes on teaching. So they know the best methods to teach children how to learn. This makes them better teachers than parents. Secondly, children's friends are often better teachers than parents, too. For instance, friends can relate to one another better than their parents because of the age gap. My friends can explain difficult concepts to me better than my parents because they know the best words to use to make me understand something. For these two reasons, I disagree that parents are the best teachers for children.

WORD REMINDER
plenty of 많은   opportunity 기회   highly 매우   age gap 연령 차이

TIPS for SUCCESS

Volume

응시자가 시험장에서 단어 하나하나를 지나치게 큰 소리로 말함으로써 다른 응시자들에게 피해를 주는 경우가 종종 있다. 답변을 시작하기에 앞서서 오디오를 테스트 하게 되는데, 이때 볼륨의 상태를 점검할 수 있으므로, 테스트를 하면서 특별한 문제가 없다면 녹음 상태를 신뢰하고 평상시 말하는 정도의 크기로 답변을 녹음하자.

1 Parents need to spend more time with their children. 부모는 아이들과 더 많은 시간을 보내야 한다.

AGREE	DISAGREE
- make children happier 아이들이 더 행복해짐	- children spend time w/friends 아이들은 친구들과 시간을 보냄
- can raise children better 아이들을 보다 잘 양육할 수 있음	- parents & children = spend enough time together 부모와 아이들 = 함께 충분한 시간을 보내고 있음

2 Parents should be involved in deciding where their children go to college.
자녀들이 어느 대학에 갈지 결정을 내릴 때는 부모들이 개입을 해야 한다.

AGREE	DISAGREE
- parents = wise ∴ make better decisions 부모 = 현명 ∴ 더 나은 결정을 함	- important life decision – only child chooses 인생에서 중요한 결정 – 아이만이 선택
- parents pay tuition → fair for them to help choose 부모가 학비를 부담 → 그들이 선택을 돕는 것이 공정	- child, not parents, will study ∴ should be child's decision 부모가 아니라 아이가 공부를 할 것임 ∴ 아이의 결정이어야 함

3 Parents should be more involved in their children's educations. 부모는 자녀들의 교육에 더 깊숙이 관여해야 한다.

AGREE	DISAGREE
- involved parents = children learn better + have better grades 관여한 부모 = 자녀들이 더 잘 배움 + 성적이 더 좋음	- teachers do good job → don't need parental interference 선생님들이 더 잘하는 일임 → 부모의 간섭 ✕
- can help w/homework → make sure children know lessons well 숙제하는 것을 도움 → 아이들이 확실히 수업을 더 잘 알게 함	- grandparents didn't help my parents → still got good educations 조부모님은 우리 부모님을 돕지 않음 → 하지만 좋은 교육을 받음

4 Children should have a role model. 어린이들은 역할 모델이 있어야 한다.

AGREE	DISAGREE
- need someone to look up to 존경할 사람이 필요함	- father didn't have → has become successful 아버지는 역할 모델이 없었음 → 성공했음
- can model yourself on that person 그 사람을 모범으로 삼을 수 있음	- many people not worthy of respects nowadays → no good role models 많은 사람들이 존경할 만하지 않음 → 좋은 역할 모델이 없음

ACTUAL TEST 03

To the Editor,

    I believe that student-advisor meetings should no longer be required at the university. To begin with, the school's website is full of information about classes and requirements for majors. So students should be able to get the information they need from the website. In addition, it is often hard for both students and their advisors to find convenient times to meet. Because of everyone's busy schedules, it is too hard for students to meet their professors. I hope the school administration will consider my suggestion.

Amy Flanders
Senior

03-03

The man expresses his opinion about the letter to the editor in the school newspaper. Explain his opinion and the reasons he gives for holding that opinion.

PREPARATION TIME
00:00:30

RESPONSE TIME
00:00:60

✍ NOTE-TAKING

READING

- *school's website good → can get class info from it* 학교 웹사이트가 좋음 → 그로부터 수업 정보를 얻을 수 있음
- *hard for students and advisors to meet / busy schedules* 학생과 지도 교수가 만나기가 어려움 / 바쁜 스케줄

WORD REMINDER

advisor 지도 교수   to begin with 우선   requirement 필요 조건, 요건   administration 행정 당국, 대학 본부

LISTENING

WOMAN	MAN
• *has never relied on advisor for class info* 수업 정보를 얻기 위해 지도 교수에게 의지했던 적이 없음	• *website – not helpful* 웹사이트 – 도움이 되지 않음 – advisor: lots of knowledge 지도 교수: 많은 지식 – told student about good classes 좋은 수업에 대해 학생에게 알려 줌
• *has problems meeting advisor* 지도 교수를 만나는데 문제가 있음	• *no problems meeting advisor* 지도 교수를 만나는데 문제가 없음 – at school 4 days/week + keeps office hours 1주일에 4일 학교에 있음 + 사무실 근무 시간을 지킴 – has home phone number 집 전화번호를 알고 있음

Sample Response   🎧 03-04

    The man and the woman talk about a letter to the editor in the school newspaper. The person who wrote the letter believes that student-advisor meetings should no longer be required. The man gives two reasons for disagreeing with the opinion of the letter writer. The first reason he provides is that he finds his advisor to be very helpful. According to him, his advisor knows a lot about his major requirements. His advisor has also told him about some useful classes that he can take which he never would have learned about if he had merely relied on the school's website. Secondly, the man states that he has no problems meeting his advisor. His advisor comes to school four days a week and keeps his office hours. The man even has his advisor's home phone number in case he needs to talk about anything.

WORD REMINDER

in case ~하는 경우에, ~하는 경우에 대비하여

Emotional Intelligence

The ability to understand the emotions of others and then to be able to act in response to these emotions lies at the core of emotional intelligence. Perceiving the emotions of another person or group can enable a person to control a situation and to manage it to a desired outcome. How high or low people's emotional intelligence is may have a large impact on their personal and professional lives. An inability to understand others' emotions may hinder individuals from maintaining relationships or from being successful in various endeavors.

🎧 03-05

The professor talks about an incident that occurred while she was out with her daughter. Explain how the incident is related to emotional intelligence.

PREPARATION TIME
00:00:30

RESPONSE TIME
00:00:60

📝 NOTE-TAKING

READING

❶ ***understand others' emotions & respond*** 타인의 감정을 이해하고 반응함
- – cān perceive emotions → control situations 감정을 인식할 수 있음 → 상황을 통제

❷ ***high / low emotional intelligence → affect personal & professional lives***
감성 지능의 높고 낮음 → 개인적 및 직업적 삶에 영향
- – no emotional intelligence: bad relationships + not successful at other activities
감성 지능의 부재: 좋지 않은 관계 + 다른 분야에서 성공하지 못함
(감성 지능이 어떻게 삶에 영향을 끼칠 수 있는지에 대한 예시)

▌ WORD REMINDER

emotional intelligence 감성 지능   in response to ~에 반응하여   core 핵심   perceive 인식하다, 인지하다   outcome 결과
hinder A from B A가 B하는 것을 막다, 방해하다   endeavor 노력, 시도

LISTENING

❶ ***prof., daughter, & friends – café*** 교수, 딸, 친구들 – 카페
- – don't choose drinks. ∴ prof. angry 음료를 고르지 못함 ∴ 교수가 화가 남
- – daughter sees body lang. → order drinks ASAP 딸이 신체 언어를 알아차림 → 가능한 빨리 음료를 고름

❷ ***prof. – no yelling*** 교수 – 소리를 지르지 않았음
- – daughter – teen ∴ yelling – bad 딸 – 십대 ∴ 고함치는 것 – 좋지 않음
- – daughter has stress from midterms → prof. keeps temper 딸이 중간 고사로 스트레스를 받음 → 교수가 평정심을 유지

▌ WORD REMINDER

grasp 쥐다; 파악하다   personal history 이력, 경력   encourage 용기를 주다, 격려하다   outburst 폭발; 격노   embarrass 당황하게 만들다
scream 소리지르다   make a scene 소란을 피우다

Sample Response 🎧 03-06

The professor lectures to the class on two ways in which she and her daughter used their emotional intelligence. The first example concerns her daughter's ability to recognize her mother's body language. The professor mentions that while at a café, her daughter realized that the professor was getting upset, so she convinced her friends to hurry and choose the drinks that they wanted. Next, the professor talks about how her own emotional intelligence stopped her from getting upset at her daughter in front of her friends. The professor knew that yelling at her daughter would upset her, so the professor kept her temper. These demonstrate the concept called emotional intelligence, which is defined as a person's ability to understand and respond to other people's emotions. People with high emotional intelligence are able to recognize others' feelings more easily than people with low emotional intelligence.

▌ WORD REMINDER

temper 성질, 기질; 평정, 인내

03-07

Using points and examples from the talk, explain how mangrove trees and maize have root systems different from those of typical plants.

PREPARATION TIME

00:00:20

RESPONSE TIME

00:00:60

NOTE-TAKING

LISTENING

roots: extract water & nutrients + anchor plant to ground
뿌리: 물과 영양분을 흡수 + 식물을 지면에 고정시켜 줌

❶ *aerial roots: aboveground roots* 기근: 지상에 있는 뿌리
  - mangrove tree 맹그로브 나무
    grows in areas w/salty water 바닷물이 있는 지역에서 자람
    roots don't absorb water 뿌리가 물을 흡수하지 않음
    take in gas from air 공기로부터 기체를 흡수

❷ *brace roots* 지주근
  - maize: corn 메이즈: 옥수수
    tall, thin stems → need support 키가 크고 얇은 줄기 → 지지할 수 있는 것이 필요
  - roots form ring around stem → go into ground: brace plant in soil
    줄기 주변 고리 형태의 뿌리 → 지면으로 감: 식물을 땅에 고정시켜 줌

WORD REMINDER

virtually 사실상   extract 뽑아내다   anchor 닻, 고정 장치   aerial root 기근   salinity 염분, 염도   laden with ~을 실은, ~를 지닌   brace root 지주근

Sample Response   🎧 03-00

　During his lecture, the professor talks about two different plants that don't have typical root systems. The first plant he discusses is the mangrove tree. The professor remarks that the mangrove tree grows near the coast, where the water contains a lot of salt. Because of this, mangrove trees have aerial roots. These are roots that grow above the ground. Being above the ground prevents the roots from absorbing too much salt water. The roots can also absorb gases from the air and use those gases to process nutrients. The second plant is maize, or corn. According to the professor, maize plants grow high but have thin stems. To provide support, maize grows brace roots. These form a ring around the stem and then descend into the ground, where they keep the plant into the soil. This stops the maize plant from falling over.

WORD REMINDER

remark 언급하다   brace 떠받치다   descend 내려오다

TOEFL® MAP

ACTUAL TEST Speaking 2

04

04-01

Which would you prefer, a high-paying job or a satisfying job? Use details and examples to explain your answer.

PREPARATION TIME
00:00:15

RESPONSE TIME
00:00:45

ACTUAL TEST 04

✏️ NOTE-TAKING

A HIGH-PAYING JOB
- *need money to survive* 살아가기 위해서는 돈이 필요
- *can pay for trips abroad* 해외 여행의 비용을 감당할 수 있음

A SATISFYING JOB
- *40hr workweek – don't want stress or boredom* 주 40시간 근무 – 스트레스나 지루함을 원하지 않음
- *live at home → no rent or utility bills* 집에서 생활 → 월세나 공공 요금을 내지 않음

Sample Response 🎧 04-02

› A HIGH-PAYING JOB

I prefer a high-paying job to a satisfying job. I have two reasons for holding this opinion. First, money is very important. I need to make money to survive. To be specific, I need money to pay for housing, food, transportation, health care, and other costs. So a high-paying job can provide me with money to pay for the necessities of life. Secondly, a high-paying job can give me money to travel. For example, my uncle is a banker. He earns a big salary. So he can afford to take trips abroad to places in Europe and Asia. I want to do that, too. For these two reasons, I prefer a high-paying job to a satisfying job.

› A SATISFYING JOB

I prefer a satisfying job to a high-paying job. I have two reasons for holding this opinion. First, you go to your job almost every day. To be specific, most jobs require at least forty hours of work a week. I want those hours to be satisfying. If they are stressful or boring, they will have a negative impact on my life. Secondly, I don't need a lot of money right now. For example, I still live with my parents, so I don't have to pay rent or utilities. My cost of living is very low since I don't have any major expenses. For these two reasons, having a satisfying job is more important than having a high-paying job.

◤ WORD REMINDER

health care 건강 보험, 의료 보험   utility 공익 설비   cost of living 생활비, 생계비

▮ TIPS for SUCCESS

Signal Words

말을 할 때, first of all, next, therefore 등의 시그널워드(signal words)나 전환구(transition words)를 최대한 많이 사용해 보자. 채점자가 1초라도 집중력을 잃으면 응시자가 말했던 내용을 놓칠 수 있기 때문에, "The second reason is that ~" 등의 표현을 사용하여 문장을 시작하는 것이 좋다.

1 Which would you prefer, a job that rewards success with money or a job that rewards success with more authority? 성공을 돈으로 보상해 주는 일자리가 좋은가, 더 많은 권한으로 보상해 주는 일자리가 좋은가?

MONEY	MORE AUTHORITY
- work hard → more $ 열심히 일함 → 더 많은 돈	- want to be co. pres. one day 언젠가 회장이 되고 싶음
- higher salary = retire sooner 더 높은 월급 = 더 빠른 은퇴	- more power = improve management skills 더 많은 권한 = 경영 능력을 기름

2 Which would you prefer, to work at a large company or a small one?
대기업에서 일하는 것을 선호하는가, 중소기업에서 일하는 것을 선호하는가?

LARGE COMPANY	SMALL COMPANY
- more chances for promotion 승진할 수 있는 보다 많은 기회	- be closer to coworkers 동료들과 더욱 친밀함
- many offices → can transfer 많은 사무실 → 자리 이동을 할 수 있음	- fewer workers = more responsibility 더 적은 직원 = 더 많은 책임

3 People should take yearly training courses to improve their ability to do their jobs.
사람들은 직업 능력 향상을 위해 1년에 한 번씩 훈련 과정을 밟아야 한다.

AGREE	DISAGREE
- modern tech always improving → need to learn to do job well 현대 기술이 계속 발전함 → 직무 수행을 잘하기 위해 배울 필요가 있음	- many people's jobs never change → training = waste of time 많은 사람들의 직업은 결코 변하지 않음 → 교육 = 시간 낭비
- can network w/other employees during courses → helps career 과정 동안 다른 직원들과 정보망을 형성할 수 있음	- easier to get taught by fellow workers → more efficient than taking courses 동료 직원들에 의해 쉽게 배울 수 있음 → 과정을 듣는 것보다 더 효과적임

4 Luck is more important than skill when it comes to being successful. 성공에 관한 한 운이 기술보다 더 중요하다.

AGREE	DISAGREE
- success is often a matter of being in the right place at the right time → luck 성공은 종종 알맞은 때 알맞은 장소에 있는 문제임 → 운	- skilled people → highly successful 숙련된 사람들 → 성공하기 쉬움
- lucky break can give person good job, promotion, etc. 행운은 사람들에게 좋은 직장과 승진 등을 줄 수 있음	- don't believe in luck → no such thing 운을 믿지 않음 → 그런 것은 없음

New Dormitory Quiet Policy

Starting next Sunday, February 10, all dormitories on campus will institute a new quiet policy. From ten o'clock at night until eight o'clock the next morning, students in the dormitories may not make excessive noise. This includes, but is not limited to, playing music and having parties. In addition, during this same time period, no more than four students may get together in a single dormitory room at the same time. There have been too many loud parties in the dormitories lately, and they are disturbing students trying to study and sleep. Violators will be fined $100.

 04-03

The man expresses his opinion about the announcement by the university housing office. Explain his opinion and the reasons he gives for holding that opinion.

PREPARATION TIME

00:00:30

RESPONSE TIME

00:00:60

📝 NOTE-TAKING

READING

- *no excessive noise from 10:00 PM – 8:00 AM* 저녁 10시부터 아침 10시까지 불필요한 소음을 내서는 안 됨
- *no music / parties* 음악 / 파티 규제
  - 4+ students in dorm at same time → no 4명 이상의 학생이 동시에 기숙사 방에 있는 것 → 금지

WORD REMINDER

institute 설립하다; 시행하다   policy 정책, 방침   get together 모이다   fine 벌금을 물리다

LISTENING

WOMAN	MAN
● *unfair* 불공평	**● *likes policy* 방침을 좋아함**
– likes playing music late at night	– gets disturbed by students
밤 늦게 음악 듣는 것을 좋아함	학생들에 의해 방해를 받음
	– 11:00 PM – went to late-night study room at
	library because of neighbors' loud music
	밤 11시 – 이웃의 시끄러운 음악 때문에 도서관에 있는 심야 독서실에 갔음
● *no big groups – unfair*	**● *students' fault* 학생들의 잘못**
여러 명이 모일 수 없음 – 불공평	– too many loud parties → all being punished
	너무 많은 시끄러운 파티 → 모두가 벌을 받음
	– likes sleeping early → wants quiet
	일찍 자는 것을 좋아함 → 조용하기를 원함

WORD REMINDER

in favor of ~을 좋아하는, ~을 찬성하는   turn down (소리 등을) 줄이다   fault 잘못   punish 처벌하다

Sample Response 🎧 04-04

    The man and the woman share their opinions on the university's new quiet policy in the dormitory. The man expresses a positive opinion of the new policy for two reasons. The first one is that he has gotten disturbed by loud music and parties too many times. According to him, he had to go to the late-night study room at the library to study late one night because his neighbors in the dormitory wouldn't turn down their loud music. Now, they will have to be quiet. Secondly, the man mentions that lots of students have been having noisy parties, so the university is punishing everyone because of those individuals. He notes that he likes to go to bed early but can't because of the parties. He can't sleep or study because there's too much noise. Therefore, the man agrees with the school's new policy.

■ TIPS for SUCCESS

Task 2: Listening

2번 문제에 대한 답변을 할 때, "여자는 이렇게 말하는데 남자는 이렇게 대답하고, 여자는 이렇게 얘기하며 남자는 저렇게 말한다"라는 식으로 대화의 줄거리만 설명하는 응시자들이 종종 있다. 하지만, 두 사람 중 한 명이 주된 내용을 말하기 때문에, 응시자는 자신의 의견을 피력하는 한 명의 말에 특히 주의하여 그 내용을 정리해서 말해야 한다.

Assimilation

When immigrants move to a new country, they often encounter customs and traditions which are foreign to them. In order for these immigrants to integrate themselves into their new homes, they must adapt to—or at least come to understand—the differences between their country of origin and their new country. This process of assimilation takes place over time. It typically involves the person learning the new country's language fluently and also coming to take part in various customs that the natives practice.

04-05

The professor talks about how immigrants adapt to their new countries. Explain how these examples are related to assimilation.

PREPARATION TIME
00:00:30

RESPONSE TIME
00:00:60

📝 NOTE-TAKING

READING

❶ *immigrants integrate into new countries* 이민자들이 새로운 나라에 통합
- learn how first country & new one are diff. 첫 번째 나라와 새로운 나라가 어떻게 다른지 알아야 함

❷ *takes time* 시간이 걸림
- learn lang. fluently / take part in customs 언어를 배워서 유창해 짐 / 관습에 참여
(어떻게 융합되는지에 대한 예시가 나올 것 같음: 시간, 언어, 관습에 대한 단어에 집중)

WORD REMINDER
assimilation 동화   encounter 우연히 만나다, 조우하다   integrate 통합하다

LISTENING

❶ *cousin married Brazilian → moved home* 사촌이 브라질 사람과 결혼 → 고국으로 이주
- husband & family members taught wife customs & traditions 남편과 가족들이 아내에게 관습 및 전통을 알려 줌
- improved Eng. → like native-born citizen now 영어 능력 향상 → 현재 토박이와 같음

❷ *watch TV – sitcoms, dramas, etc. TV* 시청 – 시트콤, 드라마 등
- learn Am. slang, customs, & behavior 미국의 속어, 관습, 행동 방식에 대해 배움

WORD REMINDER
unsettling (마음을) 심란하게 만드는   literally 글자 그대로, 사실상   resort to ~에 호소하다, ~에 의지하다   slang 속어   unorthodox 정통이 아닌

Sample Response   🎧 04-06

   In the lecture, the professor describes two ways in which immigrants have adapted to their new homes. The first example concerns the professor's cousin's wife. Her cousin married a Brazilian and then moved back home. Her cousin's wife adapted to her new country by relying on her husband and family members. They helped her learn the language and customs, so now people think she's a native. The second example is about how people watch television to adapt to American life. According to the professor, people watch sitcoms, dramas, and shows like *Sesame Street* to learn about American slang and customs. These demonstrate a concept called assimilation, which is defined as the process that immigrants go through when they move to a new country and learn to live and act like the people in their new country.

WORD REMINDER
go through 겪다, 경험하다

04-07

Using points and examples from the talk, describe the two types of feathers the loon has and how they help the loon survive in its environment.

PREPARATION TIME
00:00:20

RESPONSE TIME
00:00:60

NOTE-TAKING

LISTENING

loon: lives in cold climate 아비: 추운 기후에서 서식
two types of feathers: outer and inner 두 종류의 깃털: 바깥쪽 깃과 안쪽 깃

❶ *outer feathers* 바깥쪽 깃
- loons use for flying 아비들이 비행에 사용
- are waterproof → keep loon safe when rains or snows 방수 → 비나 눈이 올 때 아비들을 지켜 줌
- like diver's suit: loon dives in water for food but stays dry
  잠수복과 같음: 아비가 음식을 구하기 위해 물속으로 잠수하지만 물에 젖지 않음

❷ *inner feathers* 안쪽 깃
- called down 솜털이라고 불림
- soft and fluffy → keep loon warm 부드럽고 보슬보슬함 → 아비를 따뜻하게 해줌
- provide insulation 단열 기능을 제공
- down feathers stay dry ∴ loon doesn't freeze 솜털은 물에 젖지 않음 ∴ 아비가 얼어 죽지 않음

WORD REMINDER

loon 아비   crustacean 갑각류   vane 바람개비   measure 수단, 방법   soak (물에) 흠뻑 젖다   in search of ~을 찾아
refer to A as B A를 B라고 지칭하다   fluffy 보슬보슬한   rigid 단단한, 뻣뻣한   insulation 차단, 절연   as long as ~하는 한

Sample Response　　　　　　　　　　　　　　　　　　　　　　　🎧 04-08

　　In his lecture, the professor describes two types of feathers that loons have. The first type is their outer feathers. Loons use these feathers to fly, but they also protect the birds. The outer feathers are waterproof, so they keep loons dry in rainy and snowy weather. Since loons dive into water to catch their food, they are very important feathers. The waterproof outer feathers prevent loons from getting too wet when they're hunting for food. The second type of feathers is the inner feathers. Also known as down feathers, these soft, fluffy feathers help keep loons warm. They serve as a form of insulation for loons. Since loons live in northern lands that can become very cold in winter, their down feathers keep them from freezing. In this way, the professor describes two different types of feathers loons have and how those feathers help loons survive.

WORD REMINDER

known as ~로 알려져 있는

TOEFL MAP

ACTUAL TEST Speaking **2**

05

05-01

Do you agree or disagree with the following statement?

Because of modern technology, students no longer need to learn how to read maps.

Use details and examples to explain your answer.

PREPARATION TIME
00:00:15

RESPONSE TIME
00:00:45

ACTUAL TEST **05**

📝 NOTE-TAKING

AGREE
- *availability of technology (phone, built-in system)* 기술의 효용성 (전화, 시스템에 내장됨)
- *waste of time* 시간 낭비

DISAGREE
- *still need to learn in case of emergency* 긴급 상황의 경우 여전히 필요함
- *basis for interactive maps* 기술 지도의 기초

Sample Response　　🎧 05-02

> AGREE

I agree with the statement that because of modern technology, students no longer need to learn how to read maps. There are two reasons I have this opinion. First of all, technology has made it easy to access interactive maps via smartphones and tablet apps. For instance, thanks to my built-in tablet with different functions like maps in my car, I can easily find places. The second reason is that learning to read traditional maps is a waste of time. To illustrate, many people find it pointless to learn how to read maps when they can use electronic maps instead. For these two reasons, I believe learning how to read maps is unnecessary today.

> DISAGREE

I disagree with the statement that because of modern technology, students no longer need to learn how to read maps. There are two reasons I have this opinion. First of all, there are times when people have no access to electronic devices. For instance, it is impossible to use a smartphone or tablet when its battery has run out. The second reason is that being able to read maps is necessary for people to make maps by using modern technology. To illustrate, map developers have to learn all about traditional maps before they can develop any online tools. For those two reasons, I believe learning how to read maps is still necessary today.

WORD REMINDER

modern technology 현대 기술   access 접근하다   interactive 상호 작용을 하는   via 통하여   thanks to 덕분에   built-in 내장된   function 기능
pointless 무의미한, 할 가치가 없는   electronic device 전자 기기   developer 개발자   tool 도구

1 Modern technology has made many people lazy. 현대 기술은 많은 사람들을 게으르게 만들었다.

AGREE	DISAGREE
- machines do chores instead of people 기계들이 사람들 대신 잡다한 일은 함 - self-driving vehicles → don't even have to drive anymore 자율 주행 차량들 → 더 이상 운전할 필요조차 없음	- see many people working hard 많은 사람들이 힘들게 일하는 것을 봄 - technology has changed how people work, but people still have to work 기술은 사람들이 일하는 방식을 바꾸었지만 사람들은 여전히 일해야 함

2 Students should be familiar with modern technology by the time they finish high school.
학생들은 고등학교를 마칠 때까지 현대 과학 기술에 익숙해져야 한다.

AGREE	DISAGREE
- improve chances of getting good jobs 좋은 직업을 가질 기회를 향상시킴 - many hobbies and free-time activities related to tech 많은 취미와 자유 시간 활동들이 기술과 연관됨	- technology could fail → need traditional knowledge 과학 기술은 실패할 수 있음 → 전통적인 지식이 필요함 - technology changes fast → learning could become obsolete quickly 과학 기술은 빠르게 변함 → 배운 것이 빠르게 쓸모 없게 됨

3 Robots will replace the human race someday. 언젠가 로봇이 인간을 대체할 것이다.

AGREE	DISAGREE
- robot tech getting better → will exceed human abilities one day 로봇 기술이 발전하고 있음 → 언젠가 인간의 능력을 능가할 것임 - humans likely to kill selves → will go extinct in the future 인간은 스스로를 죽임 → 미래에 멸종할 것임	- humans will always be superior to robots 인간은 언제나 로봇보다 우월할 것임 - can design robots not to harm humans → won't make humans go extinct 인간에 해를 끼치지 않게 로봇을 설계할 수 있음 → 인간이 멸종하게 하지 않을 것임

4 Modern technology has made life more complicated. 현대 기술은 삶을 더 복잡하게 만들었다.

AGREE	DISAGREE
- people busier than ever due to tech 인간은 기술 때문에 그 어느 때보다 더 바빠짐 - life was simple when people lived on farms → tech is much more complicated 사람들이 농장에 살 때 삶은 간단했음 → 기술은 훨씬 더 복잡함	- life much easier thanks to machines 삶이 기계 덕분에 훨씬 쉬워짐 - don't need to use tech if don't want to → can keep life simple 원하지 않으면 기술을 이용할 필요가 없음 → 삶을 심플하게 유지할 수 있음

TAs to Hold Office Hours This Semester

This spring semester, all teaching assistants working in the Department of Chemistry will be required to hold office hours for their students. Each TA must now spend ten hours in the graduate student office each week. Students may then visit their TAs during these times, which must be posted, in order to ask questions or to obtain help in their classes. TAs should provide their schedules to their professors, who will then post the schedules on the class website and also announce the times the TAs will be available on the first day of class.

🎧 05-03

The man expresses his opinion about the announcement by the Chemistry Department. Explain his opinion and the reasons he gives for holding it.

PREPARATION TIME
00:00:30

RESPONSE TIME
00:00:60

✎ NOTE-TAKING

- ***TAs should hold office hours*** 조교는 지도 시간에 사무소에 머물러야 함
  - 10hrs each week 매주 10시간씩
  - should provide schedules to prof's 교수들에게 시간표를 제공해야 함

WORD REMINDER

require 요구하다   hold 열다, 개최하다   post 게시하다   obtain 얻다   announce 알리다   available 이용 가능한

WOMAN	MAN

	- ***happy to help students*** 학생들을 도울 수 있어서 기쁨
	  - past experience as an undergrad: got help from outstanding TAs
	    학부생으로써 과거 경험: 훌륭한 조교들로부터 도움을 받았음
	- ***feels pressured: 10hrs is too much***
	  부담이 느껴짐: 10시간은 너무 많음
	  - TAs: busy with research + dissertation
	    조교들: 연구 + 리포트로 인해 바쁨
	  - 5hrs/week would be reasonable 주당 5시간이 적절

WORD REMINDER

regulation 규정   affect 영향을 미치다   requirement 요건   attitude 자세, 사고방식   undergraduate 학부생   outstanding 뛰어난
dissertation 논문   plenty 충분한 양   reasonable 합리적인

ACTUAL TEST 05

Sample Response 🎧 05-04

    The man and the woman share their views on the school's announcement to make it mandatory for TAs to hold office hours for their students. The purpose of office hours is to provide students with help for their classes. The man expresses mixed feelings about the school's decision and provides two reasons for his opinion. First of all, the man is happy to be able to help students. He explains his past experience when he received a lot of help from an outstanding TA. On the other hand, he is displeased that he has to spend ten hours each week doing office hours. According to the man, TAs are very busy doing research and writing their dissertations. He thinks five hours a week would be reasonable. Therefore, the man has mixed feelings about the school's decision to require TAs to hold office hours for students.

WORD REMINDER

mandatory 의무적인

Geothermal Energy

Deep beneath the Earth's surface, the interior of the planet is extremely hot. The mantle, which lies beneath the crust, is filled with hot, molten rocks called magma while temperatures in the Earth's core can be hotter than those on the surface of the sun. This heat is primarily caused by the slow decay of radioactive elements. In some places, this heat makes its way to the Earth's surface or else goes very close to the surface. It is then possible for this heat to be used by people to create energy, which is called geothermal energy.

 🎧 05-05

The professor talks about Iceland. Explain how it is related to geothermal energy.

PREPARATION TIME

00:00:30

RESPONSE TIME

00:00:60

NOTE-TAKING

- *mantle: beneath the crust → filled / magma* 맨틀: 층 아래 → 마그마로 가득 참
  - heat: caused by slow decay of radioactive elements 열: 방사성 원소의 느린 부식에 의해 야기됨
  - geothermal E (heat used to create E) 지열 에너지 (에너지를 만들기 위해 사용되는 열)
  - (지열에너지의 활용 혹은 지열에너지가 어떻게 생산되는지에 대한 과정에 대한 설명이 나올 거라 추측 가능)

WORD REMINDER

geothermal 지열의   interior 내부   mantle (지구의) 맨틀   crust 딱딱한 표면   molten 녹은   core 핵   primarily 주로   decay 부식
radioactive element 방사성 원소   or else 그렇지 않으면

electricity in Iceland: inexpensive 아이슬란드의 전기: 비싸지 않음

❶ *Iceland: land of ice + land of fire* 아이슬란드: 얼음의 땅 + 불의 땅
  - approximately 130 volcanoes: many are active 약 130개의 화산: 많은 것이 활화산임
  - located where 2 tectonic plates meet 두 개의 텍토닉 플레이트가 만나는 곳에 위치함
  - a lot of geothermal E: many hot springs 많은 지열 에너지: 많은 온천들

❷ *Iceland: many geothermal power plants* 아이슬란드 사람들: 많은 지열 발전소
  - E: cheap + renewable → never be exhausted 에너지: 싸고 재생 가능함 → 절대 고갈되지 않음
  - create electricity from underground heat 지하 열에서 전기를 만듦
    EX warm streets to prevent from getting slippery from snow 눈 때문에 미끄럽지 않게 막아 주는 따뜻한 도로
    greenhouses: grow fruits + veggies 온실: 과일과 채소가 자람

WORD REMINDER

heat 따뜻하게 만들다   electricity bill 전기 요금   turn down 낮추다   merely 단지   approximately 거의   volcano 화산
tectonic plate 텍토닉 플레이트 ((판상(板狀)을 이루어 움직이고 있는 지각의 표층))   account for 설명하다   numerous 많은   hot spring 온천
harness 이용하다, 활용하다   renewable 재생 가능함   exhausted 고갈된   resource 자원   liberal 후한   workplace 직장, 일터
underground 지하의   slippery 미끄러운

Sample Response   🎧 05-06

　　During her lecture, the professor discusses the type of energy used by the people of Iceland. She says that Iceland has such cheap electricity that people can take long, hot showers and don't need to turn the heat down. The professor mentions that there are around 130 volcanoes in Iceland, and that accounts for the hot springs and the cheap electricity in the country. She notes that Iceland has geothermal power plants which can take advantage of the energy underground. It's a form of renewable energy, so it won't ever be depleted. People use it to heat homes and buildings, to warm streets to keep them from getting slippery, and to grow plants in greenhouses. According to the reading passage, geothermal energy is produced inside the Earth. It is mostly created by decaying radioactive elements. Some of the heat rises to the surface or close to it, and people can take that heat and turn it into energy.

WORD REMINDER

form 유형   deplete 대폭 감소시키다   take advantage of ~을 이용하다   rise 상승하다   turn into ~을 바꾸다

Using points and examples from the talk, explain how marketers can increase a company's customer base.

PREPARATION TIME

00:00:20

RESPONSE TIME

00:00:60

NOTE-TAKING

marketers: increasing customer base → important 마케터: 고객층의 증가 → 중요함
2 ways to attract customers to purchase products + services
고객이 제품 + 서비스를 구매하도록 끌어들이는 두 가지 방법

❶ *providing free newsletter* 무료 소식지 제공
  - quality content 양질의 내용
  - updated w/frequency 자주 업데이트
  - could be emailed / downloaded from website → cost↓ than used to be before the Internet
    이메일로 전송/ 웹 사이트에서 다운로드 → 인터넷이 있기 전에 비해 가격 ↓
  - show potential customers: company is providing good info for free 잠재적 고객들에게 보여줌: 기업이 무료로 좋은 정보를 제공
❷ *survey* 설문 조사
  - can be emailed / appear on screen (website) 이메일로 전송 가능/ (웹 사이트의) 모니터에 표시
  - no need to be long 길 필요 ×
  - people don't mind clicking on a few responses 사람들은 몇 개의 대답을 클릭하는 것에 개의치 않음
  - some are happy to say if companies are doing right / wrong 일부 사람들은 회사가 잘 하는지 / 잘못 하는지 흔쾌히 말함

WORD REMINDER
function 기능   increase 늘리다, 증가시키다   customer base 고객층   be tasked with 과업을 맡다   overlook 간과하다   newsletter 소식지
acquire 얻다, 획득하다   quality 양질의   content 내용   with frequency 빈번히, 자주   be willing to 기꺼이 ~하다   feature 특징
numerous 수많은   firm 회사   click 클릭하다   submit 제출하다   anonymous 익명의   gauge 판단하다   treat 대하다

Sample Response 🎧 05-08

The professor talks to the students about marketers and some ways they can increase the customer base at the companies at which they work. First, the professor points out that most people love free things. He remarks that marketers often overlook the idea of writing a free newsletter which can be emailed to or downloaded by potential customers. The professor states that the newsletter must contain useful information that is written well and that it needs to be updated with regularity. If a company does that, people will be impressed that it's giving away something for free, so they might become customers. Next, the professor states that marketers should get the opinions of customers through surveys. By asking customers questions, marketers can determine what the company is doing correctly and incorrectly. Then, by making changes based upon those comments, the company can make itself more appealing to customers.

WORD REMINDER
contain 포함하다   with regularity 정기적으로   determine 알아내다, 결정하다   based upon ~에 근거하여   comment 논평, 지적
appealing 매력적인

TOEFL® MAP

ACTUAL TEST Speaking 2

06-01

Which is better, to construct a new building or to preserve an old one? Use details and examples to explain your answer.

PREPARATION TIME
00:00:15

RESPONSE TIME
00:00:45

ACTUAL TEST **06**

✎ NOTE-TAKING

CONSTRUCT A NEW BUILDING
- *building methods better – stronger buildings* 보다 우수한 건축 방식 – 보다 튼튼한 건물
- *new designs ➡ new buildings nicer to look at* 새로운 설계 → 새 건물이 보기에 더 좋음

PRESERVE AN OLD BUILDING
- *impt. to preserve traditions* 전통 보전에 중요
- *old buildings make city look nice* 오래된 건물들이 도시를 멋지게 보이도록 만듦

› CONSTRUCT A NEW BUILDING

I think it's better to construct a new building. I have this opinion for two reasons. First, building methods are constantly improving. As an example, today's buildings are made of better materials and are stronger than old buildings. During a recent big earthquake in Japan, no modern buildings collapsed. But a lot of old buildings were destroyed. Secondly, many new buildings look great. These days, architects are coming up with wonderful new designs. In my city, I think the new buildings look better than the old ones. So they help make my city look nicer. Because of these two reasons, I think it's better to construct a new building than to preserve an old one.

› PRESERVE AN OLD BUILDING

I think it's better to preserve an old building. I have this opinion for two reasons. First, it's important to remember our traditions. As an example, I live in an historic part of my town. Some of the buildings there are more than 100 years old. A few people want to knock most of these buildings down, but I want to save them. They're an important part of our past. Secondly, I believe that old buildings can make a city look nice. For example, I love how my neighborhood looks. The old buildings give it a certain charm that I believe many new buildings lack. Because of these two reasons, I think it's better to preserve an old building than to construct a new one.

WORD REMINDER
recent 최근의   architect 건축가   preserve 보존하다   charm 매력

TIPS for SUCCESS

Brainstorming Practice

언제 어디서든 신속하게 아이디어를 떠올리는 연습을 하자. 길을 걸으면서 지하철을 선호하는지 버스를 선호하는지를 생각해 보거나, 식사를 하면서 어떤 종류의 음식을 가장 선호하는지 등의 주제를 떠올려 보자. 여러 가지 아이디어를 생각해 보는 습관을 들임으로써, 주어진 15초의 시간 동안 효율적인 브레인스토밍을 할 수 있도록 해보자.

RELATED TOPICS

1 There are not enough national parks in my country. 우리 나라에는 국립 공원이 충분하지 않다.

AGREE	DISAGREE
- many beautiful regions ∴ should be parks 아름다운 많은 지역 ∴ 공원이 되어야 함 - more people appreciate nature 보다 많은 사람들이 자연을 감상	- few people visit existing parks 이미 있는 공원에 사람들이 거의 방문을 하지 않음 - should develop land, not use for parks 토지를 공원으로 사용하지 말고 개발해야 함

2 Some people prefer to live in houses. Other people like to live in apartment buildings. Which type of home do you prefer to live in?
어떤 사람들은 주택에서 살고 싶어한다. 다른 사람들은 아파트에서 살고 싶어한다. 당신은 어떠한 주거 형태에서 살고 싶은가?

HOUSE	APARTMENT BUILDING
- privacy → 1 family in 1 building 사생활 → 건물당 한 가구 - house has yard – better for raising kids 주택에는 마당이 있음 – 아이들을 기르는데 더 좋음	- convenient → usually in city 편리함 → 주로 도시 - less expensive than house 주택보다 비용이 적게 듦

3 The schools in my country need to spend more money to improve their facilities.
우리 나라의 학교는 시절을 개선하는데 더 많은 돈을 쓸 필요가 있다.

AGREE	DISAGREE
- many schools w/poor facilities → not fair to students 열악한 시설의 많은 학교들 → 학생들에게 공평하지 않음 - need science and computer labs → increase # of IT workers in future 과학실과 컴퓨터실이 필요함 → 미래에는 IT 종사자들의 수가 늘어남	- my school has great facilities → doesn't need any more 나의 학교는 훌륭한 시설이 있음 → 더 이상 필요 ✗ - many students don't use facilities → waste of $ to improve them 많은 학생들이 시설을 이용하지 않음 → 그것을 개선하는 것은 돈 낭비임

4 The library is the best place to study. 도서관은 공부하기 가장 좋은 장소이다.

AGREE	DISAGREE
- quiet place → easy to do studying there 조용한 장소 → 그 곳에서 공부하기가 쉬움 - reference books available → easy access if need to do research 참고 도서가 이용 가능함 → 연구를 할 필요가 있을 때 쉽게 접근할 수 있음	- too many people in library → whispering can be annoying 너무 많은 사람들이 도서관에 있음 → 속삭이는 것도 신경이 쓰일 수 있음 - prefer my own room → comfortable place to study 내 방을 선호함 → 공부하기 편안한 장소

Art Books No Longer to Be Borrowed

The library will no longer allow students to check out art books. Too many art books are being returned to the library in damaged condition. Either the artwork is being marred in some way, or the books are missing pages. Since art books are incredibly expensive to replace, students will no longer be permitted to remove them from the library. To compensate for this change, several tables will be added to the section of the library where the art books are kept. This will enable more students to look at the books in a comfortable environment.

 06-03

The man expresses his opinion about the announcement by the university library. Explain his opinion and the reasons he gives for holding that opinion.

PREPARATION TIME
00:00:30

RESPONSE TIME
00:00:60

📝 NOTE-TAKING

- *can't check out art books → often damaged* 예술 서적을 대출할 수 없음 → 종종 손상됨
  - artwork marred + missing pages 삽화가 훼손됨 + 페이지가 뜯겨져 나감
- *books expensive ∴ keep in library* 책이 비쌈 ∴ 도서관 내에 있어야 함
  - more tables → use them to look at books 테이블 추가 → 테이블을 이용하여 책을 봄

WORD REMINDER

check out (도서 등을) 대출하다   artwork 삽화   mar 손상시키다   remove 제거하다; 옮기다   compensate for ∼를 보상하다, 보완하다

LISTENING

WOMAN	MAN

- *frustrated → spend more time in library*
귀찮게 됨 → 도서관에서 더 많은 시간을 보냄
	- *checked out art book → bad condition*
	예술 도서 대출 → 상태가 좋지 않게 됨
	  - food and drink stains 음식 및 음료 자국
	  - no food / drink in library ∴ less damage
	  도서관에서는 음식 및 음료 반입 금지 ∴ 손상이 덜 함

- *can't analyze pix if can't check out books*
대출을 못하면 그림을 분석할 수 없음
	- *use tables in library* 도서관의 테이블 이용
	  - books heavy → hurts back to carry
	  책들이 무거움 → 가지고 다니면 허리가 아픔

WORD REMINDER

stain 얼룩, 때   analyze 분석하다   backpack 배낭   routine 일과, 일상 생활   work out (계획 등이) 잘되다

Sample Response   🎧 06-04

The man and the woman share their opinions on the library's new policy of not allowing students to check out art books anymore. The man expresses a positive opinion of the new policy and then provides two reasons. The first reason is that he believes many art books at the library are in bad condition. According to him, he checked out an art book recently, and several pictures in the book had food and drink stains on them. Since neither is allowed in the library, he feels confident that the books will get damaged less in the future if they have to stay in the library. Secondly, the student is happy to use the tables in the library. He says that carrying heavy art books around hurts his back. So he won't mind just taking the books from the shelves to a table.

WORD REMINDER

confident 자신하는, 확신하는

Technical Incapacity

In modern times, it has become possible for people to specialize in certain fields. In some cases, individuals' jobs are so specialized and the knowledge they possess is so narrowly focused that those people frequently know little about other fields. This technical incapacity is a result of modern practices in academia and business. People often train to become experts in specific fields. This enables them to learn virtually everything in their area. However, they spend all of their time in that field and thus fail to learn much of anything in other fields.

06-05

The professor talks about how people are unable to do certain activities. Explain how their actions are related to technical incapability.

PREPARATION TIME
00 : 00 : 30

RESPONSE TIME
00 : 00 : 60

📝 NOTE-TAKING

❶ *specialized knowledge → know much about one's field* 전문적인 지식 → 하나의 분야에 대해서는 많이 알고 있음

❷ *focus on 1 field ∴ don't know other related fields* 하나의 영역에 집중 ∴ 관련된 다른 영역에 대해서는 모름
(한 가지에 집중하는 대신 다른 분야에서는 그만큼 뛰어나지 않은 것에 대한 예시)

▌WORD REMINDER

technical incapacity 기술적 무능   specialize 전문화하다, 특화되다   narrowly 좁게

❶ *English prof.: great w/Shakespeare* 영문과 교수: 셰익스피어에 대해서는 뛰어남
– doesn't know modern English lit. – ignored it 현대 영문학은 모름 – 관심이 없음

❷ *husband's cellphone company* 남편의 휴대 전화 회사
– engineers write user's manuals → mistake 엔지니어들이 사용자 설명서를 작성 → 실수
– technical jargon ∴ general public can't read 전문 용어 ∴ 일반 대중들이 읽을 수 없음

▌WORD REMINDER

obscure 불명료한, 잘 알려지지 않은   expertise 전문적 지식, 전문 기술   brilliant 밝은; 총명한   incapable of ~을 할 수 없는   manual 설명서, 매뉴얼
jargon 전문 용어, 특수 용어

Sample Response   🎧 06-06

　　In the lecture, the professor describes two ways in which people are incapable of doing certain activities. The first example she describes concerns her old English professor. The professor says that he knew all about Shakespeare, but he couldn't teach a class in modern English literature. The reason was that he had not studied it much, so he was incapable of teaching that kind of literature. The second example the professor covers concerns an incident at her husband's company. The engineers were allowed to write some user's manuals for cellphones. However, the engineers wrote the manuals by using technical jargon since they couldn't use regular English well. Therefore, most people couldn't understand the manuals. These demonstrate the concept called technical incapability. It is the inability of a person to do or know something that is closely related to that individual's field of expertise.

06-07

Using points and examples from the talk, explain how wetlands are important to sharks and sandpipers.

PREPARATION TIME
00:00:20

RESPONSE TIME
00:00:60

wetlands: swamps & bogs 습지대: 소택지 & 습원

❶ *sharks – lay eggs in wetlands* 상어 – 습지에 알을 낳음
  - protect young 새끼를 보호
  - feed in wetlands → grow bigger 습지대에서 먹이를 먹음 → 성장
  - mature → go to ocean 성숙 → 바다로 감

❷ *sandpipers – migrating birds* 깝짝도요 – 철새
  - feed on insects & invertebrates (worms) 곤충과 무척추 생물을 먹음 (벌레)
  - rest 휴식
  - full + rested → continue journey 포식 + 휴식 → 여행을 계속

WORD REMINDER

wetland 습지대   moisture 수분, 습기   swamp 늪   bog 소택지, 습원   diverse 다양한   lurk 숨다, 잠복하다   hatch (알 등이) 부화하다
sandpiper 깝짝도요   invertebrate 무척추의   gorge 게걸스럽게 먹다

Sample Response　　　　　　　　　　　　　　　　　　　　　　　🎧 06-08

　　　The professor names two species of animals that use wetlands. The first species that he discusses is sharks. Wetlands are commonly found near oceans, so sharks often visit tropical wetlands by the Atlantic Ocean. There, they lay eggs. Later, the eggs hatch, and the baby sharks remain in the wetlands for a while. The wetlands are safe for the sharks, so they can feed and grow bigger there. When they are older and big enough, the sharks swim out into the ocean. The second species the professor mentions is the sandpiper, which is a kind of bird. This bird flies very long distances when it migrates north and south. While migrating, sandpipers often stop at wetlands. They use the wetlands as feeding grounds, so they eat many insects and invertebrates there. They also rest until they're strong enough to continue their migration.

WORD REMINDER

name 지명하다, 지명하여 부르다　commonly 일반적으로

TIPS for SUCCESS

Punctuation

에세이 작성에서와는 달리, 스피킹에서는 쉼표(comma)나 마침표(period)가 보이지 않기 때문에, 직접 표현을 해주어야 한다. 너무 길게 쉴 경우 머뭇거린다고 판단되어 감점이 될 수도 있겠지만, 문장과 문장 사이, 또는 쉼표 다음에는 잠깐의 여유를 두는 것이 좋다.

TOEFL MAP

ACTUAL
TEST   Speaking 2

07

🎧 07-01

1. Some people prefer to drive to their destinations while others prefer to take public transportation. Talk about the advantages and disadvantages of driving to destinations. Use details and examples to explain your answer.

2. Some people prefer to drive to their destinations while others prefer to take public transportation. Talk about the advantages and disadvantages of taking public transportation. Use details and examples to explain your answer.

PREPARATION TIME
00:00:15

RESPONSE TIME
00:00:45

ACTUAL TEST **07**

📝 NOTE-TAKING

DRIVE TO DESTINATIONS
- *Advantage*
  - can leave anytime you want 원할 때는 언제든 떠날 수 있음
  - can take the fastest route to destinations 목적지까지 가장 빠른 길로 갈 수 있음
- *Disadvantage*
  - can be very dangerous 아주 위험할 수 있음
  - can also be expensive 돈이 많이 들 수 있음

TAKE PUBLIC TRANSPORTATION
- *Advantage*
  - almost never get stuck in traffic jams 거의 교통 체증에 걸히지 않음
  - can do anything while people are on the move 사람들이 이동하는 동안 무엇이든 할 수 있음
- *Disadvantage*
  - doesn't always take people directly to their destinations 언제나 사람들을 목적지까지 곧장 데려다 주지는 않음
  - almost impossible to find a seat during rush hour 러시아워에는 좌석을 찾기가 거의 불가능함

Sample Response　　　　　　　　　　　　　　　　　　　　🎧 07-02

> DRIVE TO DESTINATIONS

　　There are several advantages to driving to destinations. For example, you can leave anytime you want. My parents both drive their own cars to work. For them, it's highly convenient since they just leave whenever they are ready. Another advantage is that by driving, people can take the fastest route to their destination. When my family travels, we drive straight to wherever we're going. That lets us save time. As for disadvantages, when people are tired or stressed out, driving can be very dangerous. In situations like those, large numbers of accidents tend to occur. Driving can also be expensive. When the price of gas gets high, it can cost too much money to fill up the car once or twice a week.

> TAKE PUBLIC TRANSPORTATION

　　Let me tell you some advantages of taking public transportation. First, many buses have special lanes they can drive in, so they almost never get stuck in traffic jams. That means taking the bus is a guaranteed fast method of transportation. Second, when people take public transportation like a bus or the subway, they can do anything while they're on the move. For instance, they can read, work, or study. There are also disadvantages though. Public transportation doesn't always take people directly to their destinations. So they may have to transfer to another bus or subway or walk to their final destination. That can take time and be annoying. Additionally, during rush hour, it's almost impossible to find a seat, so most people stand while they are moving.

WORD REMINDER

destination 목적지　convenient 편리한　route 노선　accident 사고　tend to ~하는 경향이 있다　fill up 채우다
public transportation 대중교통　lane 길, 도로　get stuck 꼼짝 못하게 되다　traffic jam 교통 체증　guarantee 보장하다　method 방법
transfer 갈아타다　final 최종의　annoying 짜증스러운

RELATED TOPICS

1 Commuters should be required to carpool in order to take more cars off the road.

통근자들은 도로에서 더 많은 자동차들을 없애기 위해 카풀을 하도록 요구되어야 한다.

AGREE	DISAGREE
- preserve environment → decrease pollution 환경 보존 → 오염 감소 - use less gas → save natural resources 가스를 덜 씀 → 천연 자원을 아낌	- impossible for some people to carpool 어떤 사람들은 카풀을 하는 것이 불가능함 - can't take choices away from people 사람들로부터 선택을 빼앗을 수는 없음

2 Which do you prefer, flying to a destination two hours away or driving there?

2시간 거리의 목적지에 비행기를 타고 가는 것과 운전해 가는 걸 중에 어떤 것을 선호하는가?

FLYING	DRIVING
- more convenient 더 편리함 - dislike driving → prefer to fly 운전하는 것을 싫어함 → 비행기로 가는 것을 선호함	- faster → airplanes have lots of delays 더 빠름 → 비행기는 연착이 많음 - don't have to take public transportation at destination 목적지에서 대중교통을 이용할 필요가 없음

3 There will be more driverless vehicles on the roads in ten years than vehicles with drivers.

10년 후에는 도로에 운전자가 있는 자동차보다 자율 주행 자동차가 더 많아질 것이다.

AGREE	DISAGREE
- driverless vehicle technology getting better every year 자율 주행 자동차 기술이 매년 더 나아지고 있음 - people busy → don't want to drive 사람들은 바쁨 → 운전하기 원하지 않음	- love freedom of driving + fun to drive 운전의 자유를 사랑함 + 운전하는 것은 재미있음 - don't trust tech → too many accidents 기술을 신뢰하지 않음 → 너무 많은 사고들

4 The government should ban people from driving on certain days of the week.

정부는 사람들이 일주일 중 특정 요일들에는 운전하는 것을 금지해야 한다.

AGREE	DISAGREE
- roads = too crowded 도로 = 너무 붐빔 - vehicles cause pollution → ban can reduce smog and pollutants 자동차는 오염을 발생시킴 → 금지는 스모그와 오염 물질을 줄일 수 있음	- people need to drive to get to work/school 사람들을 일하러 가거나 학교에 가기 위해 운전할 필요가 있음 - can't deny people freedom of movement 사람들의 이동의 자유를 부인할 수 없음

Fall Play Canceled

With great regret, we at the Drama Department are forced to cancel this year's fall play. The play had been scheduled to be performed on Saturday, November 30. The students were rehearsing Shakespeare's *Othello*. However, due to the sudden departure of four students from the cast, including two who were the main actors, the performance simply cannot be given. There is not enough time remaining for new students to learn their lines. We apologize for the inconvenience. And we are very sorry for the remaining members of the cast, all of whom worked very hard.

🎧 07-03

The woman expresses her opinion about the announcement by the Drama Department. Explain her opinion and the reasons she gives for holding it.

PREPARATION TIME
00:00:30

RESPONSE TIME
00:00:60

✎ NOTE-TAKING

READING

- ***cancelation of fall play*** 가을 학기 연극 취소
  - scheduled for 11/30 / *Othello* 11월 30일에 공연 예정 / 오델로
  - reason: sudden departure of 4 students → not enough time for new students
    이유: 4명의 학생이 떠났음 → 새로운 학생들을 뽑는 데는 시간이 충분치 않음

> **WORD REMINDER**
> force 어쩔 수 없이 ~하게 만들다   cancel 취소하다   play 연극   perform 공연하다   rehearse 예행연습을 하다   sudden 갑작스러운
> departure 떠남   cast 출연자   main actor 주연 배우   performance 공연   remaining 남아 있는   line 대사   apologize 사과하다
> inconvenience 불편

LISTENING

WOMAN	MAN
● ***reason for performers to leave: some had trouble with the director*** 공연자들이 떠나는 이유: 일부는 감독과 문제가 있었음	
● ***understudies: learn lines + performance*** 대역 배우: 대사와 연기를 배움 - director is worried too much 감독이 너무 걱정을 많이 함 - effort: wasted → unfair 노력: 낭비 → 불공평	● ***can't put on a play w/out performers*** 공연자들 없이는 공연을 진행할 수 없음

> **WORD REMINDER**
> be supposed to ~하기로 되어 있다   basically 기본적으로   director 감독   quit 그만두다   put on a play 극을 상연하다   performer 공연자
> understudy 대역   in case 경우에 대비해서   regular 정규의   role 역할   guess 추측   waste 헛되이 하다   fair 타당한

Sample Response   🎧 07-04

The man and the woman are having a conversation about an announcement by the Drama Department. The announcement mentions that a student performance of *Othello* has been canceled. The reason is that some members of the cast suddenly quit, so there isn't enough time for other students to learn the lines. The woman is strongly opposed to the decision by the Drama Department. First of all, she points out that there are understudies for all of the actors. Understudies are individuals who learn the lines of other actors in case they need to perform all of a sudden. Second, the woman states that the director is probably concerned that the understudies won't do a good job. But she believes that the cast members' effort will be wasted if they don't put on a performance. She adds that it's unfair to the remaining students for the play to be canceled.

> **WORD REMINDER**
> oppose 반대하다

Hindsight Bias

Hindsight is the act of perceiving how significant a past event was or why it happened the way it did. After some events have already taken place, some people claim they knew those events were going to take place and they were actually predictable. This people who claim that the occurrence of past events was obvious are suffering from hindsight bias. This is a form of cognitive bias which happens frequently after traumatic or shocking events. It can cause people to blame themselves for something they failed to predict despite them being unable to know what would actually happen.

🎧 07-05

The professor talks about his friend in the financial world. Explain how his friend's experiences are related to hindsight bias.

PREPARATION TIME
00 : 00 : 30

RESPONSE TIME
00 : 00 : 60

NOTE-TAKING

READING

- ***hindsight: act of perceiving how significant a past event was / why it happened the way it did***
  뒤늦은 깨달음: 과거 사건이 얼마나 중요했는지 / 왜 그것이 그런 방식으로 일어났는지 인지하는 행동
  - occurrence of past events was obvious → hindsight bias 과거 사건의 발생이 명백함 → 사후 확증 편향
  - after traumatic events 충격적인 사건들 이후
  - blame themselves 자책함
  (구체적 예시가 동반되어 hindsight를 설명할 가능성 ↑)

WORD REMINDER
hindsight bias 사후 확증 편향   perceive 인지하다   claim 주장하다   predictable 예측할 수 있는   occurrence 발생   cognitive bias 인지 편향
traumatic 대단히 충격적인   blame ~을 탓하다   predict 예측하다

LISTENING

❶ ***"I knew that was going to happen"*** "그것이 일어날 것을 알았다"
  EX friend in financial field 금융 분야에 있는 친구
  - worked for 30 years 30년간 일했음
  - when gets something wrong: feels guilty → "should've recognized the warning signs"
    어떤 일이 잘못 돌아갈 때: 죄책감을 느낌 → "경고 신호를 눈치챘어야 했음"

❷ ***worked during Dotcom Bubble → happened right after Internet started taking off***
  닷컴 버블 동안 일함 → 인터넷이 인기를 얻기 시작하자마자 발생함
  - companies associated w/Internet: stock prices ↑ 인터넷과 관련된 기업들: 주가 ↑
  - market crashed 시장 붕괴
  - many workers: declared they should have seen it coming → hindsight bias at work
    많은 근로자들: 그것이 오는 것을 알았어야 했다고 말함 → 직장에서 사후 확증 편향
  - financial crisis of 2008 2008년 금융 위기

WORD REMINDER
unusual 흔하지 않은, 드문   obvious 분명한, 자명한   financial 금융의   involved in ~와 관련된   guilty 죄책감이 드는, 가책을 느끼는
warning sign 경고 신호   associated with ~와 관련된   take off 급격히 인기를 얻다   associated with ~와 연관된   stock price 주가
crash 붕괴   fortune 거금, 재산   declare 말하다   recently 최근에   financial crisis 금융 위기   in hindsight 지나고 나서 보면

Sample Response   🎧 07-06

The professor tells the class about some experiences which his friend who works in the financial world has had. He remarks that when his friend is wrong about something while working, he feels guilty and asks himself why he didn't realize what was going to happen. The professor provides two examples. First, he discusses the Dotcom Bubble in the 1990s. This happened when the market suddenly crashed, and the values of Internet stocks made people lose fortunes. Second, he mentions the financial crisis of 2008. In both cases, the professor's friend claimed he should have noticed the warning signs and realized what was going to happen. But the professor notes that his friend was suffering from hindsight bias. This happens when people claim that certain traumatic or shocking events were predictable and that they should have known the events would happen even though there was no way to predict them.

Using points and examples from the talk, explain how the positions of the eyes on birds' heads affect them.

PREPARATION TIME

00:00:20

RESPONSE TIME

00:00:60

birds' eyes: 2 types 새의 눈: 2가지 유형

❶ *in front of head* 머리의 앞쪽
- like human eyes 인간의 눈과 같음
  - **EX** predatory birds: owls, hawks, & eagles 맹금류: 올빼미, 매, 독수리
- can see far 멀리 볼 수 있음
- have good depth perception 거리 감각이 뛰어남
- good for hunting 사냥에 유용

❷ *on sides of head* 머리의 옆쪽
- prey animals 피식 동물
- can see broad area → watch for predators 넓은 지역을 볼 수 있음 → 포식자를 경계
- tilt head + bob → can see in front 머리를 기울임 + 빠르게 움직임 → 정면을 볼 수 있음

WORD REMINDER

demonstrate 입증하다   depth perception 거리 감각   bird of prey 맹금   swoop 내리 덮치다, 급습하다   spot 탐지하다   tilt 기울이다
bob 빠르게 움직이다

Sample Response   🎧 07-08

In the lecture, the professor describes two locations for the eyes of birds. The first location is in the front of their heads. These birds have forward-looking eyes just like humans. The professor notes that birds with these eyes are predators such as owls, hawks, and eagles. According to her, these eyes let birds see faraway objects and give them good depth perception. The combination of these two features lets birds hunt from high in the sky and capture prey more easily. The second location is on the sides of their heads. The professor states that birds with these eyes are prey animals. Because of the location of their eyes, these birds can see well to both sides and even behind them. But the birds have to tilt their heads and bob up and down in order to see well in front of them.

WORD REMINDER

faraway 멀리 있는   combination 결합

TIPS for SUCCESS

Task 4

4번 문제는 3번 문제의 지문과 강의가 모두 강의에 들어있다고 생각하면 된다. 많은 응시자들이 지문이 눈에 보이는 3번 유형을 보다 더 쉽게 생각하지만, 4번은, 지문의 내용이 강의에 포함되어 있기는 하나, 대신 교수가 훨씬 쉽게 내용을 설명해 준다는 점을 기억하고 너무 겁먹지 말도록 하자.

TOEFL MAP

ACTUAL TEST Speaking 2

08

🎧 08-01

Do you agree or disagree with the following statement?

Young children use cellphones too much these days.

Use details and examples to explain your answer.

PREPARATION TIME
00:00:15

RESPONSE TIME
00:00:45

ACTUAL TEST 08

AGREE
- *always talking on phones* 항상 전화로 통화를 하고 있음
- *play too many games on phones* 전화로 게임을 너무 많이 함

DISAGREE
- *rarely see children using phones* 아이들이 전화를 사용하는 모습은 잘 보이지 않음
- *only talk to parents on phones* 전화로 부모과 통화를 할 뿐임

Sample Response 🎧 08-02

> AGREE

    I totally agree that young children use their cellphones too much these days. I feel this way for a couple of reasons. To begin with, I always see young children using their mobile phones nowadays. To be specific, when I take the bus, virtually all of the children riding on the bus are using their cellphones in various ways. Some are talking or sending text messages to others. And many of them are updating their social media sites or reading sites that belong to their friends. In addition, many young children use their phones to play games. For example, there are so many online games these days, and children play them all the time. Unfortunately, many children get addicted to these games and waste their time playing them.

> DISAGREE

    I disagree that young children use their cellphones too much these days. I feel this way for a couple of reasons. I rarely see children talking on cellphones. To be specific, many of my friends have younger brothers and sisters. Their younger siblings don't even own cellphones because their parents refuse to buy them for their children. In addition, a lot of times, young children only use their phones to talk to their parents. For example, my parents gave my younger sister a cellphone for her birthday. But she is only allowed to use it to talk to them or to make a call in an emergency situation. She isn't allowed to call anyone else with it.

WORD REMINDER

virtually 사실상　get addicted 중독되다　sibling 형제, 자매

TIPS for SUCCESS

Subject-Verb Agreement

답변할 때 또 하나의 중요한 점은 주어와 동사를 일치시키는 것이다. 예를 들어, 친구에 대해 묘사를 할 경우, 노트테이킹을 한 종이 위에 "동사 + s"라고 써놓고, 답변하는 동안 이에 관한 실수를 하지 않도록 주의하자.

1 Some people prefer to watch television programs that are entertaining. Other people like to watch television programs that are educational. Which type of television programs do you prefer to watch?

어떤 사람들은 오락 프로그램을 시청하는 것을 좋아한다. 다른 사람들은 교육 프로그램을 시청하는 것을 좋아한다. 어떤 종류의 텔레비전 프로그램을 시청하는 것이 더 좋은가?

ENTERTAINING	EDUCATIONAL
- like to laugh when watch TV → comedies TV를 보면서 웃는 것을 좋아함 → 코미디 - don't want to think – education is for school 생각하고 싶지 않음 – 교육은 학교의 몫	- documentaries → often watch 다큐멘터리 → 자주 시청 - Discovery Channel – favorite TV channel Discovery 채널 – 가장 좋아하는 TV 채널

2 Young people spend too much of their money on clothes these days.

요즘 젊은 사람들은 의류 구입에 너무나 많은 돈을 쓰고 있다.

AGREE	DISAGREE
- many teens w/brand-name clothes 많은 십대들이 브랜드 옷을 입음 - waste of $ - should spend $ on books or other school supplies 돈 낭비 – 책이나 기타 학용품에 돈을 써야 함	- teens express themselves w/clothes 십대들은 옷으로 자기 자신을 표현 - teens have p/t jobs ∴ spend their $ any way they like 십대들은 아르바이트를 함 ∴ 자신이 좋아하는 방식으로 돈을 소비

3 Honesty is the most important characteristic that a friend should have. 정직은 친구가 가져야 할 가장 중요한 특징이다.

AGREE	DISAGREE
- must be able to trust friend 친구를 믿을 수 있어야 함 - will give honest opinion if requested 요청하면 솔직한 의견을 줄 것임	- loyalty more important 충실함이 더 중요함 - okay for friend to lie about small things → white lies 친구를 위해 작은 일들에 거짓말하는 것은 괜찮음 → 선한 거짓말

4 It is better to work on group projects than to work on solo assignments.

혼자 과제를 하는 것보다 그룹 프로젝트를 하는 것이 더 낫다.

AGREE	DISAGREE
- many hands make light work → finish faster 더 많은 일손은 일을 더 가볍게 만듦 → 더 빨리 끝냄 - people have different skill sets → can do work better 사람들은 다양한 능력을 가짐 → 일을 더 잘 할 수 있음	- don't like working with others → work faster alone 다른 사람들과 일하는 것을 좋아하지 않음 → 혼자 더 빨리 함 - some group members lazy → others have to do more work 몇몇 그룹 구성원들은 게으름 → 다른 사람들이 일을 더 해야 함

ACTUAL TEST **08**

To the Editor,

I would like to suggest that the school consider having a fall break from now on. This break could take place for one week during the middle of the semester. I propose having it during late October. Giving students a fall break seems logical since we already have a one-week break during the spring semester. This short respite would give students an opportunity to relax, to visit their families, and to catch up with their schoolwork. I hope that the school will see fit to accept my suggestion.

Rohit Pappu
Junior

🎧 08-03

The woman expresses her opinion about the letter to the editor in the school newspaper. Explain her opinion and the reasons she gives for holding that opinion.

PREPARATION TIME

00:00:30

RESPONSE TIME

00:00:60

NOTE-TAKING

- *have fall break – late October → 1 week* 가을 방학 실시 - 10월 말 → 일주일
- *students can rest, visit families, & catch up w/work* 학생들은 휴식을 취하고, 가족들을 만나고, 밀린 학업을 수행할 수 있음

WORD REMINDER
logical 논리적인   respite 일시적 중지; 휴식

LISTENING

WOMAN	MAN
● *break – good idea* 방학 - 좋은 생각	● *agrees w/writer* 글을 쓴 사람의 말에 동의
– spring break comes at good time 봄 방학은 적절한 시기에 찾아옴	
– tired → can recharge – finish semester strongly 지침 → 재충전할 수 있음 - 학기를 힘차게 마침	
● *good for freshmen* 신입생들에게 좋음	● *freshmen need* 신입생에게 필요
– 1st year → overwhelmed ∴ GPA – low 일학년 → 어찌할 바를 몰랐음 ∴ 평점 - 낮음	
– fall break → higher GPA 가을 방학 → 보다 높은 평점	

WORD REMINDER
confess 고백하다, 실토하다   precisely 정확하게   utterly 전적으로, 완전히   overwhelm 압도하다

Sample Response　　　　　　　　　　　　　　　　　　　　　　　🎧 08-04

　　The man and the woman have a conversation about a letter to the editor in the university newspaper. The writer of the letter believes that the school should institute a one-week fall break just like it has a one-week spring break. The woman supports this proposal and gives two reasons for feeling that way. The first reason is that she mentions how useful spring break is. According to her, by the time spring break comes, she is very tired. As a result, spring break lets her relax and do well during the rest of the semester. She thinks that a fall break could have the same effect. The second point that the woman makes is that she was overworked during the fall semester during her freshman year. She states that she got her lowest GPA then. She declares that a fall break might have helped her GPA be higher.

WORD REMINDER
overwork 과로시키다, 혹사시키다

Opportunity Cost

People have limited amounts of time, energy, and money. During their lives, they engage in many activities. They often have a choice between doing two or more activities. How people allocate their time, energy, and money is referred to as opportunity cost. When a person does one activity, such as working, that individual cannot partake in another activity, such as meeting friends. Thus people often consider the opportunity cost of doing one activity at the expense of another. They first consider the positive and negative factors involved in their choices and then determine what to do.

08-05

The professor talks about how students have to make certain choices. Explain how their choices are related to opportunity cost.

PREPARATION TIME
00:00:30

RESPONSE TIME
00:00:60

📝 NOTE-TAKING

❶ *limited time, $, & energy* 한정된 시간, 돈, 에너지
  – choose 1 activity → how allocate time, $, energy = opp. cost
  하나의 활동을 선택 → 시간, 돈, 에너지를 어떻게 배분하는가 = 기회 비용

❷ *do one activity so can't do another* 하나의 활동을 하기 때문에 다른 것은 할 수 없음
  – consider pos. & neg. factors → choose 긍정적 및 부정적 요인 고려 → 선택
  (두 가지의 예시가 나올 것이며, 각 예시는 두 가지의 선택에 대해 설명을 할 가능성 ↑)

▌ **WORD REMINDER**
allocate 할당하다, 배분하다   refer to A as B A를 B라고 지칭하다   partake in ~에 참여하다   at the expense of ~의 비용으로, ~을 희생하여

❶ *have test → invited to dinner* 시험이 있음 → 저녁 식사에 초대됨
  – must choose between 2 둘 사이에서 선택을 해야 함
❷ *have $30* 30달러를 가지고 있음
  – dinner at rest. or much food at supermarket → choose 1 식당에서 식사 혹은 슈퍼마켓에서 많은 식품을 구입 → 하나를 선택

▌ **WORD REMINDER**
opt 선택하다   bother 괴롭히다; 걱정하다

Sample Response 🎧 08-06

The professor lectures about two ways in which students may have to make choices based on opportunity cost. First, the professor talks about a student who has a test the next day but then gets invited to go out to dinner. The opportunity cost of staying home is missing dinner while the opportunity cost of going out is not studying and possibly getting a poor grade. Next, the professor talks about a student with thirty dollars. The professor says the student has to make a choice between spending all the money on dinner at a restaurant and spending the money on a lot of food at the supermarket. These demonstrate a concept called opportunity cost. It is something that a person must consider when deciding to do something. Since people can't do two things at once, when choosing to do something, the opportunity cost is some other action that the person could have done.

▌ **WORD REMINDER**
at once 한꺼번에

🎧 08-07

Using points and examples from the talk, explain two types of defenses that animals use to protect themselves.

PREPARATION TIME
00:00:20

RESPONSE TIME
00:00:60

NOTE-TAKING

animals get attacked → must defend selves 동물이 공격을 받음 → 스스로를 방어해야 함

❶ *active defenses – claws, teeth, and horns* 적극적 방어 수단 – 발톱, 이빨, 뿔
  – bulls & rhinos – horns 황소와 코뿔소 – 뿔
  – cats, wolves, foxes, & bears – sharp teeth & claws 고양이, 늑대, 여우, 곰 – 날카로운 이빨, 발톱
  – can fight, not flee 달아나지 않고 싸울 수 있음

❷ *passive defenses* 소극적 방어 수단
  – flight = run away 도주 = 달아남
  – deer, antelopes, & gazelles: fast runners 사슴, 영양, 가젤: 달리기가 빠름
  – opossum & grass snake: play dead 주머니쥐와 풀뱀: 죽은 척함
    animals only eat prey they kill → leave them alone 동물들은 자신이 죽인 먹이만을 먹음 → 먹이를 그대로 놔둠

WORD REMINDER
resultantly 결과로서 categorize 분류하다 measure 수단, 조치 gore (뿔 등으로) 받다, 찌르다 provoke 자극하다
first and foremost 무엇보다도 antelope 영양 gazelle 가젤 (영양의 일종) opossum 주머니쥐 roll over 굴러 넘어지다, 자빠지다
depart 떠나다

Sample Response   🎧 08-08

In his lecture, the professor talks about two types of defenses that animals use to protect themselves against attackers. The first type is active defense. The professor mentions claws, sharp teeth, and horns. He names several animals that use these defenses. He states that bulls and rhinos have horns. He also says that cats, wolves, and other animals use their teeth and claws to fight instead of running away. The second type is passive defense. The first type of passive defense is running away. Animals like deer, antelopes, and gazelles are very fast, so they can run away from predators. But some animals play dead instead of running away. The opossum and the grass snake do this. When they see a predator, they roll over and pretend to be dead. Many predators won't eat animals that are already dead. So they will not attack animals that are playing dead.

WORD REMINDER
pretend to ~인 체하다

TIPS for SUCCESS

English Only
내용을 말하다가 막힐 경우, "아, 뭐지…", "어떡하지…" 등의 한국말을 본인도 모르게 하는 경우가 있는데, 차라리 "음…"하고 시간을 벌며 다음 내용을 생각해 내도록 하자.

TOEFL MAP

ACTUAL
TEST Speaking 2

09

09-01

Do you agree or disagree with the following statement?

High school students should be required to take a class that teaches them how to cook.

Use details and examples to explain your answer.

PREPARATION TIME
00:00:15

RESPONSE TIME
00:00:45

AGREE
- *vital skill* 필수적인 기술
- *learn other skills such as math and chemistry* 수학과 화학 같은 다른 기술을 배움

DISAGREE
- *learn to cook at home* 집에서 요리하는 것을 배움
- *can purchase at supermarkets and convenience stores* 슈퍼마켓과 편의점에서 구매할 수 있음

Sample Response   🎧 09-02

> AGREE

I think a cooking class would be important for high school students, so I agree with the statement. I have two reasons for feeling this way. The first reason is that cooking is a vital skill everyone needs. A person who can't cook has to eat out constantly, and that can be expensive. My cousin in her twenties learned to cook, and now she lives alone. She told me that she saves much more money than her friends, who always dine at restaurants. The second reason is that students can learn other skills when they take a cooking class. For instance, they learn math because they have to measure ingredients. They also learn chemistry because they find out what happens when certain ingredients are mixed together.

> DISAGREE

I don't think it's necessary for high school students to learn how to cook, so I disagree with the statement. Let me state two reasons why I don't believe cooking classes are necessary. For starters, most people learn to cook at home. My brother, sister, and I were taught to cook by our parents. They let us help in the kitchen when we were young, so all of us can make a wide variety of dishes. For us, a cooking class is unnecessary. Second of all, people don't have to learn how to cook these days. There are many kinds of readymade meals people can purchase at supermarkets and convenience stores. These meals are not only nutritious and delicious but are also cheap.

WORD REMINDER
vital 필수적인   eat out 외식하다   measure 측정하다   ingredient 재료   nutritious 영양가 높은

1 Every high school student should take part in at least one extracurricular activity.
모든 고등학생들은 적어도 하나의 과외 활동에 참여해야 한다.

AGREE	DISAGREE
- meet new people → develop friendships 새로운 사람들을 만남 → 우정을 키움 - learn about interesting things 흥미로운 것들에 대해 배움	- some prefer to avoid groups → don't like meeting others 일부는 단체를 피하는 것을 선호함 → 다른 사람들을 만나는 것을 좋아하지 않음 - let people decide how they want to spend their free times 사람들이 자기 여가 시간을 어떻게 보낼지 정하게 해야 함

2 Which do you prefer, eating at home or dining out? 집에서 먹는 것과 외식하는 것 중 어떤 것을 선호하는가?

EATING AT HOME	DINING OUT
- cheaper → save money 더 저렴함 → 돈을 절약 - healthier → can choose nutritious ingredients 더 건강함 → 영양 성분을 고를 수 있음	- can't cook well → eat good food at restaurants 요리를 잘할 수 없음 → 레스토랑에서 맛있는 음식을 먹음 - not expensive in my country 우리 나라에서는 비싸지 않음

3 People ate healthier food 100 years ago than people do today.
사람들은 오늘날 사람들이 그러는 것보다 100년 전에 더 몸에 좋은 음식을 먹었다.

AGREE	DISAGREE
- many lived on farms → ate fresh food 많은 사람들이 농장에 삶 → 신선한 음식을 먹음 - no processed foods then → healthier diets 그 때는 가공식품이 없었음 → 더 건강한 식단	- many people eat organic foods nowadays 요즘에는 많은 사람들이 유기농 식품을 먹음 - can read labels on food → know how to avoid unhealthy food 음식의 라벨을 읽을 수 있음 → 건강에 좋지 않은 음식을 피하는 법을 앎

4 Teachers will no longer be needed in the future thanks to modern technology.
현대 기술 덕분에 미래에는 더 이상 선생님이 필요 없게 될 것이다.

AGREE	DISAGREE
- AI or robots can teach 인공 지능 로봇이 가르칠 수 있음 - lots of Internet lectures → can watch them instead of using teachers 많은 인터넷 강의 → 선생님을 활용하는 대신 그것들을 볼 수 있음	- need teachers to answer questions in classes 수업에서 질문에 대답할 선생님이 필요함 - teachers can inspire students to learn → robots or AI can't do that 선생님들은 학생들이 배우도록 격려할 수 있음 → 로봇이나 인공 지능은 그렇게 할 수 없음

Changes to Summer School Program

In an effort to increase attendance at summer school, there are two changes being made this year. First, the price of every course being taught at summer school will be discounted by twenty-five percent. Both full-time and part-time students are eligible for the lower price. Second, we will be offering courses with notable faculty from other universities this summer. For instance, Dr. Larry McDonald from Faber University will teach a course in the Chemistry Department while world-famous novelist Emma Darvish will teach a creative writing course in the English Department. Other visiting professors will be announced later.

09-03

The man expresses his opinion about the announcement by the summer school office. Explain his opinion and the reasons he gives for holding it.

PREPARATION TIME
00:00:30

RESPONSE TIME
00:00:60

NOTE-TAKING

- **2 changes** 두 가지 변화
  - tuition: ↓ by 25% for both full-time + part-time students 학비: 정규 + 시간제 학생 모두에게 25% ↓
  - notable faculty 저명한 교수진

WORD REMINDER

increase 증가시키다, 늘리다   attendance 참석자 수   discount 할인하다   are eligible for 자격이 있다   notable 유명한   faculty 교수단
creative writing 창작   visiting professor 객원 교수

LISTENING

WOMAN

- **will register for the writing class**
  작문 수업에 등록할 예정

MAN

- **great faculty** 훌륭한 교수진
  - creative writing course 창작 강의
  - wants to become an author in the future
    미래에 작가가 되고 싶음
    → Darvish's class could be integral
    Darvish의 반 수강이 필수
- **no need to work full time** 풀타임으로 일 할 필요가 없음
  - still has to work part time but not as many
    hours 아르바이트를 해야 하지만 많이 할 필요 ✗

WORD REMINDER

look forward to ~을 고대하다, 기대하다   make up one's mind 결심하다   definitely 절대로   register for ~에 등록하다   outstanding 뛰어난
integral 필수적인   tuition 수업료   decrease 줄다

Sample Response 🎧 09-04

    The man and the woman share their views on the university's announcement about summer school. According to the announcement, famous professors will be teaching there. In addition, the tuition for summer school will be reduced by twenty-five percent for both full-time and part-time students. The man expresses a positive opinion of the notice and provides two reasons for his opinion. First of all, the man says that he is very excited to take the creative writing course. The reason is that he wants to write a novel someday, and it will be a great chance for him to take a course taught by a renowned author. Secondly, he will not need to work full time during summer. He explains that since there is a discount of twenty-five percent, he won't need to work as many hours as he might have. Therefore, the man has a positive opinion about the announcement on summer school.

WORD REMINDER

reduce 낮추다, 인하하다   renowned 유명한   author 작가

Aggressive Mimicry

Mimicry involves a plant, animal, or some other type of organism imitating the actions or appearance of another species. In many cases, species that are prey mimic other—often more dangerous—species in an effort to make themselves less appealing to predators. However, there are also predators that utilize mimicry in order to make capturing their prey much easier. They disguise themselves in some manner to appear less dangerous. Then, they can hunt much better. Aggressive mimicry is practiced by animals such as the alligator snapping turtle, the angler fish, some species of praying mantis, and the Venus flytrap.

09-05

The professor talks about the margay and the orchid mantis. Explain how they are related to aggressive mimicry.

PREPARATION TIME
00 : 00 : 30

RESPONSE TIME
00 : 00 : 60

📝 NOTE-TAKING

READING

- *mimicry: imitating actions / appearance of another species* 모방: 다른 종의 행동과 외모를 흉내냄
  - prey: mimic often more dangerous species 먹이: 종종 더 위험한 종을 흉내냄
  - predators: mimicry → capture prey more easily 포식자: 모방 → 먹이를 더 쉽게 포획함
  - aggressive mimicry: alligator snapping turtle / angler fish / praying mantis / Venus flytrap
    공격적 모방: 악어 거북 / 아귀 / 사마귀 / 파리지옥풀
  (구체적인 동식물이 지문에서 언급 될 때에는 그 중 두 가지가 리스닝에서 나올 거라고 예상)

> **WORD REMINDER**
>
> aggressive 공격적인   mimicry 모방, 흉내   organism 유기체   imitate 모방하다, 흉내내다   appearance 외모   prey 먹이
> mimic 모방하다, 흉내 내다   predator 포식자   utilize 이용하다   capture 포획하다   disguise 위장하다   practice 행하다
> alligator snapping turtle 악어 거북   angler fish 아귀   praying mantis 사마귀   Venus flytrap 파리지옥풀

LISTENING

some predators use mimicry to catch prey better 일부 포식자들은 먹이를 더 잘 잡기 위해 모방을 사용함
2 examples 두 가지 예
① *margay* 얼룩살쾡이
  - a bit larger than housecat 집고양이보다 조금 더 크기가 큼
  - found in forest areas in CA + SA 중앙아메리카와 남아메리카의 삼림 지역에서 발견됨
  - imitates distress call of a baby pied tamarin monkey 타마린 원숭이 새끼의 구조 호출을 흉내냄
  - when adult monkeys come → attack 다 자란 원숭이들이 올 때 → 공격함
② *orchid mantis* 난초 사마귀
  - stay on orchids, very colorful 난초에 계속 있음, 매우 알록달록함
  - brightness: highly attractive to pollinators (bees) → mantis can catch and eat
    선명함: 꽃가루 매개자들에게 대단히 매력적임 (벌)

> **WORD REMINDER**
>
> margay 얼룩살쾡이   housecat 집고양이   trick 속임수   distress call 구조 호출   orchid mantis 난초 사마귀   brightness 선명함
> highly 대단히, 매우   attractive to ~에게 매력적인   pollinator 꽃가루 매개자   unsuspecting 의심하지 않는

Sample Response 🎧 09-06

    In her lecture, the professor discusses two predators: the margay and the orchid mantis. She mentions that the margay is a wild cat that lives in forests in Central and South America. It often hunts by imitating the distress signal of a baby monkey. When adult monkeys arrive to help what they believe is a baby monkey, the margay then attacks, kills, and eats them. Second, she discusses the orchid mantis. This is a praying mantis which lives on orchids. It's more colorful than the flowers it stays on, so pollinators such as bees are attracted to it. When a bee gets too close, the praying mantis can catch and eat it. Both of these animals use aggressive mimicry. Mimicry occurs when one organism imitates the actions or appearance of another one. Predators utilize aggressive mimicry by appearing less dangerous, so they are able to become better and more effective hunters.

> **WORD REMINDER**
>
> distress signal 조난 신호   hunter 사냥꾼

09-07

Using points and examples from the talk, explain two ways to improve memory.

PREPARATION TIME
00:00:20

RESPONSE TIME
00:00:60

📝 NOTE-TAKING

2 ways to improve memory 기억력을 향상시키는 두 가지 방법

❶ *use brain* 뇌의 사용
- exercise it by stimulating in various ways 다양한 방법으로 자극함으로써 훈련
  1) learning something new (foreign language) 새로운 것을 배우기 (외국어)
  2) do challenging / complicated mental activities (musical instruments and play difficult pieces // dance // chess) 어렵거나 복잡한 정신 활동 (악기를 배우고 어려운 곡을 연주하는 것 / 춤 / 체스)

❷ *engage in physical exercise* 신체 훈련 참여
- aerobic exercise 에어로빅 운동
- additional exercise → amount of stress hormones ↓ + stimulate new connections btwn neurons
  추가 운동 → 스트레스 호르몬의 양↓ + 신경 세포 사이의 새로운 연결을 자극
- exercise require hand-eye coordination → improve brain health → improve memory
  손과 눈을 연결하는 조절력을 요하는 운동 → 뇌 건강 향상 → 기억력 향상

WORD REMINDER
definitely 분명히, 확실히   improve 향상시키다   stimulate 자극하다, 활발하게 하다   variety of 다양한   utilize 활용하다, 이용하다
challenging 도전적인   complicated 복잡한   mental activity 정신 활동   musical instrument 악기   workout 운동   engage in ~에 참여하다
neuron 신경 세포   require 요구하다   hand-eye coordination (공을 치거나 받을 때) 손과 눈의 동작을 일치시키는 능력   as well 또한, 역시

Sample Response   🎧 09-08

The professor lectures on how to improve memory. He starts by mentioning that he doesn't remember as well as he used to. Then, he states that it's possible for people to improve their memories. He begins by talking about stimulating the brain through mental exercise. He advises the students not to do something they already know but instead to challenge their brains. They can do that by studying a foreign language, by learning to dance or to play a musical instrument, or by playing chess. Anything that makes them think will improve their memories. The professor then moves on by claiming that physical exercise can help the brain. According to him, aerobic exercise can make more blood flow to the brain. Exercise can reduce stress hormones and make new connections between neurons in the brain. Finally, exercise requiring hand-eye coordination can improve the overall health of the brain and thereby make people's memories better.

WORD REMINDER
challenge 도전이 될 일을 요구하다   flow 흐르다

TOEFL MAP
ACTUAL TEST Speaking 2

10

🎧 10-01

When you take a trip, do you tend to spend most of your time in one place, or do you visit many places? Use details and examples to explain your answer.

PREPARATION TIME
00:00:15

RESPONSE TIME
00:00:45

📝 NOTE-TAKING

ONE PLACE
- *want to relax → avoid sightseeing so don't get tired* 쉬고 싶음 → 관광을 하지 않기 때문에 피곤하지 않음
- *cheaper to travel to one place* 한 곳에 가는 것이 더 저렴

MANY PLACES
- *short vacation ∴ visit as many places as possible* 짧은 휴가 ∴ 가능한 많은 곳을 방문
- *get bored easily → move on to other places* 쉽게 지루해짐 → 다른 장소로 이동

› ONE PLACE

When I take a trip, I usually spend most of my time in one place. I do this for two main reasons. First, I don't really enjoy sightseeing. Instead, when I go on a trip, I want to relax. Sightseeing and going on tours make me tired. So I prefer to visit one place, such as a beach, and relax there. Next, it's cheaper to travel only to one place. For example, I once traveled to Rome. It was great and didn't cost much. It was much cheaper than my friend's trip to five cities in Europe. She had fun, but she spent twice as much money as I did on my own trip.

› MANY PLACES

When I take a trip, I usually visit many different places. I do this for two main reasons. First, I don't get much vacation time. In fact, there are only a couple of weeks a year in which I can travel. So I like to visit as many places as possible when I travel. By doing this, I can visit two or three countries in a short amount of time. Next, I get bored easily. For example, if I stay in the same place for more than two days, I become really bored. So I like to go somewhere, do some sightseeing, and then move on to another place.

TIPS for SUCCESS

Brainstorming

어떠한 상황이 주어지더라도 최대한 많은 것을 떠올려야 한다. 자신이 경험하지 못했던 상황이라고 할지라도, 당황하거나 포기하지 말고 가능한 많은 것을 생각하면서 답변을 준비해야 한다.

RELATED TOPICS

1 When you travel, do you prefer to visit places that you have been to before or new places?
여행을 할 때 전에 가본 곳을 가보고 싶은가, 새로운 곳을 가보고 싶은가?

PLACES I HAVE BEEN	NEW PLACES
- more comfortable going to same place 가보았던 곳에 가는 것이 더 편함 - get to investigate area in depth 깊이 있게 지역을 탐방	- love new experiences 새로운 경험을 좋아함 - have visited more than 20 countries → exciting 20개국 이상을 방문 → 흥미진진함

2 Some people prefer to take frequent short vacations throughout the year. Other people like to take one long vacation once a year. Which do you prefer to do?
어떤 사람들은 일 년 동안 자주 짧게 휴가를 가는 것을 좋아한다. 다른 사람들은 일 년에 한 번 긴 휴가를 가는 것을 좋아한다. 어느 것을 선호하는가?

FREQUENT SHORT VACATIONS	ONE LONG VACATION
- help relieve stress throughout year 연중 스트레스를 줄이는데 도움 - give chances to visit many countries 여러 국가들을 방문할 수 있는 기회가 생김	- want to relax & do nothing 쉬면서 아무것도 하고 싶지 않음 - can get to know 1 place well 한 지역에 대해서만 잘 알 수 있음

3 Which do you prefer, to visit your hometown during holidays or to go somewhere else?
휴일 동안 고향을 방문하는 것과 다른 곳을 가는 것 중 어떤 것을 선호하는가?

VISIT MY HOMETOWN	GO SOMEWHERE ELSE
- can see my relatives 친척들을 볼 수 있음 - know hometown well → easy to get around in 고향을 잘 앎 → 돌아다니기 쉬움	- see new places → go sightseeing 새로운 장소를 봄 → 관광함 - enjoy traveling → relax at beach + visit historical places 여행을 즐김 → 해변에서 느긋하게 쉼 + 역사적 장소들을 방문함

4 People should try to improve their knowledge or abilities during their free time.
사람들은 여가 시간에 지식과 능력을 향상시키기 위해 노력해야 한다.

AGREE	DISAGREE
- can make selves smarter → more knowledge = better person 스스로를 더 스마트하게 만들 수 있음 → 더 많은 지식 = 더 나은 사람 - fun to learn new abilities 새로운 기량을 익히는 것은 재미있음	- just want to relax → don't want to learn new skills 그냥 휴식을 취하고 싶음 → 새로운 기술을 배우고 싶지 않음 - taking classes = tiring → don't want to spend free time like that 수업 듣기 = 피곤함 → 자유 시간을 그렇게 보내고 싶지 않음

To the Editor,

Our school has a long-standing policy of holding fall orientation for freshmen and transfer students during the first two days of class. I believe this policy is misguided. Instead, fall orientation should be held during summer vacation one week prior to the start of classes. This way, new students will not face any conflicts between orientation events and their classes. By being able to attend all of the orientation events, these students will be able to become used to life here at City University much quicker than they do at the present.

Peter Laurel
Senior

🎧 10-03

The man expresses his opinion about the letter to the editor in the school newspaper. Explain his opinion and the reasons he gives for holding that opinion.

PREPARATION TIME
00:00:30

RESPONSE TIME
00:00:60

✎ NOTE-TAKING

- *change fall orientation → 1 week b4 semester begins* 가을 오리엔테이션 변경 → 학기가 시작되기 일주일 전으로
- *no conflicts between orientation & class* 오리엔테이션과 수업 사이에 충돌이 없음
    - get used to campus life faster 보다 빨리 대학 생활에 적응

WORD REMINDER

long-standing 오랜   transfer student 편입생   misguided 잘못된   prior to ~에 앞서서   conflict 갈등, 충돌

WOMAN	MAN
• *vacation ends early – bad* 방학이 일찍 끝남 – 좋지 않음	• *students busy in summer* 학생들은 방학 때 바쁨 – p/t job → can't afford to quit 1 week early 아르바이트 → 일주일 일찍 그만둘 여유가 없음 – lose salary – no good 급여가 깎임 – 좋지 않음
• *no use for orientation info* 오리엔테이션 정보가 쓸모 없음	• *orientation was useless* 오리엔테이션이 쓸모 없었음 – went to 1 event → skipped others 한 차례 행사에 참석 → 다른 행사는 빠짐 – get rid of orientation → no complaints 오리엔테이션 폐지 → 불만 없음

WORD REMINDER

skip 건너뛰다   adjust to ~에 적응하다   comprehensive 포괄적인, 광범위한

Sample Response   🎧 10-04

The man and the woman have a conversation about a letter to the editor in the school newspaper. The letter writer requests that the school hold fall orientation one week prior to the beginning of the semester instead of during the first two days of the semester. The man dislikes the letter writer's opinion for two reasons. The first is that he claims that students are busy during summer vacation. According to him, he had a part-time job in summer. He could not have afforded to quit his job and give up one week's salary. He's sure that other students feel the same way. In addition, the man admits that he had no use for orientation. He went to one event and didn't go to any others. He even notes that the school could probably just cancel orientation without any students saying anything negative.

Mutualism

Mutualism is a type of symbiosis. Symbiosis occurs when two organisms that are different species have some type of relationship. In some cases, symbiotic relationships are harmful. Yet this is not the case with mutualism. In mutualism, both organisms in the relationship derive a positive benefit while causing no harm to each other. These benefits are typically direct but may also be indirect in nature. In many instances, organisms belonging to different kingdoms—such as the plant and animal kingdoms—have relationships that mutually benefit each other.

🎧 10-05

The professor talks about how various organisms assist one another. Explain how their actions are related to mutualism.

PREPARATION TIME
00:00:30

RESPONSE TIME
00:00:60

📝 NOTE-TAKING

❶ *symbiosis: relationship between 2 diff. organisms* 공생: 2개의 서로 다른 생물 사이에서의 관계
  – can harm 해를 끼칠 수도 있음
❷ *mutualism – no harm* 상리 공생 – 해를 끼치지 않음
  – both species benefit 양쪽 모두 혜택을 얻음
  (상리 공생에 대한 정의가 지문에서 나올 것이고, 강의에서는 그에 대한 예시가 나올 가능성 ↑)

WORD REMINDER
mutualism 상리 공생   symbiosis 공생   derive 얻다, 이끌어내다   belong to ~에 속하다   kingdom 계(界)   mutually 서로, 상호간에

❶ *bees & flowers* 벌과 꽃
  – bees → get nectar 벌 → 꿀을 얻음
  – flowers → get pollinated by bees 꽃 → 벌에 의해 수분이 됨
❷ *Egyptian plover & crocodile* 악어물떼새와 악어
  – plover → eats meat between croc's teeth 악어물떼새 → 악어 이빨 사이의 고기를 먹음
  – croc → gets teeth cleaned 악어 → 이빨을 청소

WORD REMINDER
fascinating 황홀한, 매우 흥미로운   buzz (벌 등이) 윙윙거리다   nectar 꿀, 과즙   grain 낟알   pollen 꽃가루   pollinate 수분시키다
Egyptian plover 악어물떼새

Sample Response   🎧 10-06

    During his lecture, the professor talks about two ways in which different organisms have relationships involving them helping each other in some manner. The first example he provides involves bees and flowers. The professor says that bees go from flower to flower to get nectar that plants produce. The nectar provides the bees with nourishment. The bees then carry pollen to other flowers, which pollinates these flowers. The second example the professor discusses is the relationship between the Egyptian plover and the crocodile. The plover eats the rotting meat that is stuck between the crocodile's teeth while the crocodile gets the meat removed. In this way, each animal benefits. Both examples demonstrate the concept called mutualism. Mutualism is a type of relationship between two different species of organisms in which both organisms benefit and don't cause any harm to the other.

🎧 10-07

Using points and examples from the talk, explain two disadvantages of burning crop residue.

PREPARATION TIME
00:00:20

RESPONSE TIME
00:00:60

NOTE-TAKING

after harvest, parts of plants remain in fields 수확 후, 식물의 일부는 들판에 남음
till remains into ground / remove them / burn crop residue
남은 것들을 땅에 경작 / 제거 / 작물 잔여물을 태움

EX SE Asia: burn remainder of rice plants / Africa: burn crop residue 동남아시아: 벼의 잔여물을 태움 / 아프리카: 작물 잔여물을 태움

2 negative effects 두 가지의 나쁜 영향

❶ *destroys protective layer for soil* 토양의 보호층을 파괴
  - residue: many advantages to soil 잔여물: 토양에 많은 이점을 제공
    1) prevents erosion by wind + water 바람 +물로부터 침식을 막아줌
    2) retains water 물의 흡수
    3) provides places for animals 동물들에게 서식지를 제공
    4) deposits valuable nutrients into soil as it decomposes 분해될 대 토양에 중요한 영양소를 퇴적시킴

❷ *LT (long-term) activities: reduces fertility of soil* 장기적 활동: 토양의 비옥함을 감소시킴
  - reduction in amount of carbon + nitrogen in soil 토양의 탄소 + 질소의 양 감소
  - reduction in amount of ammonium + phosphorus 토양의 암모늄 + 인의 양 감소
    → health of soil declines → need to add a lot of chemical fertilizer 토양의 건강 악화 → 화학 비료를 추가해야 함

WORD REMINDER

harvest 수확하다　crop 작물　part 일부　till 갈다, 경작하다　remains 남은 것, 나머지　remove 없애다, 제거하다　residue 잔여물
remainder 나머지　protective layer 보호층　advantage 이점　erosion 침식　retain 함유하다　decompose 분해되다　deposit 침전시키다
valuable 가치 있는　nutrient 영양　deprive of ~을 빼앗다　fertility 비옥함　dramatically 급격하게　long-term 장기적인
tremendous 엄청난　reduction 감소　carbon 탄소　nitrogen 질소　ammonium 암모늄　phosphorus 인　decline 악화되다
significant 커다란　fertilizer 비료　disadvantage 단점, 불리한 점

Sample Response　　🎧 10-08

　　During her lecture, the professor talks about the burning of crop residue by farmers. She states that farmers in Southeast Asia as well as in Africa are known for doing this. However, she points out that there are two disadvantages to burning fields. The first one is that crop residue in fields provides a protective layer with many benefits. It can prevent soil erosion, keep water in the soil, provide birds, mice, and other animals with places to live, decompose, and then add nutrients to the soil. But when farmers burn their fields, all of the advantages of crop residue are lost. Next, the professor notes that the long-term burning of crop residue lowers the fertility of the soil. This happens because carbon, nitrogen, ammonium, and phosphorus are depleted from the soil. After many years, chemical fertilizers must be added to the soil to make it fertile again.

WORD REMINDER

lose 잃다　lower 떨어뜨리다, 낮추다　deplete 대폭 감소시키다　fertile 비옥하다

TOEFL MAP
ACTUAL
TEST Speaking 2

11

🎧 11-01

A school has just constructed a new building on its campus and has one extra room. Which of the following do you think the school should do?

- Use the room as a library
- Build a computer laboratory in the room
- Turn the room into an arts and crafts center

Use details and examples to explain your answer.

PREPARATION TIME
00:00:15

RESPONSE TIME
00:00:45

NOTE-TAKING

USE THE ROOM AS A LIBRARY
- *easy access to books* 책에 쉬운 접근
- *quiet place to study and to do research* 공부하고 연구기 위한 조용한 장소

BUILD A COMPUTER LABORATORY
- *more computers needed for assignments* 과제에 더 많은 컴퓨터가 필요함
- *able to develop skills (coding)* 기술을 개발할 수 있음 (코딩)

TURN THE ROOM INTO AN ARTS AND CRAFTS CENTER
- *develop hobbies* 취미를 발전시킴
- *chance to socialize with others* 다른 이들과 어울릴 기회

Sample Response 🎧 11-02

› USE THE ROOM AS A LIBRARY

If there is an extra room in the new building, I'd choose to use it as a library. I have two reasons for holding this opinion. First of all, having a library at the school will give students easy access to books. For example, students are more likely to read by visiting the school library than by going to a public library. Secondly, students could use the library as a place to study and to do research. There will be plenty of books for them to use as reference material, and the library will be quiet, too. For those two reasons, I believe the school should use an extra room as a library.

› BUILD A COMPUTER LABORATORY

If there is an extra room in the new building, I'd choose to use it as a computer lab. That would be the best use of the space for a couple of reasons. First of all, many assignments are done and submitted online. For instance, many schools require essays typed and uploaded on a class website. Thus, with a new computer lab, schools can accommodate more students. Secondly, students can practice and develop their skills on the lab's computers. To illustrate, there are many coding programs available for students to use. For those two reasons, I believe the school should use the extra room as a computer lab.

› TURN THE ROOM INTO AN ARTS AND CRAFTS CENTER

If there is an extra room in a new building, I'd choose to turn the room into an arts and crafts center. That would be the best use of the space for a couple of reasons. First of all, students can get the chance to develop and enjoy their hobbies. For instance, some students may relieve their stress by drawing and painting. Secondly, it is a great opportunity for students to socialize with others who have the same interests. To illustrate, by working on arts and crafts together, students can share their ideas and work together. For those two reasons, I believe the school should use the extra room as an arts and crafts center.

WORD REMINDER

access 접근   reference material 참고 자료   submit 제출하다   online 온라인의   type 타자를 입력하다   accommodate 수용하다   practice 연습하다   develop 개발하다   arts and crafts 공예   relieve 완화하다   socialize with ~와 사귀다   interest 관심사

RELATED TOPICS

1   Which do you prefer, a school that hires famous professors or a school that spends money on advanced facilities? 유명 교수를 고용하는 학교와 고급 설비에 돈을 쓰는 학교 중 어떤 것을 선호하는가?

FAMOUS PROFESSORS	ADVANCED FACILITIES
- can learn from well-known teachers 유명 교사들에게 배울 수 있음	- better learning environment 더 나은 학습 환경
- give recommendations → easier to get jobs 추천을 받을 수 있음 → 직업 구하기가 더 쉬움	- working with cutting-edge equipment 첨단 장비를 가지고 공부함

2   Schools should focus more on teaching math and science than on literature and history.
학교는 문학과 역사보다 수학과 과학을 가르치는 데 더 중점을 두어야 한다.

AGREE	DISAGREE
- more important topics to learn 배울 더 중요한 주제들	- need well-balanced education 균형 있는 교육이 필요함
- need to study other subjects 다른 과목들을 공부할 필요가 있음	- become cultured person by learning lit and history 문학과 역사를 배움으로써 교양인이 될 수 있음

New Courses to Be Taught

The History Department is pleased to announce that it has hired three new professors: Mary Ann Wilson, George Preston, and Eric Wallace. Ms. Wilson focuses on European history, Mr. Preston is an historian of South America, and Mr. Wallace is an expert on ancient Greece and Rome as well as Egypt and Mesopotamia. Each professor will teach two courses a semester. They will teach both freshman-level and upper-level classes starting in the fall semester. For a complete description of each new class that will be taught, visit the History Department office in room 303 of Robinson Hall.

11-03

The woman expresses her opinion about the notice by the History Department office. Explain her opinion and the reasons she gives for holding it.

PREPARATION TIME
00:00:30

RESPONSE TIME
00:00:60

NOTE-TAKING

READING

- ***new faculty members in the History Department*** 역사학에 새로운 교수진
  - each prof → 2 courses/ semester 각 교수 → 학기당 두 과목
  - freshman-level + upper-level starting fall semester 가을 학기부터 1학년 강의 + 고학년 강의

WORD REMINDER

historian 사학자   expert 전문가   ancient 고대의   description 서술, 기술

LISTENING

WOMAN

- ***courses: boring*** 강의: 지루함
  - no updating of the course material
    강의 교재를 업데이트하지 않음
  - no new teaching methods 새로운 교수법 ×
- ***expert in ancient history*** 고대사에 전문가
  - no one in the department teaches history
    before medieval times
    해당 학과에서는 그 누구도 중세 시대 전의 역사를 가르치지 않음

MAN

WORD REMINDER

teaching method 교수법   uninspiring 흥미롭지 못한   ancient history 고대사   correct 맞는, 정확한   medieval times 중세 시대

Sample Response

🎧 11-04

    The man and the woman share their views on the university's announcement that it has hired three new professors in the History Department. According to the announcement, each professor will teach two courses per semester. The woman expresses a positive opinion of the notice and provides two reasons for her opinion. First of all, the woman is glad to have new professors who can utilize new teaching methods. She says current professors do not use new material, so their courses are rather boring. Secondly, one of the new professors is an expert in ancient history. Since there is no one in the department who teaches history before medieval times, this will be a great chance for students to learn under a professor who specializes in ancient history. Therefore, the woman has a positive opinion about the announcement which introduces the new professors in the History Department.

WORD REMINDER

hire 고용하다   current 현재의   specialize 전공하다

The Recency Effect

The majority of people tend to recall the most recent events and news stories much better than they do those which happened in the more distant past. As a result, they typically ascribe more importance to those events and news stories which are newer. In many instances, these people become overly concerned about or convinced of the possibility of repeat events. However, they fail to consider the probability of those events taking place on a repeated basis. This recency effect can cause people to make subpar decisions because they are making their choices based upon irrational thinking.

🎧 11-05

The professor talks about a shark attack. Explain how it is related to the recency effect.

PREPARATION TIME
00:00:30

RESPONSE TIME
00:00:60

📝 NOTE-TAKING

READING

- ● ***people recall recent events better → put more importance*** 사람들은 최신 사건들을 더 잘 회상함 → 더 중요시함
  - overly concerned about the possibility of recurring events 반복되는 사건들의 가능성에 대해 과도하게 염려함
  - recency effect: people make subpar decisions ∵ irrational thinking
    신근성 효과: 사람들은 수준 이하의 결정을 내림 ∵ 비논리적 사고

  (사람들이 어떻게 잘못 인지하는지에 대한 구체적 예시가 나올 가능성 ↑)

WORD REMINDER

recency effect 신근성 효과   recall 기억해 내다   ascribe ~에 돌리다, ~의 탓으로 돌리다   overly 지나치게   probability 개연성
subpar 수준 이하의   irrational 비이성적인, 비논리적인

LISTENING

people give more importance to recent events 사람들은 최근 사건들에 더 중요도를 부여함
- ❶ ***shark attack: swimmer got bitten*** 상어 공격: 수영하는 사람이 물림
  - economy: bad (∵ local economy: highly dependent on tourists) 경제: 나빠짐 (∵ 지역 경제: 관광객들에게 크게 의존함)
  - shark: primary reason 상어: 주 원인
- ❷ ***shark attack: every ten years*** 상어 공격: 10년마다
  - people: more focused on recent event 사람들: 최근 사건에 더 주목함

WORD REMINDER

bias 편견   give importance to ~에 중요도를 부여하다   allow 허락하다   at the start of 시작될 무렵에   bite 물다   unfortunate 운이 없는
highly 크게   dependent on ~에 의존하다   awful 끔찍한   primary 주요한   terrify 겁먹게 하다   historically 역사적으로   region 지역
average 평균 ~이 되다   extremely 극히   rare 드문   perfectly 완벽하게   businesspeople 사업가   suffer 고통 받다
economically 경제적으로

Sample Response 🎧 11-06

The professor discusses a shark attack that happened in summer. It occurred in June, which was when summer started. According to the professor, a swimmer was bitten by a shark, but he didn't die. The professor remarks that the local economy depends on tourists. However, the summer season was terrible because people didn't go swimming. They were afraid a shark would attack them. The professor then points out that these people were focused on the most recent event and didn't consider historical shark attacks. He states that the region averages one shark attack per decade, so it should have been safe to swim. Nevertheless, people only thought about what had just happened, so they didn't visit the beach. These individuals were guilty of the recency effect. It happens when people only focus on the most recent events rather than what happened in the past. Because of the recency effect, people may make poor decisions.

WORD REMINDER

occur 발생하다   historical 역사상의   poor decision 나쁜 결정, 현명치 못한 결정

🎧 11-07

Using points and examples from the talk, explain two characteristics of marsupials.

PREPARATION TIME
00:00:20

RESPONSE TIME
00:00:60

LISTENING

approximately 300 species of marsupials (ex. kangaroo, koala, wombat, opossum)
약 300종의 유대목 동물 (예. 캥거루, 코알라, 움뱃, 주머니쥐)

distinct characteristics 뚜렷한 특성

❶ *babies: tiny at birth* 새끼: 태어날 때 아주 작음

- gestation periods: very short → babies undeveloped when born 임신 기간: 굉장히 짧음 → 새끼들은 태어날 당시 미발달되어 있음

  EX joey (baby kangaroo): born after 33-day gestation period 새끼 캥거루: 33일의 임신 기간 후에 태어남

- climbs into pouch in mother's abdomen 어미의 배에 있는 주머니로 들어감

- mother kangaroo's nipples: in pouch 어미 캥거루의 젖꼭지: 주머니 안에 있음

❷ *internal body temp: about 3℃ lower* 체내 온도: 약 3도가 낮음

- slow metabolic rate → more restricted in types of climates → dwell in places w/warm climates
  느린 기초 대사율 → 기후 형태가 좀 더 제한적 → 따뜻한 기후를 가진 장소에서 서식

  EX opossum: many parts of the U.S. and parts of Canada but not too far north
  주머니쥐: 미국의 많은 곳과 캐나다의 일부 지역, 그러나 너무 북쪽으로는 가지 않음

WORD REMINDER

marsupial 유대목 동물   opossum 주머니쥐   characteristic 특징   distinct 뚜렷이 다른   trait 특성   gestation 임신   undeveloped 미발달한
joey 새끼 캥거루   pouch 새끼 주머니   abdomen 배   nipple 젖꼭지   develop 성장하다   raise 키우다   feature 특징   internal 체내의
metabolic rate 기초 대사율   restrict 제한하다   dwell in ~에 살다   make a comeback 복귀하다, 다시 회복하다   handle 대처하다

Sample Response 🎧 11-08

The professor lectures on marsupials and two of their characteristics that differentiate them from mammals. She says that marsupials evolved about 140 million years ago and that some are the opossum, the kangaroo, the koala, and the wombat. About marsupials, she begins by remarking that they have short gestation periods, so their babies are immature and tiny at birth. She remarks that joeys, which are baby kangaroos, climb into a pouch in their mothers' abdomens and drink milk there until they grow more. Wallabies also have pouches in which their young can develop. Next, the professor says that marsupials have low body temperatures and slow metabolic rates. Those may be the reasons that marsupials primarily live in warm climates. She talks about the opossum, which is a North American marsupial. It lives in the United States and parts of Canada but does not live too far north, where it is cold, because it cannot survive there.

WORD REMINDER

differentiate 구별하다, 구분 짓다   immature 미성숙한   primarily 주로   survive 생존하다

TOEFL® MAP

ACTUAL TEST Speaking 2

12

🎧 12-01

Some people prefer to attend live musical events such as concerts. Other people like to listen to recorded music. Which type of music do you prefer to listen to? Use details and examples to explain your answer.

PREPARATION TIME
00:00:15

RESPONSE TIME
00:00:45

ACTUAL TEST **12**

LIVE MUSICAL EVENTS
- *sound better* 음향이 더 좋음
- *enjoy watching the show* 공연 관람을 즐김

RECORDED MUSIC
- *clearer than live music* 라이브 음악보다 소리가 깨끗
- *can listen to it anytime* 언제라도 들을 수 있음

Sample Response 🎧 12-02

› LIVE MUSICAL EVENTS

I believe that going to live musical events is much better than listening to recorded music. I have two reasons for holding this opinion. The first reason is that live music sounds much better than recorded music. One month ago, I attended a rock concert, and I was amazed by the sound quality. To me, the live performance sounded much better than the CD of the band that I have. Second of all, I enjoy watching shows in person. For example, sometimes during live performances, the audience gets to interact with the singers. There are also some singers who perform songs that they have never recorded. This makes watching shows in person much more fun.

› RECORDED MUSIC

I believe that listening to recorded music is much better than going to live musical events. I have two reasons for holding this opinion. The first reason is that recorded music is always clear. As a result, I can hear the music perfectly when it's recorded. But at concerts, the audience cheers and sometimes even sings along, so it's hard to hear the musicians very clearly. I don't enjoy that at all. Second of all, I prefer to listen to music whenever I am in the mood for it. For example, I listen to music at home and on the bus as well as when I'm walking around. But I can only hear live music at a specific time and place.

WORD REMINDER
interact 상호 작용하다, 서로 영향을 끼치다   sing along 노래를 따라 부르다   in the mood for ~할 기분이 나서

TIPS for SUCCESS

Flow

응시자가 실수를 하거나 아이디어를 떠올리지 못하여 "음… 음…"만을 반복하다가 결국 한숨을 쉬며 아무런 답변을 하지 못한 채 응답 시간이 끝나버리는 경우가 있다. 이러한 경우에는 신속히 다른 아이디어를 생각해 내서 말을 이어가는 것이 점수를 얻을 수 있는 방법이다.

RELATED TOPICS

1 Young people are too focused on the lives of celebrities these days. 요즘 젊은 사람들은 유명 인사들의 삶에 너무 집중하고 있다.

AGREE	DISAGREE
- many celebs = bad people ∴ bad role models 많은 유명 인사들 = 나쁜 사람들 ∴ 나쁜 롤 모델 - movie stars → just performers / nothing useful for society 영화 배우 → 배우일 뿐 / 사회에 유용하지 않음	- athletes = good role models / influence teens 운동선수들 = 좋은 롤 모델 / 10대들에게 영향을 줌 - nice to see teens interested in lives of others 십대들이 타인의 삶에 관심을 갖는 것은 보기 좋음

2 Teenagers nowadays spend too much time using the Internet. 요즘 십대들은 인터넷을 하는 데 너무 많은 시간을 쓴다.

AGREE	DISAGREE
- always see teens surfing the Net on phones 십대들이 언제나 휴대폰으로 넷 서핑하는 것을 봄 - spend hours on social media sites 소셜 미디어 사이트에서 몇 시간씩 보냄	- most friends rarely use Internet → busy w/school 대부분의 친구들이 거의 인터넷 사용을 하지 않음 → 학교 일로 바쁨 - do other activities such as sports + hobbies 스포츠 + 취미 같은 다른 활동들을 함

3 Listening to music is the best way for people to relax. 음악을 듣는 것은 사람들이 휴식을 취할 수 있는 가장 좋은 방법이다.

AGREE	DISAGREE
- classical music → helps me calm down 고전 음악 → 차분하게 만들어 줌 - can forget about problems while listening to music 음악을 들으면서 문제들을 잊을 수 있음	- like heavy metal → not relaxing music 헤비메탈을 좋아함 → 편안하게 해주는 음악이 아님 - prefer quiet when want to relax → music annoys me 쉬고 싶을 때는 조용히 있는 것을 선호함 → 음악이 나를 짜증나게 함

4 Some people prefer to go to a workplace for their jobs. Others prefer to work at home. Which do you prefer and why?
어떤 사람들은 일하기 위해 직장에 가는 것을 선호한다. 다른 사람들은 집에서 일하는 것을 선호한다. 여러분은 무엇을 선호하고 그 이유는 무엇인가?

GO TO A WORKPLACE	WORK AT HOME
- enjoy being around others → socialize well 다른 사람들과 어울리는 것을 즐김 → 사회 활동을 잘함 - easier to do job → can talk to colleagues if have problem 일하기 더 쉬움 → 문제가 생겼을 때 동료들에게 이야기할 수 있음	- don't waste time commuting → less tired at end of day 통근에 시간 낭비를 하기 싫음 → 하루가 끝날 무렵에 덜 피곤함 - get more work done → don't waste time talking to colleagues 더 많은 일을 할 수 있음 → 동료들과 이야기하는 시간 낭비가 없음

To the Editor,

The school has to ban bicycles from sidewalks on campus. Yesterday, I was nearly run over by a bicyclist zooming past me while I was on the sidewalk. All bicyclists should be required to ride on the roads. Many of my friends have the same complaints about bicyclists. They do not care about the safety of pedestrians, and they almost cause numerous accidents due to their reckless behavior. If the school does not outlaw bicyclists from riding on the sidewalks, I am positive there will soon be a serious incident in which innocent people get hurt.

Emily Jenkins
Junior

 12-03

The woman expresses her opinion about the letter to the editor in the school newspaper. Explain her opinion and the reasons she gives for holding that opinion.

PREPARATION TIME
00:00:30

RESPONSE TIME
00:00:60

✎ NOTE-TAKING

READING

- *ban bikes from sidewalks → almost got hit* 인도에서 자전거 타는 것을 금지 → 거의 치일 뻔 함
  - friends – same problem 친구들 – 동일한 문제
- *bicyclists – reckless* 자전거를 타는 사람들 – 부주의함
  - if no ban, then people will get hurt in future 금지하지 않으면, 추후에 사람들이 다치게 될 것임

WORD REMINDER

sidewalk 인도, 도보   zoom 질주하다   pedestrian 보행자   reckless 부주의한, 무모한   outlaw 불법화하다, 금지하다   innocent 무죄의

LISTENING

WOMAN	MAN
• *banning – pointless* 금지 조치 – 부적절	• *agrees w/letter writer* 편지를 쓴 사람의 말에 동의
– who gives tickets? 누가 티켓을 끊을 것인가?	
– hard to find police 경찰을 찾기가 어려움	
– crime problem on campus ∴ use cops to catch thieves, not bicyclists 교내 범죄 문제 ∴ 경찰관으로 하여금 자전거를 타는 사람이 아니라 도둑을 잡게 해야 함	
• *put up signs* 안내판 설치	• *asks what to do* 어떻게 해야 할 지 물음
– warn bicyclists → can ban later if behavior doesn't change 자전거 타는 사람들에게 경고 → 행동에 변화가 없는 경우 나중에 금지 조치	

WORD REMINDER

pointless 무의미한, 적절하지 않은   enforce 집행하다   hand out 내밀다

Sample Response   🎧 12-04

The man and the woman talk about a letter to the editor that appears in the school newspaper. The writer of the letter believes that the school should ban bicyclists from riding on sidewalks and make them use the roads instead. The letter writer thinks that people are going to get hurt by bicyclists because of their reckless behavior. The woman disagrees with the opinion of the letter writer. First of all, she says that she wonders who is going to enforce the ban. According to her, she wants the police to catch criminals on campus instead of giving out tickets to bicyclists. Next, the woman states that she believes that instead of instituting a ban on bicyclists riding on sidewalks, the school could put up signs. These signs could warn bicyclists to be more careful. If they aren't effective, then a ban could happen later.

Logical Consequences

Logical consequences are of great importance when dealing with the behavior of people, especially children. Actions must have consequences, yet these consequences must follow the rules of logic. For instance, when a child misbehaves, the punishment must fit the misdeed. It must be neither too severe nor too lenient. The punishment must also be related to the incorrect behavior. Naturally, a child who acts properly must be rewarded, not punished, for the positive action. That too is a logical consequence.

12-05

The professor talks about her time as an elementary school teacher. Explain how her experiences are related to logical consequences.

PREPARATION TIME
00:00:30

RESPONSE TIME
00:00:60

📝 NOTE-TAKING

READING

❶ *actions have consequences* 행동에는 결과가 따름
  – bad behavior results in appropriate punishment 나쁜 행동에는 적절한 처벌이 결과로 옴
  – not too severe or lenient 너무 심하거나 너무 너그러우면 안 됨

❷ *good behavior – rewarded* 좋은 행동 – 보상
  (지문에서는 논리적 결과란 무엇인지에 대해 정의를 내리고, 강의에서는 그에 대한 예시를 제공할 것이라 추측 가능. 여기서 주의할 점은, 강의 내용의 첫 번째 포인트는 학생이 결과를 예측할 수 있었고 그에 따라 행동을 바꿨다는 내용이지만, 두 번째 포인트는 상반된 내용이 나오며 문단이 However,로 시작되므로 반대되는 내용을 예상하며 듣는 것이 필요함)

> **WORD REMINDER**
> deal with 다루다, 처리하다   misbehave 잘못 행동하다   misdeed 잘못된 행동   lenient 관대한, 너그러운   properly 적절하게

LISTENING

❶ *1 girl wrote on desk* 여자 아이가 책상에 낙서를 함
  – punishment – clean all desks 처벌 – 모든 책상을 닦음

❷ *boy talked* 남자 아이가 떠듦
  – different kinds of punishment / sometimes no punishment 여러 가지의 처벌 / 때로는 벌을 주지 않음
  – illogical ∴ boy kept talking 비논리적 ∴ 남자 아이는 계속 떠듦

> **WORD REMINDER**
> detention 방과후 학교에 남기는 벌

Sample Response　　　　　　　　　🎧 12-06

In her lecture, the professor talks about her time as an elementary school teacher. She discusses two students that she had to punish for misbehaving in her classes. The first student she punished was a girl who often drew on her desk. The professor made the girl clean all of the desks as a way of punishing the student. Next, the professor tells the class about a boy who would talk in class all the time. The professor says that she used to give him various kinds of punishments and sometimes didn't even punish him at all. This illogical behavior did not get the boy to stop speaking in class. These demonstrate a concept called logical consequences. Logical consequences happen when actions have the proper consequences. When a person behaves badly, the punishment needs to be logical. Likewise, a student who behaves well should be rewarded rather than punished.

12-07

Using points and examples from the talk, explain how the mountain goat and the bighorn sheep have adapted to live in high altitudes.

PREPARATION TIME

00:00:20

RESPONSE TIME

00:00:60

NOTE-TAKING

LISTENING

high altitudes – difficult conditions 높은 고도 - 살기 힘든 조건

❶ *thick fur: mountain goat* 많은 털: 산양
- heavy snow + wind → cold weather 폭설 + 바람 → 추운 날씨
- fur keeps goat warm 털이 체온을 유지시켜 줌

❷ *specialized legs: bighorn sheep* 특화된 다리: 큰뿔야생양
- strong legs → climb up and down mountains 강력한 다리 → 산을 오르내림
- large hoofs → no slipping or falling 커다란 발굽 → 미끄러지거나 떨어지지 않음

WORD REMINDER

altitude 고도   negotiate 협상하다; (장애 등을) 극복하다   run down (사냥감을) 추격하여 잡다   fiercely 격렬하게, 맹렬히   mountain goat 산양
remind 상기시키다   specialized 특화된   hoof 발굽   terrain 지형   bighorn sheep 큰뿔야생양

ACTUAL TEST 12

Sample Response   🎧 12-08

    During his lecture, the professor tells the class that some animals have adapted to be able to live high in the mountains. The first adaptation is thick fur. The professor uses the mountain goat as an example of an animal with thick fur. According to the professor, meters of snow can fall in the mountains. The wind can blow very strongly, too, so that makes the temperature seem colder than it really is. Fortunately for mountain goats, they have very thick fur, which keeps them warm even in bad weather conditions. The next adaptation is specialized legs. The professor mentions the bighorn sheep as an animal with specialized legs. The professor says that bighorn sheep need strong legs to be able to climb up and down steep mountains. He also points out that their large hooves stop them from falling off the mountains.

TIPS for SUCCESS

책에 연습할 때 줄긋기는 금지

실제 시험을 보면서, 컴퓨터 모니터에 줄을 긋지 못해 안타까워하는 학생들이 있다. 처음 책으로 연습을 할 때부터 줄을 긋는 습관은 기르지 않는 것이 좋다.

TOEFL® MAP
ACTUAL
TEST Speaking 2

13

🎧 13-01

Do you agree or disagree with the following statement?

Children should own a pet.

Use details and examples to explain your answer.

PREPARATION TIME
00:00:15

RESPONSE TIME
00:00:45

ACTUAL TEST **13**

NOTE-TAKING

AGREE
- *responsibility* 책임감
- *emotional development* 정서 발달

DISAGREE
- *irresponsibility* 무책임
- *emotional trauma* 정서적 외상

Sample Response 🎧 13-02

> AGREE

I agree with the statement that children should own a pet. I have two reasons for holding this opinion. First of all, kids can develop a sense of responsibility. For instance, by feeding and taking a dog for a walk every day, a child can learn to take care of a living creature. The second reason is that raising a pet helps with emotional development. To illustrate, children learn to give love and constant attention when taking care of a pet. This can affect a child's emotional development in a positive way. For those two reasons, I believe children should own a pet.

> DISAGREE

I disagree with the statement that children should own a pet. I have two reasons for holding this opinion. First of all, children can often become irresponsible. For instance, since they are still too young to take care of a living creature, it might be too difficult for them even to feed their pet every day. The second reason is that owning a pet can sometimes cause emotional trauma. To illustrate, if a pet dies from a disease or accident, it can make a child feel very sad and even afraid of death. For those two reasons, I believe children should not be forced to own a pet.

WORD REMINDER
sense of responsibility 책임감   feed 먹이를 주다   take ~ for a walk ~을 산책하러 데리고 가다   take care of ~을 돌보다
living creature 살아 있는 생물   raise 키우다, 기르다   emotional 정서의   constant 끊임없는   attention 주의   irresponsible 무책임한
trauma 정신적 외상   extreme 극심한   fright 두려움

RELATED TOPICS

1 Pets should not be permitted to live in apartment buildings. 반려동물들은 아파트에서 사는 것이 허락되어서는 안 된다.

AGREE	DISAGREE
- homes close together → pets too loud 서로 집이 가까움 → 반려동물은 너무 시끄러움 - some residents have animal allergies 일부 거주자들은 동물 알레르기가 있음	- small pets = okay for apartments 작은 반려동물들 = 아파트에서 좋음 - people need companions like dogs and cats 사람들은 개와 고양이 같은 반려가 필요함

2 Which do you prefer, a pet that mostly lives indoors or outdoors?
주로 실내에서 사는 반려동물과 밖에서 사는 반려동물 중에서 어떤 것을 선호하는가?

AN INDOOR PET	AN OUTDOOR PET
- want pet that stays w/me all the time 항상 나와 함께 지내는 반려동물을 원함 - less chance of pet getting hurt 반려동물이 다칠 기회가 더 적음	- animals shouldn't live in homes w/people 동물들은 사람들과 집에서 살아서는 안 됨 - more room for pet to run around 반려동물들은 뛰어다닐 수 있는 더 많은 공간이 필요함

3 People can learn how to take care of others by owning a pet.
사람들은 반려동물을 가짐으로써 다른 이들을 돌보는 법을 배울 수 있다.

AGREE	DISAGREE
- need to look after pet → feed, walk, clean up after 반려동물을 돌볼 필요가 있음 → 먹이고, 걷게 하고 그 후에 씻김 - learn to love pets → can teach how to love others 반려동물을 사랑하는 것을 배움 → 다른 이들을 사랑하는 법을 가르침	- pets are not like humans → rely solely on others, unlike humans 반려동물은 인간과 같지 않음 → 사람과 달리 오로지 다른 이들에게만 의지하지 않음 - lots of pet owners = horrible parents 많은 반려동물 소유자들 = 끔찍한 부모임

4 Which do you prefer, a pet that must stay in a cage or a pet that does not need a cage?
우리에 있어야 하는 반려동물과 우리가 필요 없는 반려동물 중 어떤 것을 선호하는가?

A PET THAT MUST STAY IN A CAGE	A PET THAT DOES NOT NEED A CAGE
- low maintenance → don't need to take care of much 유지비가 적음 → 너무 많이 돌볼 필요가 없음 - love hamsters → think they are cute 햄스터를 좋아함 → 그것들이 귀엽다고 생각함	- prefer cats and dogs → make fun pets 고양이와 개를 선호함 → 반려동물들과 장난침 - animals should be free → shouldn't live in cages 동물은 자유롭게 풀어놓아야 함 → 우리에 살아서는 안 됨

New Administrators Hired

Atlantic University has just hired two new administrators, both of whom will begin their duties at the school immediately. Amanda Carter is now employed as the assistant director to the dean of students and will be working in Watson Hall. Joseph Young has been appointed the executive director of the office of the vice president. His office will be in Jefferson Hall. We at Atlantic University look forward to adding the expertise of Ms. Carter and Mr. Young as the school will surely benefit from their presence here.

 13-03

The woman expresses her opinion about the notice by the university administration. Explain her opinion and the reasons she gives for holding it.

PREPARATION TIME
00:00:30

RESPONSE TIME
00:00:60

NOTE-TAKING

READING

- *new administrators at Atlantic University* 애틀란틱 대학교에 새로운 행정관들
  - Amanda Carter: assistant director to the dean of students 아만다 카터: 학생회의 부총장
  - Joseph Young: executive director of the office of the vice president 조세프 영: 대학 부총장 사무실의 전무 이사

WORD REMINDER

administrator 행정관   duty 직무   employ 고용하다   appoint 임명하다   expertise 전문 지식   benefit from ~로부터 이득을 얻다
presence 존재

LISTENING

WOMAN

MAN

- *average administrator: salary + benefits →*
  $100,000 평균 행정관: 월급 + 복지 → $100,000 이상
  - consequence: tuition ↑ 영향: 학비 ↑
- *too many administrators* 너무 행정가가 많음
  - more administrators than FT prof's
    전임 교수들보다 더 많은 행정관 숫자

WORD REMINDER

salary 급여   average 평균의   benefit 수당   raise 인상하다   tuition 등록금   annually 매년   legitimate 타당한
full-time professor 전임 교수   travesty 우스꽝스런 비극   way 훨씬   beneficial 유익한

Sample Response

🎧 13-04

    The man and the woman share their views on the university's announcement that it has hired two more administrators. According to the announcement, one person will work as an assistant director to the dean of students while the other will work as the executive director of the office of the vice president. The woman expresses a negative opinion of the notice and provides two reasons for her opinion. First of all, the woman thinks the university is spending too much of its budget on administrators. She explains that the average administrator earns more than hundred thousand dollars a year. Consequently, the excessive salaries are causing tuition to be increased. Secondly, the woman believes the university should hire more professors instead. She says there are too many administrators at the school. In order to provide a better academic environment, she argues that the school should hire more professors than administrators.

WORD REMINDER

budget 예산, 비용   earn 벌다   shortage 부족   cause 야기하다   tuition increase 등록금 인상   academic 학문의   argue 주장하다

Famine

At times, the people in a region—a town, a city, a state, or even a country—may have little or no access to a sufficient amount of food. When this happens for a prolonged period of time, a famine occurs. Famines may have natural causes, including droughts, floods, poor weather, storms, diseases, and insects, and they may also have manmade causes, particularly wars and governmental mismanagement. In severe famines, people become malnourished and die in great numbers. Throughout history, famines that have killed millions of people have taken place, and some even caused the downfalls of various civilizations.

13-05

The professor talks about the Mayan Empire and the Toltec Empire. Explain how they are related to famine.

PREPARATION TIME

00:00:30

RESPONSE TIME

00:00:60

📝 NOTE-TAKING

● *famine: little or no access to sufficient amount of food* 기근: 충분한 양의 식량에 거의 또는 전혀 접근 ×

  – natural causes (droughts / floods / poor weather / storms / diseases / insects)
    자연적 원인들 (가뭄 / 홍수 / 열악한 날씨 / 폭풍 / 질병 / 곤충)

  – manmade causes (wars / governmental mismanagement) 사람이 만든 원인들 (전쟁 / 정부의 그릇된 운영)

  – people: malnourished + die 사람들: 영양실조 + 죽음

  – downfalls of various civilizations 다양한 문명의 몰락

  (civilization이라는 구체적 단어가 언급되었으므로 굉장히 중요한 힌트. 두 가지의 문명이 나올 예정)

WORD REMINDER

access 접근   prolonged 장기적인   occur 발생하다   drought 가뭄   disease 질병   manmade 사람이 만든, 인공의   severe 극심한, 심각한
malnourished 영양실조의   downfall 몰락   various 다양한   civilization 문명

caused powerful civilizations to vanish 강력한 문명이 사라지는 원인이 됨

❶ *Mayan Empire: advanced culture (written language + advanced astronomical knowledge)*
  마야 제국: 매우 발달한 문화 (문자 언어 + 발전한 천문학적 지식)

  – built large cities → some remain today 거대 도시들을 건설함 → 일부는 현재에도 남아 있음

  – btwn 760 + 930 A.D.: many Mayas died from famine 760년과 930년 사이: 많은 마야인들이 기근으로 죽었음

  – natural causes (droughts) → more than 10 famines during the period
    자연적 원인 (가뭄) → 그 기간 동안 10번도 넘는 기근이 있었음

  – Mayan Empire disappeared 마야 제국이 사라짐

❷ *Toltec Empire* 톨텍 제국

  – not a huge empire but forerunners of Aztecs 거대 제국은 아니나 전신

  – 1100 B.C.: Toltecs had to depart capital → disappeared from history
    기원전 1100년: 톨텍인들은 수도를 떠나야 했음 → 역사에서 사라짐

WORD REMINDER

disaster 재난   vanish 사라지다   empire 제국   occupy 차지하다   advanced 선진의   feature ~의 특징을 이루다   astronomical 천문학의
remain 남다   entire 전체의   disappear 사라지다   exist 존재하다   destroy 파괴하다   lack 부족   forerunner 전신   depart 떠나다

Sample Response
🎧 13-06

The professor lectures about the Mayan Empire and the Toltec Empire. First, she discusses the Mayan Empire. She notes that it once existed in Central America, it had an advanced culture with a written language, and its people constructed large buildings, some of which are still standing today. But between the years 760 and 930, the Mayan people suffered from more than ten famines. Those famines killed millions of Mayans and resulted in the Mayan Empire vanishing before the Europeans ever arrived. Second, the professor talks about the Toltec Empire. It existed in Mexico, and its people also suffered from a famine that caused the empire to disappear. A famine is an extended period of time when people in a certain region either get no food or do not get enough food. A famine can be manmade or have natural causes. Throughout history, famines have killed millions and destroyed civilizations.

🎧 13-07

Using points and examples from the talk, explain two features of exurbs.

PREPARATION TIME
00:00:20

RESPONSE TIME
00:00:60

NOTE-TAKING

LISTENING

exurban areas 준 교외 지역
- residential areas between suburbs and rural areas 교외와 시골 사이의 거주 지역
- connection to the metropolitan areas 수도권과도 연결이 되어 있음

❶ *primary feature: extremely low housing density* 주요 특징: 주택 밀도가 굉장히 낮음
- urban: tall apt buildings // suburbs: both apartments + houses on small lots
  도심: 높은 아파트 빌딩 // 교외: 아파트 + 작은 부지에 있는 집
- median exurban lot: around 14 acres of land → greater than the median lot for entire U.S. (0.8 acres)
  준 교외 부지: 14에이커 가량의 토지 → 미국 전체의 중앙 부지보다 훨씬 더 큼 (0.8에이커)
  → houses are more spaced out 집들은 서로 간격을 두고 있음

❷ *maintains closeness to neighboring cities (jobs + services)* 인근 도시들과의 접근성 유지 (직장 + 서비스)
  EX 20% ↑: commute to cities 20% 증가: 도시로의 통근
- highways + interstate running through exurbs → swift access to cities
  준 교외를 가로지르는 고속도로 + 주 간 고속도로 → 도시로의 빠른 접근성
- commuter trains: able to go downtown easily 통근 기차: 시내에 쉽게 갈 수 있도록 해줌

WORD REMINDER

urban 도시의   suburban 교외의   exurb 준(準)교외   refer to ~을 참조하다   residential areas 거주 지역   rural 시골의   metropolitan 대도시의
primary 주요   feature 특징   resident 거주자   attraction 매력(적인 요소)   housing density 주택 밀도   relatively 상대적으로
square kilometer 제곱킬로미터   median 중앙에 있는   lot 지역, 부지   space out ~ 사이에 넓은 간격을 두다   maintain 유지하다
closeness 접근, 친밀   neighboring city 인근 도시   commute 통근하다   interstate 주간 고속도로   obtain 얻다, 획득하다   swift 빠른, 신속한
access 접근   allow 가능하게 하다   downtown 시내   deal with ~을 상대하다   myriad 무수히 많음   face 직면하다

Sample Response   🎧 13-08

The professor lectures on the exurbs, which are residential areas that are located between suburbs and rural places. He points out that exurbs in the United States have two distinct features. The first feature that he discusses is the low housing density of exurbs. The professor mentions that the average size of an American housing lot is 0.8 acres. However, the average size of an exurban lot is fourteen acres. Because of this great difference in size, the housing density in exurbs is much lower than that of cities and suburbs. This means that people live far away from one another in exurbs. The second feature the professor talks about is how exurbs are connected to urban centers. According to the professor, many exurban residents commute to cities for work. Because of this, there are typically highways, interstates, and commuter trains located in or near exurbs. They let people go downtown without any problems.

WORD REMINDER

distinct 뚜렷한, 구별되는   typically 일반적으로

TOEFL® MAP

ACTUAL TEST Speaking 2

14

🎧 14-01

Do you prefer to speak with someone who has the same opinions as you or someone with different opinions? Use details and examples to explain your answer.

PREPARATION TIME
00:00:15

RESPONSE TIME
00:00:45

ACTUAL TEST **14**

✎ NOTE-TAKING

SAME OPINIONS
- *dislike arguing w/others* 다른 사람들과 논쟁하는 것을 싫어함
- *get along better w/friends if have same opinions* 같은 의견을 가지고 있으면 친구들과 더 잘 지낼 수 있음

DIFFERENT OPINIONS
- *enjoy debating others* 다른 사람과의 토론을 좋아함
- *like for ideas to be challenged* 아이디어가 반박을 받는 것을 좋아함

Sample Response 🎧 14-02

› SAME OPINIONS

I prefer to speak with someone who has the same opinions as me. I feel this way for two reasons. To begin with, I dislike arguing with other people. Basically, arguing causes me a lot of stress. People usually argue when they disagree about politics, religion, or other controversial topics. So I prefer only to talk with people who share my opinions. Second of all, friends usually get along better with one another when they have the same opinions. For instance, one of my close friends and I always argued because we had different political opinions. That caused us to stop being friends with each other since we could never agree on certain things.

› DIFFERENT OPINIONS

I prefer to speak with someone who has different opinions than me. I feel this way for two reasons. To begin with, I like having debates with others. Because of that, I am a member of my school's debate team. During debates, we get to speak with people who have different opinions than we do and try to convince them to change their minds. That's a lot of fun for me to do. Second of all, I like for my ideas to be challenged. For instance, I enjoy when a person asks me to defend my beliefs on some topic. I have to stop and think about why I believe something. I do that with my friends all of the time.

▌WORD REMINDER

get along with ~와 잘 어울리며 지내다, 사이 좋게 지내다　defend 방어하다

TIPS for SUCCESS

Verb: Tense

동사의 사용에 있어서 가장 중요한 요소 중 하나는 시제를 일치시키는 것이다. 과거 시제를 사용할 경우, 노트테이킹용 종이 위에 큰 글씨로 "과거"라고 써놓고, 답변하는 동안 이를 보며 계속해서 시제에 유의하도록 하자.

1 My friends and I have the same opinions on most things. 내 친구들과 나는 대부분의 사안에 대해 같은 의견을 가지고 있다.

AGREE	DISAGREE
- friends & I think alike → perfect relationship 친구들과 나는 같은 생각을 함 → 완벽한 관계 - friends w/same opinions = more fun together 같은 의견인 친구들 = 함께 있으면 더 즐거움	- friends always agree = boring 친구들이 항상 찬성 = 지루함 - like having diff. viewpoints → bf is conservative, but I'm liberal 다른 견해를 갖는 것을 좋아함 → 절친은 보수적이지만 나는 진보적

2 It is not easy for people to change their personalities. 사람들이 자신의 성격을 바꾸는 것은 쉽지 않다.

AGREE	DISAGREE
- DNA → hard to change because of genetics DNA → 유전학 때문에 바꾸기 힘듦 - most people don't want to change → are happy w/personalities 대부분의 사람들은 바뀌길 원치 않음 → 만족함	- matter of willpower → just need to want to change 의지의 문제 → 변하고 싶을 때 - if change way you act, will become easy in future → need to try harder 행동 방식을 바꾸면 미래에 성격을 바꾸기 쉬워짐 → 열심히 노력할 필요가 있음

3 People would be better off if they had fewer possessions. 사람들은 더 적게 소유할 때 형편이 더 나아질 것이다.

AGREE	DISAGREE
- people w/many things always worry about them → possessions cause stress 많은 물건을 가지고 있는 사람들은 언제나 그것에 대해 걱정함 → 소유는 스트레스를 유발함 - own fewer things = spend less $ = save more $ 더 적은 것을 가짐 = 더 적은 돈을 씀 = 더 많은 돈을 모음	- is fun to own things → possessions make people happy 물건을 가지는 것이 좋음 → 소유물은 사람들이 더 행복하게 함 - if have many things, have $ → people w/$ are usually better off 만일 많이 가지고 있으면, 돈을 가진 것과 같음 → 돈을 가진 사람들은 일반적으로 더 여유로움

4 Most people are not concerned enough about their health these days.
오늘날 대부분의 사람들은 자신의 건강에 대해 충분히 관심을 기울이지 않는다.

AGREE	DISAGREE
- many overweight people → eat too much junk food 많은 비만인들 → 너무 많은 정크 푸드를 먹음 - few people exercise → gym is always nearly empty 소수의 사람들만 운동을 함 → 체육관은 언제나 거의 비어 있음	- see many people walking or jogging each day 많은 사람들이 매일 걷거나 조깅을 함 - organic food movement → people more concerned about food they eat 유기능 식품 운동 → 사람들은 그들이 먹는 음식에 더 많은 관심을 기울임

Shuttle Buses to City to Begin Operations

On January 15, State University will begin operating shuttle buses that go from the campus to the downtown area. The buses will run daily from seven in the morning until midnight. The bus route is posted on the front page of the school's website. Only those individuals that possess a valid student or staff ID card will be permitted to take the bus. A nominal fee of fifty cents will be charged for each person who takes the bus.

14-03

The woman expresses her opinion about the announcement by the student services office. Explain her opinion and the reasons she gives for holding that opinion.

PREPARATION TIME
00:00:30

RESPONSE TIME
00:00:60

✎ NOTE-TAKING

READING

- *shuttle buses – school to downtown* 셔틀 버스 – 학교에서 시내 중심가까지
  - *7 AM – midnight* 오전 7시 – 자정
- *student & staff only / 50c to ride* 학생과 교직원만 / 탑승하는데 50센트

> **WORD REMINDER**
>
> operate 가동하다, 작동하다 bus route 버스 노선 valid 유효한 nominal fee 명목상의 요금, 매우 적은 요금

LISTENING

WOMAN	MAN

● *pleased w/bus route → by her house*
버스 노선에 만족 → 그녀의 집 경유
  – usually drives → gas expensive
  보통 차를 운전 → 기름값 비쌈
  – can save $ now 이제 돈을 절약할 수 있음
	● *lives in dorm* 기숙사에서 살고 있음
	  – no opinion 의견 없음

● *more people take pub. trans. – good*
더 많은 사람들이 대중 교통 이용 – 좋음
  – fewer emissions: less pollution
  해로운 방출 물질 감소: 공해 감소
	● *school should care about environment*
	학교는 환경에 대해 신경을 써야 함

> **WORD REMINDER**
>
> it's about time ~을 해야 할 때이다 head 향하다 what a relief 정말 다행이야 mass transit 대량 운송 (수단) cut down 감소시키다
> emission 방출, 배출 물질 conscious 의식적인, 의식이 있는

ACTUAL TEST 14

Sample Response 🎧 14-04

The speakers have a conversation about the announcement by the university student services office. The announcement states that the school is going to start running a shuttle bus from the campus to the downtown area. The woman gives two reasons why she is in support of the shuttle bus. The first reason is that she lives on the route that the bus is going to take. According to her, she spends lots of money on gas because she drives to school every day. However, she will now be able to take the bus to school, so she is going to save money. Next, the woman mentions that if more people take the bus, it will help the environment. She stresses that fewer cars on the road will result in less pollution being created. She believes it is important for the school to care about the environment.

Choice-Supportive Bias

People make decisions all the time. Prior to making them, they often weigh both the positive and negative factors involved. Then, they make their choice. However, in the future, people often only remember the positive reasons for making their decisions. They completely forget about the negative or other factors that were involved no matter how important they may have been when their decisions were made. They may also ascribe new reasons—ones that they did not consider at the time—when explaining why they made certain choices. This is known as choice-supportive bias.

🎧 14-05

The professor talks about how his memories of past events changed over time. Explain how his memories are related to choice-supportive bias.

PREPARATION TIME

00:00:30

RESPONSE TIME

00:00:60

📝 NOTE-TAKING

READING

❶ *pos. & neg. factors in decision–making* 결정을 내리는데 있어서의 긍정적 및 부정적 요인

- later forget neg. factors → may have been important in past 이후에 부정적 요인은 잊어버림 → 과거에 중요했을 수도 있음

❷ *give new reasons for choice* 선택에 대한 새로운 이유 부여

- weren't considered at time choice was made 선택할 당시에는 고려되지 않았음

(선택에 대한 두 가지 예시가 나오며 그것에 대해 어떤 이유를 부여하는지 설명을 할 가능성 ↑)

> **WORD REMINDER**
> choice–supportive bias 선택 지지적 편향

LISTENING

❶ *bought house – wanted to be closer to work* 주택 구입 – 일터에서 더 가까운 곳에 있고 싶었음

- great neighborhood ∴ says always knew neighborhood was great
  좋은 주변 환경 ∴ 주변 환경이 좋다는 것을 알고 있었다고 항상 말함

- forgot original feelings 본래의 감정은 잊음

❷ *work out → overweight* 운동 → 과체중

- love jogging outside ∴ say that is why jog now 야외에서 조깅하는 것을 좋아함 ∴ 그것이 현재 조깅을 하는 이유라고 말함

> **WORD REMINDER**
> virtually 사실상 selective memory 선택적 기억 commuting time 통근 시간, 통학 시간 remind 상기시키다, 기억나게 하다 work out 운동하다

ACTUAL TEST **14**

Sample Response 🎧 14-06

In his lecture, the professor talks about two ways in which his memories of past events changed over time. The first example concerns his memory of why he purchased a house in a certain area. Originally, he had wanted to be closer to his work. But after a while, he started telling people that he had wanted to move there because he knew that the neighborhood was great. The second example the professor gives concerns his reason for starting to jog. The professor notes that he started jogging because he was overweight. However, now he tells people that he just enjoys jogging outdoors. These demonstrate the concept called choice-supportive bias. It has to do with the way in which people have selective memories. They typically remember only the good reasons for making a choice in the past. They forget about the negative reasons.

14-07

Using points and examples from the talk, explain how the earthworm and the elephant contribute to the health of the soil.

PREPARATION TIME
00:00:20

RESPONSE TIME
00:00:60

LISTENING

soil – must be healthy 토양 - 건강해야 함

❶ *earthworm – helps soil* 지렁이 – 토양에 도움
  - ingests soil + organic matter 흙 + 유기물을 섭취
  - later releases → has nutrients 이후 방출 → 영양분을 가지고 있음
  - makes soil sticky 토양을 끈적거리게 함
  - tunnels → gaps for air and water 굴 → 공기와 수분을 위한 구멍

❷ *elephant – helps soil* 코끼리 – 토양에 도움
  - eats a lot → lots of manure (around 100kg/day) 많이 먹음 → 많은 양의 분뇨 (하루에 약 100킬로그램)
  - manure → nutrients like nitrogen 분뇨 – 질소와 같은 영양분
  - increases soil productivity 토양의 생산성을 증대시킴

WORD REMINDER

compactness 조밀함, 다짐도   retain 보유하다   ingest 섭취하다   excrete 분비하다   break down 분해하다   gap 구멍   penetrate 관통하다
digestive system 소화계   manure 거름, 분뇨   deposit 쌓다

Sample Response   🎧 14-08

　　In his lecture, the professor tells the class about two animals that are able to help improve the health of the soil. The first animal that the professor discusses is the earthworm. Earthworms move through the soil and eat both dirt and organic matter. They break down the organic matter and release nutrients in the soil. They also make the soil sticky, so it stays compact. And earthworms create gaps in the soil through their tunneling. These gaps enable air and water to pass through the soil. The second animal that the professor talks about is the elephant. He mentions that elephants eat a lot of vegetation every day. Because they eat so much, they also produce large amounts of manure. Some elephants can produce around one hundred kilograms daily. This manure is really good for the soil. It contains nitrogen and other nutrients.

WORD REMINDER
dirt 흙

TIPS for SUCCESS

Articulation

발음을 억지로 굴리면 듣는 사람이 이를 전혀 이해할 수 없을 수도 있다. 발음에 자신이 없다면 오히려 발음기호상의 발음대로 또박또박 말을 하는 것이 오히려 도움이 된다.

TOEFL MAP

ACTUAL TEST Speaking 2

15

🎧 15-01

1. Some people prefer to invest their money in the stock market while others prefer to save their money in banks. Talk about the advantages and disadvantages of investing in the stock market. Use details and examples to explain your answer.

2. Some people prefer to invest their money in the stock market while others prefer to save their money in banks. Talk about the advantages and disadvantages of saving money in a bank. Use details and examples to explain your answer.

PREPARATION TIME
00:00:15

RESPONSE TIME
00:00:45

ACTUAL TEST **15**

✎ NOTE-TAKING

INVESTING IN THE STOCK MARKET
- *Advantages*
  - can make lots of money quickly 많은 돈을 빠르게 벌 수 있음
  - many stockholders can receive dividends 많은 주주들이 배당금을 받을 수 있음
- *Disadvantages*
  - can be both difficult and stressful for people to decide which stock to buy
    사람들이 어떤 주식을 살지 결정하는 것이 어렵고 스트레스를 받을 수 있음
  - stock could suddenly become worthless 주식이 갑자기 가치 없어질 수 있음

SAVING IN A BANK
- *Advantages*
  - safe 안전함
  - money can grow just by sitting in the bank 은행에 예치하는 것만으로 돈이 불어날 수 있음
- *Disadvantages*
  - interest rates banks pay aren't very high 은행 이자가 높지 않음
  - can be losing out on investment opportunities 투자 기회를 놓칠 수 있음

Sample Response　　　　　　　　　　　　　　　🎧 15-02

> INVESTING IN THE STOCK MARKET

There are some advantages to investing money in the stock market. One is that if the stocks a person invests in go up, the investor can make lots of money quickly. A second benefit is that many stockholders receive dividends. This means that if the company whose stock they own makes a profit, they get paid money for each share they have. Regarding disadvantages, many people don't know what they're doing when they invest in the stock market. So it can be both difficult and stressful for them to decide which stock to buy. In addition, if a person owns stock in a company that goes bankrupt, the stock could suddenly become worthless. Then, the person's entire investment would be gone.

> SAVING MONEY IN A BANK

One advantage of saving money in a bank is that the money is safe. Even if the bank collapses, the government guarantees a certain amount of money in each bank account. So people who save their money in banks know they will always have that money. Banks also pay interest on the money in people's accounts. This means that a person's money can grow just by sitting in the bank. As for disadvantages, these days, the interest rates banks pay aren't very high. So while people get interest payments, they pay little. Another disadvantage is that when a person's money is sitting in a bank, it isn't doing anything. So that person could be losing out on investment opportunities which could potentially pay large sums of money.

WORD REMINDER

invest 투자하다　stock market 주식 시장　stockholder 주주　dividend 배당금　profit 이득　share 지분　stressful 스트레스가 많은
bankrupt 파산한　collapse 붕괴하다　guarantee 보장하다　account 계좌　interest rate 금리　lose out 놓치다　sum 액수

RELATED TOPICS

1 People should spend the money they earn instead of saving it. 사람들은 버는 돈을 저축하는 대신 써야 한다.

AGREE	DISAGREE
- should have fun by spending money 돈을 쓰며 즐거움을 가져야 함 - can always earn more money later 나중에 더 많은 돈을 언제든 벌 수 있음	- need to prepare for future 미래를 위해 준비할 필요가 있음 - save money in case of an accident 사고가 났을 경우에 대비해 돈을 저축함

2 Which do you prefer, a job with a low salary but that pays performance bonuses or a job with an average salary but no bonuses? 낮은 연봉에 성과급을 지급하는 회사와 평균 연봉에 보너스가 없는 회사 중에서 어떤 것을 선호하는가?

A LOW SALARY WITH BONUSES	AN AVERAGE SALARY WITH NO BONUSES
- trust myself to do well → earn bonuses 자신이 잘 할 것이라고 믿음 → 보너스를 받음 - the harder I work, the more I make 더 열심히 일할수록 더 많이 벌 수 있음	- know how much I make each month 매달 얼마를 버는지 알고 있음 - no pressure to perform 일하는 데에 대한 압박 x

3 People who have a lot of money have easy lives. 돈이 많은 사람들은 쉬운 삶을 산다.

AGREE	DISAGREE
- can buy anything they want or need 원하거나 필요한 어떤 것이든 살 수 있음 - money solves many problems → never have any needs again 돈은 많은 문제를 해결함 → 다시는 어떤 필요가 없음	- people w/lots of money spend lots of time worrying about money 돈이 많은 사람들은 돈에 대해 걱정하면서 너무 많은 시간을 보냄 - money can't buy happiness → know many rich people with hard lives 돈이 행복을 살 수는 없음 → 힘들게 사는 많은 부자들을 알고 있음

4 Schools should teach high school students how to manage money.
학교는 고등학생들에게 돈을 관리하는 법을 가르쳐야 한다.

AGREE	DISAGREE
- teens need to learn to be responsible with money 십대들은 돈에 책임지는 것을 배울 필요가 있음 - some parents have poor money management skills → schools can teach instead 일부 부부들은 형편 없는 자산 관리 기술을 가지고 있음 → 학교가 대신 가르칠 수 있음	- is something parents should do instead 부모들이 대신해야 하는 것임 - students take too many classes at school now → don't need to add more subjects 학생들은 현재 학교에서 너무 많은 수업이 듣고 있음 → 과목을 추가할 필요가 없음

Microfilm Holdings to Be Disposed Of

The microfilm holdings at the main library are scheduled to be disposed of during summer vacation. The primary material on microfilm is copies of old newspapers dating back to the early 1800s. The microfilm collection takes up a large amount of space in the library, and that area can be better used in other ways. It will be transformed into a reading room for students and faculty to use to conduct research or to study in. Any individuals interested in acquiring microfilm can contact Jerod Freeman at the library's reference desk. The material will be provided for free to those who ask.

🎧 15-03

The man expresses his opinion about the announcement by the university library. Explain his opinion and the reasons he gives for holding it.

PREPARATION TIME
00:00:30

RESPONSE TIME
00:00:60

- ***disposing microfilm at main library*** 도서관의 마이크로 필름 처리
  - microfilm collection: takes up a lot of space 마이크로 필름 소장품: 자리를 많이 차지함
    - → area can be used in other ways 구역이 다른 방법으로 쓰일 수 있음
  - reading room for students, research/study room for faculty 학생들을 위한 열람실, 교수들을 위한 연구실 / 독서실

WORD REMINDER

holding 보유 자산   dispose of ~을 없애다, 처리하다   primary 주요한   date back ~까지 거슬러 올라가다   collection 소장품   take up 차지하다
transform into ~로 변형시키다   faculty 학부   conduct 활동을 하다   acquire 습득하다

WOMAN	MAN

- ***has never used it*** 사용해본 적 없음	- ***unnecessary*** 불필요
	  - most copies of newspapers can be accessed online 대부분의 신문은 온라인으로 이용 가능
	  - only need to contact archivist 기록 보관 담당자에게 연락하기만 하면 됨
	- ***glad that library is expanding seating areas*** 도서관이 좌석을 늘리는 것에 기쁨
	  - hard to find seats during exam periods 시험 기간에는 자리를 찾기 힘듦
	  - adding even 30/40 seats would help 30/40석만 늘려도 도움이 될 것

WORD REMINDER

redundant 불필요한, 쓸모없는   access 접근하다   archivist 기록 보관 담당자   expand 확장하다   seating 좌석   tremendous 엄청난
all things considered 모든 것을 고려해 볼 때

ACTUAL TEST 15

Sample Response   🎧 15-04

The man and the woman share their views on the university's announcement that the microfilm holdings will be removed from the main library. The space will be changed into a reading room for students and a study room for faculty to conduct research. The man expresses a positive opinion of the notice and provides two reasons for his opinion. First of all, the man thinks the collection was unnecessary as most newspapers can be accessed online. He adds that anyone can gain access to old newspaper articles by contacting the archivist at a newspaper. Secondly, the man is glad that the library is expanding its seating areas. He explains that it is hard to find seats, especially during exam periods. Adding even thirty or forty seats would help students during busy times. Therefore, the man has a positive opinion about the announcement about the disposing of the microfilm holdings at the library.

WORD REMINDER
unnecessary 불필요한

Social Cognitive Theory

There is a theory which claims that people learn by observing what other individuals do and do not do and by then imitating the actions or nonactions of those people. This is social cognitive theory. According to this notion, people's social interactions and experiences are frequently learned not by trial and error but instead through the direct observation of others. The observers then base their later actions upon what they witnessed others doing and what the results of those actions were. This theory has been proven to be useful in the fields of psychology and education.

15-05

The professor talks about the Bobo Doll Experiment. Explain how it is related to social cognitive theory.

PREPARATION TIME
00 : 00 : 30

RESPONSE TIME
00 : 00 : 60

✏️ NOTE-TAKING

● *SCT (social cognitive theory): people learn by observing others + imitating them*
   사회 인지 이론: 사람들은 다른 이들을 관찰하고 그들을 모방함으로써 배움

   – social interactions + experiences: learned not by trial + error → through direct observation
   사회적 상호 작용 + 경험: 시행착오에 의해 배울 수 없음

   (실험의 예가 나오며 자세히 언급될 것 같다고 예상 가능)

▌WORD REMINDER

cognitive 인식의   theory 이론   observe 관찰하다   imitate 모방하다   notion 개념   interaction 상호 작용   trial and error 시행착오
observation 관찰   observer 관찰자   base ~을 토대로 하다   witness 목격하다   psychology 심리학

Bobo doll experiment 보보 인형 실험

❶ *experiment to see how children learned behavior* 아이들이 어떻게 행동을 배우는지 보기 위한 실험

   – divided kids into various groups: spent time alone w/adult model 아이들을 다양한 집단으로 나눔: 혼자 성인 모델과 시간을 보냄

   – some models: acted aggressively toward Bobo doll (looks like a clown)
   몇몇 모델: 보보 인형에 대해 공격적으로 행동함 (광대처럼 생김)

   – models: hit the doll / abused it verbally 모델들: 인형을 때림 / 말로 그것을 학대함

   – other models: ignored the Bobo doll while in the room with a child 아이와 방에 있는 동안 다른 모델들: 보보 인형을 무시함

❷ *children: taken to a different room to play with toys for 2 min* 아이들: 2분간 장난감을 가지고 놀기 위해 다른 방으로 감

   – removed from the room → children: frustrated 방에서 치움 → 아이들: 좌절함

   – sent to another room w/toys (including Bobo doll) 장난감이 있는 다른 방으로 보내짐 (보보 인형 포함)

   – if model acted aggressively → children, too (boys physically + girls verbally)
   모델이 공격적으로 행동했다면 → 아이들 역시 그랬음 (남자 아이들 신체적으로 + 여자 아이들 말로)

▌WORD REMINDER

experiment 실험   behavior 행동   divide 나누다   aggressively 공격적으로   clown 광대   physically 신체적으로   abuse 학대하다
verbally 말로   ignore 무시하다   remove 치우다   frustrate 좌절시키다   nonaggressive 비공격적인

Sample Response   🎧 15-06

   The professor lectures on the Bobo Doll Experiment. The person doing the experiment was interested in how children learned to behave. Some children were put into a room with an adult model and a Bobo doll, a doll that looks like a clown. Sometimes the model hit the Bobo doll or verbally abused it, but other times, the model ignored it. The children were then brought to another room to play with toys for two minutes. Then, they had to leave, which frustrated the children. They were taken to another room, which included a Bobo doll. In most cases, if the model had been aggressive toward the Bobo doll, then the children acted the same way. In addition, if the model had ignored the Bobo doll, then the children mostly ignored it. Their behavior is related to social cognitive theory. It states that people learn by observing the actions and nonactions of others and by then imitating that behavior.

▌WORD REMINDER

mostly 주로   related to ~와 관련 있는

15-07

Using points and examples from the talk, explain how Diana monkeys communicate with one another.

PREPARATION TIME

00:00:20

RESPONSE TIME

00:00:60

Diana monkeys: tree dwellers → rarely on ground
다이애나 원숭이: 나무에 사는 동물 → 땅에 거의 오지 않음

- social animals 사회적 동물
- complex communication systems 복잡한 의사 소통 체계

❶ *through touch, body language, smell, vocalization* 접촉, 몸짓, 냄새, 발성을 통함
- look out for predators when others are feeding 다른 원숭이들이 먹이를 먹고 있을 때 포식자를 경계
- spot a predator → make calls (warn) 포식자 발견 → 울음 소리를 냄 (경고)
- diff. calls 다른 울음소리
- specific call for eagles, leopards, snakes, etc. 독수리, 표범, 뱀 등의 특정한 울음소리
  → provide with more detailed information + avoid incoming predator 더 자세한 정보 제공 + 침입해 오는 포식자를 피함

❷ *combining calls → sentence* 울음소리를 합침 → 문장
- add sound (maybe / urgent) → grammar 소리를 추가 (아마도 / 긴급한)
- capable of informing others 다른 원숭이들에게 알릴 수 있음
  EX "lion spotted, but it's not urgent" 사자가 발견 되었지만 긴급한 일이 아니다

WORD REMINDER

primate 영장류 be native to ~가 원산지이다 dweller ~에 사는 동물 rarely 좀처럼 ~ 않는 descent 내려오다 complex 복잡한
vocalization 발성 to a great extent 크게 in a colony 한 집단 내에 look out for ~을 경계하는, ~에 주의하는 predator 포식자
feed 먹이를 먹다 spot 발견하다 call 울음소리 warn 경고하다, 주의를 주다 approach 접근하다 detailed 상세한 incoming 들어오는, 도착하는
be capable of ~할 수 있다 combine 합치다 essentially 본질적으로 urgent 긴급한 alert (위험 등을) 알리다 require 요구하다
grammar 문법 screech 날카로운 소리를 내다 inform 공식적으로 알리다 detect 발견하다 complicated 복잡한 usage (단어의) 용법
verbal 언어를 통한, 구두의

Sample Response   🎧 15-08

During her lecture, the professor talks about how Diana monkeys communicate. Diana monkeys are primates that live in jungles in West Africa and that have developed a complex communication system over time. The professor says these monkeys use vocalizations more than other primates do. She states that when Diana monkeys protecting their colony see a predator, they give a call. However, they have specialized calls for different types of predators, including snakes, leopards, and eagles. As a result, the other monkeys can know better how to escape. The professor then adds that Diana monkeys are capable of using grammar by adding sounds that mean "maybe" or "urgent" to their calls. They are therefore able to tell others in their colony that maybe a predator was sighted but it's not urgent or that some other animal might have been detected. This communication is much more complex than most animals are capable of doing.

WORD REMINDER

over time 시간이 지나면서 escape 달아나다, 탈출하다 sight 발견하다

TOEFL® MAP

ACTUAL TEST Speaking 2

16

16-01

Do you agree or disagree with the following statement?

It is important to learn about your ancestors.

Use details and examples to explain your answer.

PREPARATION TIME
00:00:15

RESPONSE TIME
00:00:45

ACTUAL TEST **16**

AGREE

- *love history → learn about past by talking to grandparents*
  역사를 좋아함 → 조부모님들과 이야기함으로써 과거에 대해 배움

- *impt. to know ancestors' past → find out what were like*
  조상의 과거에 대해 아는 것은 중요 → 그들이 어떠했는지를 알게 됨

DISAGREE

- *don't care about history → least favorite subject* 역사에 대해 신경 쓰지 않음 → 가장 좋아하지 않는 과목

- *grandparents all died before born → no connection to them*
  태어나기 전에 조부모님들이 모두 돌아가셨음 → 그들과 연결 고리가 없음

Sample Response 🎧 16-02

› AGREE

I agree that it's important to learn about my ancestors. I feel this way for two main reasons. To begin with, I love history. As a matter of fact, I read numerous history books because it's a subject that interests me. When I ask my grandparents about actual historical events that they lived through, those events seem to come alive. Second of all, I believe it's important to know as much about my ancestors as possible. For instance, I always pay attention when my parents talk about their grandparents. I want to learn about them and find out what kind of people they were. For these two reasons, I agree that it's important to learn about my ancestors.

› DISAGREE

I disagree that it's important to learn about my ancestors. I feel this way for two main reasons. To begin with, I don't really care that much about the past. As a matter of fact, history is my least favorite subject at school. I cannot get interested in events that happened one or two centuries ago. Second of all, I don't feel any connection to my ancestors. For instance, all of my grandparents died before I was born, so I never knew any of them. Because of that, I am not curious about what they did or what their lives were like. For these two reasons, I disagree with the statement and don't think that it's important to learn about my ancestors.

WORD REMINDER
numerous 수많은　connection 연결, 관계

1 The schools in my country do not teach students history well enough.
우리나라의 학교들은 학생들에게 역사를 충분히 가르치지 않는다.

AGREE	DISAGREE
- young people know little about history 젊은 사람들이 역사에 대해 거의 아는 바가 없음 - brother's school → teaches fewer hist. classes than b4 동생 학교 → 이전보다 역사 수업이 적음	- students learn 5 days/week 주5일 동안 배움 - have history contests → many students compete 역사 콘테스트 개최 → 많은 학생들이 참가함

2 Young people are uninterested in history these days. 요즘 젊은 사람들은 역사에 관심이 없다.

AGREE	DISAGREE
- rarely see young person w/hist. book 젊은 사람들이 역사책을 읽는 경우를 거의 보지 못함 - mom = hist. teacher → says students don't care about hist. 엄마 = 역사 선생님 → 학생들이 역사에 대해 신경을 쓰지 않는다고 이야기하심	- talk with young people about hist. sometimes 때때로 젊은 사람들과 역사에 대해 이야기함 - local school → hist. teacher voted most popular 인근 학교 → 역사 선생님이 인기 투표에서 가장 많은 표를 얻음

3 Life in modern society is easier than life was 100 years ago. 현대 사회의 삶은 100년 전의 삶보다 더 쉽다.

AGREE	DISAGREE
- modern inventions → cars, computers, smartphones, etc. 현대 발명들 → 자동차, 컴퓨터, 스마트폰 등 - more access to food and health care 식량과 보건에 더 쉽게 접근함	- modern people too busy → creates stress 현대인들은 너무 바쁨 → 스트레스가 생김 - farm life in past → less complicated than modern life 과거의 농장 생활 → 현대의 삶보다 덜 복잡함

4 People eat more nutritious food today than they did in the past.
요즘 사람들은 과거 사람이 그랬던 것보다 더 영양가 높은 음식을 먹는다.

AGREE	DISAGREE
- organic food movement → very healthy food 유기능 식품 운동 → 매우 건강한 음식 - check labels on food containers → aware of what am eating 음식 용기의 라벨을 점검함 → 먹고 있는 것이 무엇인지 알 수 있음	- no processed foods in past → few overweight people 과거에는 가공식품 ✗ → 소수의 사람들만이 비만 - many people lived on farms → ate food they grew or raised = very nutritious 많은 사람들이 농장에 살았음 → 그들이 기르거나 키운 음식을 먹음 = 매우 영양가가 높음

ACTUAL TEST **16**

Computer Laboratory to Charge for Services

The university computer laboratory will now charge for some services. Whereas printing was once free, students must now pay five cents for every ten pages of black and white copies. They must also pay five cents for every seven pages of color copies. Students may use the computers for free for two hours. However, any student using a computer for longer than two hours in one day must pay a fee of one dollar per hour. The money that gets raised by these new fees will be spent to upgrade the laboratory's facilities in the future.

 16-03

The man expresses his opinion about the announcement by the university computer laboratory. Explain his opinion and the reasons he gives for holding that opinion.

PREPARATION TIME
00:00:30

RESPONSE TIME
00:00:60

📝 NOTE-TAKING

- *computer lab charges for services* 컴퓨터실 서비스에 대한 요금 부과
  - print: small fee 프린트: 낮은 요금
  - use computer 2+ hours/day: $1/hour 하루 2시간 이상 컴퓨터 사용: 시간당 1달러
- *money raised → upgrade facilities* 모아진 돈 → 시설 업그레이드

WORD REMINDER
whereas 반면에   raise (돈을) 모으다, 수집하다

LISTENING

WOMAN	MAN
● *agrees w/man* 남자의 말에 동의	● *likes charging for printing* 프린트 요금 부과가 마음에 듦 - students used to print often → now print less 학생들이 프린트를 자주 했음 → 이제 적게 하게 됨 - save paper 종이 절약
● *likes upgrading equipment* 시설을 업그레이드하는 것이 마음에 듦	● *monitors: old* 모니터: 낡았음 - printer: bad copies 프린터: 프린트가 잘 되지 않음 - should replace equip 장비를 교체해야 함

WORD REMINDER
judicious 사리 분별이 있는, 현명   usage 사용

Sample Response 🎧 16-04

    The man and the woman have a conversation about an announcement by the university computer laboratory. It states that the laboratory will start charging fees for certain services. The man expresses a positive opinion of the policy and provides two reasons to support his opinion. The first reason is that it will reduce the printing that students do. According to him, when printing was free, students often made lots of copies. Now that they must pay for the copies they make, he believes that students will print less and therefore save paper. Secondly, the man complains about the equipment in the computer laboratory. He says that the monitors are very old and that one of the printers makes bad copies and needs to be replaced. So he likes the fact that the fees are going to be used to upgrade the equipment.

Sensory Marketing

Humans have five senses: touch, taste, hearing, sight, and smell. Sometimes when businesses attempt to sell their products or services, they make use of these senses in order to attract customers. This is known as sensory marketing. Research has indicated that customers whose senses are occupied tend to stay in stores longer and also spend more money than those whose senses are not being stimulated. Consequently, many business establishments are seeking new ways to appeal to their customers' senses to increase their sales.

🎧 16-05

The professor talks about how a pizzeria and a cosmetic store attract customers. Explain how their actions are related to sensory marketing.

PREPARATION TIME
00:00:30

RESPONSE TIME
00:00:60

📝 NOTE-TAKING

READING

❶ *5 senses – businesses use senses to attract customers* 5가지 감각 – 기업들이 감각을 이용하여 소비자들을 유인

❷ *senses occupied: spend time & $ in store* 감각이 활발히 활동: 매장에서 시간과 돈을 소비
- businesses can increase sales 기업들은 판매를 증진시킬 수 있음
(특정 매장에서의 감각과 그 반응에 대한 구체적 예시가 나올 가능성 ↑)

> **WORD REMINDER**
> sensory 감각의   occupied 몰두한, 바쁜   stimulate 자극하다   appeal to ~에 호소하다

LISTENING

❶ *pizzeria w/open kitchen ∴ watch food being made* 주방이 개방된 피자 가게 ∴ 음식이 만들어지는 것을 봄
- sense of sight 시각
- spend time there ∴ buy more → more business than other restaurant
  그곳에서 시간을 소비 ∴ 더 많이 구입 → 다른 식당보다 장사가 더 잘 됨

❷ *cosmetics store: nice aromas – sense of smell* 화장품 매장: 좋은 향기 – 후각
- sniff perfumes, etc. → make purchases 향수 등의 냄새를 맡음 → 구매

> **WORD REMINDER**
> annoy 화나게 하다, 성가시게 하다   engage (마음, 주의 등을) 끌다   pizzeria 피자 가게   all sorts of 온갖 종류의   aroma 향   lure 유혹하다, 꾀다
> enticing 마음을 끄는, 매혹적인   cologne 화장수   sniff 냄새를 맡다

Sample Response 🎧 16-06

    In the lecture, the professor tells the students about two ways in which places of business attempt to attract customers by appealing to their senses. The first example he provides is that of a pizzeria. The restaurant has an open kitchen, so customers can watch their food being made. This appeals to students' sight. The professor notes that this restaurant does more business than any other restaurant in the neighborhood. The second example the professor provides is that of a cosmetics store. According to the professor, the smells from the store attract customers, who go inside and make purchases of perfumes, lotions, and soaps. These two examples demonstrate the concept called sensory marketing. It is a type of marketing that appeals to people's senses. According to the reading passage, when people's senses are being stimulated, they spend more time and money inside stores.

16-07

Using points and examples from the talk, explain two ways in which animals have adapted to live in the Arctic.

PREPARATION TIME

00:00:20

RESPONSE TIME

00:00:60

📝 NOTE-TAKING

Arctic: very cold 북극: 매우 추움
animals there must adapt 그곳 동물들은 적응을 해야 함

❶ *protective layers* 보호층
- polar bear: inner fat + outer fur → stays warm 북극곰: 내부 지방 + 외부 털 → 체온 유지
- ptarmigan: inner fat + outer feathers → stays warm 뇌조: 내부 지방 + 외부 깃털 → 체온 유지

❷ *body shape* 체형
- walrus, Arctic fox, & Arctic hare 해마, 북극여우, 북극토끼
  squat, rounded bodies 작고 둥그런 신체
  short limbs / heads close to bodies 짧은 팔다리 / 몸통 가까이 있는 머리
- keep organs warm 장기를 따뜻하게 함
- lose less body heat 체온 손실이 덜함

WORD REMINDER

relentless 가차없는　retain 유지하다　ptarmigan 뇌조　extremity 말단; 사지　walrus 해마　squat 땅딸막한　compact 압축된, 조밀한

Sample Response　🎧 16-08

　　The professor talks about two types of adaptations by animals that live in the Arctic. The first is the protective layers on animals' bodies. The weather in the Arctic is very cold. So mammals such as the polar bear need a lot of insulation. The polar bear has fur that keeps it warm. Inside its body, it has a layer of fat that also helps warm it. The professor also mentions the ptarmigan, a bird that lives in the Arctic. It doesn't have fur, but it has feathers everywhere as well as layers of fat. Another adaptation is that Arctic animals have compact bodies. The walrus, the Arctic fox, and the Arctic hare all have round bodies, short legs, and short necks. Their body shapes help them keep their organs warm and make these animals lose less body heat than they would if their bodies had different shapes.

MEMO

MEMO

MEMO

TOEFL® MAP

ACTUAL TEST

New TOEFL® Edition

Susan Kim
Michael A. Putlack
Lee Cheong
Stephen Poirier

Speaking 2

Scripts and Translations

DARAKWON

TOEFL® MAP

ACTUAL TEST

New TOEFL® Edition

Speaking 2

Scripts and Translations

 DARAKWON

Actual Test **01**

TASK 1 · INDEPENDENT TASK
A Long Report or a Presentation

Sample Response   p.16

› A LONG REPORT

나는 장편의 보고서를 쓰는 것을 좋아하는 편이다. 나는 두 가지 이유 때문에 이렇게 느낀다. 첫째, 나는 조사하는 것을 좋아한다. 예를 들어, 나는 도서관에 가거나 인터넷으로 정보를 찾는 것을 좋아한다. 그런 다음, 자료를 분석해서 그것이 어떠한 의미를 갖는지 알아내려고 노력하는 것을 좋아하고, 이를 보고서로 작성하는 것도 좋아한다. 둘째, 나는 글을 쓰는 것을 좋아한다. 나는 여가 시간에 일기를 쓰고 일기 안에 가능한 한 많이 쓰고 있다. 나는 내가 글을 잘 쓴다고 생각하기 때문에, 설사 몇 페이지에 이르는 길이더라도 수업에서 보고서를 쓰는 것을 싫어하지는 않는다. 이러한 두 가지 이유로, 나는 발표를 하느니 오히려 장문의 보고서를 쓸 것이다.

› A PRESENTATION

나는 발표하는 것을 좋아하는 편이다. 나는 두 가지 이유 때문에 이렇게 느낀다. 첫째, 나는 사람들 앞에서 이야기할 때 결코 긴장하지 않는다. 나는 이전에 많은 발표를 했다. 어떤 사람들은 긴장해서 많은 사람들 앞에서 말하는 데 문제를 겪기도 하지만, 나는 항상 침착하며 아무런 문제 없이 발표를 할 수 있다. 둘째, 나는 글보다 말로 의사소통 하는 것을 선호한다. 그 이유 중 하나는 나는 글을 잘 쓰지 못한다. 하지만 나는 말을 할 때마다 사람들에게 내 의견을 납득시킬 수 있다. 따라서 나는 발표를 하는 것이 자연스럽다. 이러한 두 가지 이유로, 나는 장편의 보고서를 쓰느니 오히려 발표를 할 것이다.

TASK 2 · INTEGRATED TASK
Music Department Hires New Orchestra Conductor

READING   p.18

음악과가 오케스트라의 새로운 지휘자를 모셨습니다

음악과는 교직원이 된 Philip Martinson 박사를 환영하고자 합니다. Martinson 박사의 유일한 일은 교내 오케스트라의 지휘자로서 일을 하는 것이 될 것입니다. 오케스트라는 현재 일 년에 세 차례의 공연을 하고 있습니다. 오케스트라에는 40명의 단원이 있는데, 이들 모두는 본교 학생들입니다. Martinson 박사의 사무실은 Walker관에 있습니다. 그는 오케스트라의 규모를 확대하고 또한 학기 중 보다 많은 공연을 실시할 수 있기를 희망하고 있습니다.

LISTENING   🎧 01-03

W Student: I thought the school was having financial problems. That's what the administration said when our tuition got raised last year.

M Student: What does that have to do with the orchestra conductor?

W: Well, uh, why is the school hiring him? He's not a teacher. His only interaction with the student body will be the forty members of the orchestra. That seems like a huge waste of money to me.

M: Hmm . . . Perhaps.

W: Think about it. The orchestra puts on three concerts a year. And the school gave him a full-time job to do that?

M: All the students in the Music Department will benefit.

W: Not too many of them. My roommate is in that department, but she's not in the orchestra. Nor are most of her friends. I bet that she never even talks to this new conductor before she graduates. The school should have at least increased his duties. You know, they could have made him give music lessons or something like that.

M: That would have been the financially prudent thing to do.

여학생: 학교에 재정적인 문제가 있었다고 생각했어. 작년 등록금이 인상되었을 때 대학 행정 당국이 말했던 것이지.

남학생: 그것이 오케스트라 지휘자와 어떤 관련이 있는데?

여학생: 음, 어, 왜 학교가 그를 고용하려고 할까? 그는 교사가 아니야. 그가 상대하는 학생들은 40명의 오케스트라 단원들일 뿐이지. 내게는 많은 돈이 낭비되고 있는 것처럼 보여.

남학생: 흠... 그럴지도.

여학생: 생각해 봐. 오케스트라는 일 년에 세 차례의 공연을 해. 그리고 학교는 그렇게 하기 위해 그에게 전임 자리를 주었잖아?

남학생: 음악과 학생들 모두에게는 이익이 될 거야.

여학생: 그렇게 많은 학생들에게는 아니야. 내 룸메이트가 그 학과에 있는데, 하지만 오케스트라에 있지는 않아. 그녀 친구들 대부분도 아니지. 그녀가 졸업하기 전에 이번 새로운 지휘자와 이야기하는 경우가 결코 없을 것이라고 믿어. 학교는 적어도 그의 업무를 늘렸어야 했어. 알겠지만, 음악 레슨이나 혹은 그와 같은 것들을 하게 하도록 할 수도 있었어.

남학생: 그렇게 했다면 재정적으로 신중한 결정이 되었을 텐데.

Sample Response   p.19

화자들은 음악과의 공지 사항에 대해 이야기한다. 공지 사항은 음악과에서 막 새로운 오케스트라 지휘자를 고용했다는 내용이다. 여자는 지휘자를 고용하는 것을 싫어하는데 그런 감정에 대해 두 가지 이유를 제시한다. 첫 번째 이유는 그녀가 지휘자 고용이 돈 낭비라고 믿고 있다는 것이다. 그녀에 의하면, 학교 측은 돈이 필요하기 때문에 등록금을 인상시켰다. 하지만 학교는 일 년에 세 차례 공연하는 오케스트라를 지휘하기만 하는 일자리에 사람을 고용했다. 그녀는 이것이 이해가 되지 않는다. 그녀는 또한 음악과 내 소수의 학생들만이 새로운 지휘자에 의해 혜택을 받게 될 것이라고 언급한다. 그녀의 룸메이트 및 룸메이트의 친구들은 음악 전공이지만, 오케스트라에 있는 것은 아니기 때문에, 아마도 지휘자를 만나볼 일은 없을 것이다. 그녀는 지휘자에게 더 많은 업무들이 주어졌어야 한다고 느낀다.

Psychology: The Overconfidence Effect

READING   p.20

과신 효과

자신감은 사람들이 자신의 판단 및 능력에 대해 가지는 믿음이다. 대부분의 사람들이 자신감을 갖기를 원하지만, 일부의 경우, 너무 많은 자신감을 보이기도 한다. 이는 과신이라고 알려져 있다. 과신을 하는 사람들은 자신의 능력에 너무나 많은 신념을 갖고 있다. 이는 종종 자신들이 어떤 것을 성취할 수 있다고 믿도록 만드는데, 하지만, 실제에 있어서는, 대부분 실패할 가능성이 높다. 과신 효과의 결과로, 삶에서 실망감을 느낄 수도 있는데, 이는 성공에 대한 기대를 키우고 있지만 실제 실패를 경험하기 때문이다.

LISTING 🎧 01-05

M Professor: One of the biggest problems people have is overconfidence. It's great when they're confident, but it's possible to have too much of a good thing. When people, particularly students, suffer from this problem, the results can be, uh, disastrous.

In my time here, I've seen many students suffer from this. A few years back, I had one student who was quite brilliant. In fact, he was one of the smartest students I've ever had. The only problem was that he knew how smart he was, and that caused him to be overconfident. At final exam time, he didn't bother studying at all, and he wound up getting a C on the exam. He got a B+ in the class, which he wasn't happy about. But it was his fault since he'd been overconfident.

Another time, I had a student whose dream was to become a journalist. She took several journalism classes and was convinced that she'd make a great journalist. Unfortunately for her, she wasn't a good writer. She thought she was, but that wasn't the case. So when she applied for positions at various newspapers and magazines, she didn't get a single interview. She was absolutely crushed. She assumed she'd become a top journalist, but she wound up having to go into an entirely different field.

교수: 사람들이 가지고 있는 가장 큰 문제 중의 하나는 과신입니다. 자신감이 있는 것은 좋지만, 과유불급일 수가 있는 것이죠. 사람들이, 특히 학생인 경우, 이러한 문제로 어려움을 겪을 때, 그 결과는, 어, 불행한 것이 될 수 있습니다.

여기 있는 동안, 저는 많은 학생들이 그러한 문제로 고통을 겪는 것을 보아 왔습니다. 몇 년 전, 상당히 명석했던 학생이 한 명 있었습니다. 실제로, 제가 본 가장 똑똑한 학생 중 한 명이었죠. 유일한 문제는 그가 자신이 얼마나 똑똑한지를 알고 있으며, 그로 인해 과신을 하게 되었다는 점이었습니다. 기말 고사 때, 그는 공부에 전혀 신경을 쓰지 않았고, 결국 시험에서 C학점을 받았습니다. 수업에서는 B+를 받았지만, 이에 만족해하지 않았습니다. 하지만 그가 과신했기 때문에 자신의 잘못인 것이었죠.

또 다른 경우로, 자신의 꿈이 언론인인 한 학생이 있었습니다. 그녀는 몇몇 언론학 수업을 수강했고, 자신이 훌륭한 언론인이 될 것이라는 확신을 가지고 있었습니다. 그녀에게는 안 된 일이지만, 그녀는 글을 잘 쓰지 못했습니다. 그녀는 자신이 글을 잘 쓴다고 생각했지만, 실은 그렇지가 않았죠. 그래서, 그녀가 여러 신문사들과 잡지사들의 직책에 지원했을 때, 그녀는 단 한 차례의 면접도 보지를 못했습니다. 그녀는 좌절했습니다. 자신이 최고의 언론인이 될 것이라고 생각했지만, 결국은 전혀 다른 분야에서 일을 하게 되었습니다.

Sample Response p.21

교수는 과신으로 문제를 겪었던 두 명의 자기 학생들에 대해 학생들에게 강의한다. 먼저, 교수는 자신이 가르친 매우 명석했던 한 학생에 관해 말한다. 교수는 그 학생이 자신이 매우 똑똑하다는 것을 알았으며 자신의 능력을 너무 과신해서 기말 시험 준비를 하지 않았다고 말한다. 그 학생은 성적이 나

빴고, 결과적으로 수업에서 B+를 받았다. 다음으로, 교수는 언론인이 되고자 했던 과거 자신의 학생 중 한 명에 관해 한 학생에 관해 말한다. 그녀는 자신이 글을 아주 잘 쓴다고 믿었지만, 실제로는 그렇지 않았다. 그래서 신문사와 잡지사에 지원을 했을 때 그녀는 어떤 면접도 보지 못했다. 이는 그녀의 기분을 매우 상하게 했고, 그녀는 다른 직종에서 일해야 했다. 이러한 예들은 과신 효과라고 불리는 개념을 보여준다. 그것은 결과적으로 성공보다 실패를 경험하게 만드는 과도한 자신감으로 정의된다.

Agricultural Engineering: Soil Erosion Prevention

LISTING 🎧 01-07

W Professor: Farmers often face the prospect of soil erosion. The loss of nutrient-rich topsoil can result in a devastating decline in the productivity of their fields. Excessive water, such as that caused by flooding, and strong winds are the major causes of soil erosion. Over the centuries, farmers have devised a large number of methods to prevent their valuable soil from being eroded.

One thing that farmers have learned is that they can plant crops with deep root systems. When the roots of a plant grow, they provide something of an anchoring point for the soil. The roots prevent the soil from loosening. Loose soil is much easier for the wind to blow away. Instead, the roots help the soil form thick clumps, which are harder to erode. Tomatoes and broccoli are two plants with thick roots that are popular with farmers. As the roots go deeper into the soil, the soil becomes more cohesive and thus more difficult to blow or wash away.

Another method farmers commonly use is to construct barriers that prevent the erosion of their soil. There are many ways they can do this. Sometimes, um, farmers plant lines of trees near their fields. These trees can block strong winds from blowing their soil away. Farmers also combat wind erosion by putting mulch, such as leaves, straw, and even plastic sheeting, over their topsoil. As for water erosion, farmers often build stone walls or dirt barriers to channel water in certain directions. They might also dig ditches near their crops to help prevent water from washing away the soil.

교수: 농부들은 종종 토양이 침식될 상황에 직면하게 됩니다. 영양분이 풍부한 표토가 손실되면, 논밭의 생산성에 막대한 손실이 발생할 수 있습니다. 홍수로 인한 것과 같은 과잉수 및 강력한 바람은 토양 침식의 주요한 원인이 됩니다. 수세기에 걸쳐, 농부들은 귀중한 토양이 침식되는 것을 막기 위해 여러 가지 방법들을 고안해 냈습니다.

농부들이 알게 된 한 가지 사실은 뿌리가 깊은 작물을 심을 수 있다는 점입니다. 식물의 뿌리가 자라면, 토양에 정착 지점 같은 것이 마련됩니다. 뿌리는 토양이 푸석푸석해지는 것을 막아 줍니다. 푸석푸석한 토양은 바람에 날아가기가 훨씬 더 쉽습니다. 대신, 뿌리는 흙덩어리가 만들어 지도록 하는데, 흙덩어리는 침식되기가 더 힘듭니다. 토마토와 브로콜리는 농부들에게 인기가 많은, 뿌리가 조밀한 식물들입니다. 이 뿌리들이 땅속 깊이 들어감에 따라, 토양의 점착력이 더 높아져서 그 결과 토양이 바람에 날아가거나 물에 쓸려가는 것이 더 어렵게 됩니다.

농부들이 일반적으로 사용하는 또 다른 방법은 토양의 침식을 막는 방벽

을 구축하는 것입니다. 이렇게 할 수 있는 방법에는 여러 가지가 있습니다. 때때로, 음, 농부들은 논밭 근처에 일렬로 나무들을 심습니다. 이러한 나무들은 강력한 바람이 토양을 쓸어가는 것을 막을 수 있습니다. 또한 농부들은 표토 위에 나뭇잎, 밀짚, 혹은 심지어 플라스틱 시트와 같은 뿌리 덮개를 설치함으로써 풍식에 대처하고 있습니다. 물 침식에 대해 말씀드리면, 농부들은 종종 일정한 방향으로 물이 빠져나가도록 하기 위해 돌담이나 흙벽을 쌓기도 합니다. 또한 토양이 물에 의해 쓸려가지 않도록 작물 근처에 도랑을 팔 수도 있습니다.

Sample Response p.23

그녀의 강의에서, 교수는 농부들이 토양 침식을 예방하기 위해 시도하는 두 가지 방법에 대해 말한다. 교수가 언급한 첫 번째 방법은 농부들이 깊은 뿌리 체계를 가진 작물을 심는 것이다. 그녀는 토마토와 브로콜리가 뿌리가 깊다고 말한다. 이러한 식물들의 뿌리는 지하에서 흙덩어리가 생성되도록 한다. 바람이 푸석푸석한 흙을 날려버릴 수는 있지만, 커다란 흙덩어리를 날려버리는 것은 더 힘들다. 교수가 이야기하는 두 번째 방법은 농부들이 다양한 방벽을 건설하는 것이다. 풍식을 막기 위해, 일부 농부들은 논밭 주위에 나무를 일렬로 심는다. 그들은 또한 바람에 의해 흙이 날아가는 것을 막기 위해 토양에 뿌리 덮개를 설치하기도 한다. 물 침식을 막기 위해서는, 일부 농부들이 돌담이나 흙벽을 쌓기도 하고, 다른 농부들은 도랑을 파서 논밭으로 너무 많은 양의 물이 들어오지 않도록 하기도 한다.

Actual Test 02

TASK 1 · INDEPENDENT TASK
Free Housing for Everyone

Sample Response p.26

› AGREE

나는 정부가 모두를 위해 무료 거주지를 제공해야 한다는 논제에 찬성한다. 이런 이유를 가지는 데에는 두 가지 이유가 있다. 먼저, 그것은 빈부 격차를 줄이는 방법이다. 예를 들면, 많은 연구들이 보여주기를 늘어나는 부자와 가난한 사람으로 인해 사회에서 중산층이 점차 사라지고 있다. 둘째, 거주지 무료 제공은 부동산 투기를 통제할 수 있다. 자세히 말하자면, 많은 젊은 부부들이 부동산 가격이 이미 너무 상승했기 때문에 좋은 집 한 채를 사려는 그들의 희망을 잃는다. 결과적으로, 주택 공급을 늘리는 것은 그 문제를 해결할 수 있다. 이러한 두 가지 이유들 때문에, 나는 정부가 모두에게 무료 거주지를 제공해야 한다고 믿는다.

› DISAGREE

나는 정부가 모두를 위해 무료 거주지를 제공해야 한다는 논제에 반대한다. 이런 이유를 가지는 데에는 두 가지 이유가 있다. 먼저, 자본주의 국가에서는, 자신의 돈으로 집을 구입하는 것은 개인의 책임이다. 예를 들면, 재산을 공유하는 사회주의 국가들은 동기 부여의 결여로 인해 종종 경제난을 겪는다. 자신의 돈으로 집을 구입할 수 있다는 것은 사람들이 더 열심히 일하도록 만든다. 둘째, 주택 보유자들은 매년 재산세를 내야 한다. 대부분의 경우, 많이 버는 사람들은 더 비싼 집을 가지고 있다. 이러한 두 가지 이유들 때문에, 나는 정부가 모두에게 무료 거주지를 제공해야 할 책임이 없다고 믿는다.

TASK 2 · INTEGRATED TASK
Paulson Hall to Close

READING p.28

Paulson Hall 폐쇄

3층에 있는 140개의 싱글룸과 더블룸이 있는 Paulson Hall이 가을 학기 마지막에 폐쇄될 것입니다. Paulson Hall에 거주 중인 모든 학생들은 12월 23일까지 기숙사에서 자신의 소지품을 치워야 합니다. Paulson Hall의 일부 학생들은 캠퍼스의 다른 기숙사들로 재배치될 것입니다. 다른 학생들은 대체 거주지를 찾아야 합니다. Paulson Hall의 학생들은 자신의 선택에 대해 논의하거나 캠퍼스 밖으로 거주 공간을 찾는 데 도움을 요청하기 위해서 학생 주거 사무소의 Noah Sobe에게 565-9833으로 연락해야 합니다.

LISTENING 🎧 02-03

M Student: Lisa, I just heard about Paulson Hall. How do you feel about it?

W Student: You know, I'm not quite sure how I feel yet.

M: But, uh, you live there, so you're being directly affected by the dormitory's closure.

W: I know. But, well . . . It's like this. Paulson Hall isn't a very good dorm. It's the oldest building on campus, and it really shows.

M: In what ways?

W: The rooms are shabby, the pipes leak, and there's a terrible smell in many rooms. I can't say I'm too disappointed about leaving.

M: Okay.

W: But I guess I've got mixed feelings. It's December 3, and we're just now finding out that the dorm is closing. Now, I've got to acquire off-campus housing in the next couple of weeks. That's not going to be easy, especially because I have to study for final exams and write a couple of big papers. I'm pretty upset that the school didn't give us much advance notice. I'm probably going to have a bad place next semester.

M: I'm so sorry to hear that.

남학생: Lisa, 나 방금 Paulson Hall에 대해 들었어. 어떻게 생각해?

여학생: 너도 알겠지만, 내가 어떤 기분인지 아직 잘 모르겠어.

남학생: 하지만, 너는 거기 살고 기숙사 폐쇄에 직접적으로 영향을 받고 있잖아.

여학생: 알아. 하지만, 글쎄... 그건 이런 거지. Paulson Hall은 아주 좋은 기숙사가 아니야. 캠퍼스에서 가장 오래된 건물이고, 정말 보이는 대로야.

남학생: 어떤 면에서?

여학생: 방들은 낡았고, 파이프는 새고, 많은 방에서 끔찍한 냄새가 나. 내가 떠나는 것에 대해 너무 실망했다고는 말할 수 없어.

남학생: 그렇군.

여학생: 하지만 복잡한 기분인 것 같아. 지금 12월 3일인데 이제야 기숙사가 폐쇄된다는 것을 안 거잖아. 이제 다음 몇 주 안에 캠퍼스 밖에 거주지를 얻어야 해. 그건 쉽지 않을 거야, 특히 기말 고사 공부도 해야 하고 중요한 리포트를 두 개나 써야 하거든. 난 학교에서 훨씬 먼저 이런 공고를 우리에게

주지 않은 게 화가 나. 아마도 다음 학기에 형편없는 곳에서 살게 되겠지.

남학생: 정말 안 됐다.

남자와 여자는 가을 학기의 마지막에 기숙사를 폐쇄할 것이라는 학교의 공지 사항에 대해 의견을 나누고 있다. 공지에 따르면, 학생들은 다른 기숙사로 옮기거나 대체할 거주지를 찾아야 할 것이다. 여자는 학교의 결정에 대해 복합적인 감정을 가지며 그녀의 의견에 대해 두 가지 이유를 제시한다. 우선, 그 기숙사는 교내에서 가장 낡은 건물이었기 때문에 여자는 기숙사를 떠나는 것이 기쁘다. 그녀는 방이 낡고, 파이프가 새며, 많은 방들에서 악취가 풍긴다고 말한다. 반면, 그녀는 막바지 공지에 언짢다. 그녀가 설명하기를 학생들이 거주지를 찾을 때까지 3주도 채 남지 않았다고 한다. 기말고사와 큰 보고서들로 바쁘기 때문에, 그녀는 아마도 좋지 않은 곳에서 살게 될 것이다. 그러므로 여자는 기숙사를 폐쇄할 거라는 학교의 결정에 대해 복합적인 감정을 갖고 있다.

Astronomy: Solar Storms

태양 폭풍

태양의 표면에서는 간헐적 소란이 있다. 이런 태양 폭풍이 발생할 때, 태양은 엄청난 양의 에너지를 내뿜는다. 에너지는 일반적으로 태양 표면의 폭발이나 코로나 질량 방출로 발산된다. 이런 것 중 하나가 발생할 때, 자기장뿐 아니라 전하가 태양으로부터 방출되어 태양계로 보내진다. 태양 폭풍의 크기에 따라, 만일 지구가 폭풍 경로를 통해 움직인다면 지구에 소란을 야기할 수도 있다. 태양 폭풍의 한 가지 영향은 북극광인데, 더 강력한 것은 위성에 문제를 일으킬 수 있다.

M Professor: In 1859, British astronomer Richard Carrington was observing the sun with a telescope. During his observations, he noticed a flash of white light that came from a sunspot. A day later, strange things started to happen on the Earth in what would become known as the Carrington Event.

What happened? Well, the night sky was suddenly lit up by lights of various colors. Now, uh, it sounds like I'm talking about the northern lights, doesn't it? Well, those are normally only seen at extreme northern latitudes. But these lights illuminating the night sky were observed as far south as Panama, which is in Central America and is close to the equator. The lights were so bright that people reported being able to read newspapers even during the middle of the night.

That's not all that happened. Soon, there were problems with communication. Now, uh, at that time, the telegraph was how people communicated long distances. But for around twelve hours, telegraphs around the world stopped working. Some telegraph operators even saw sparks coming from their machines. What happened was that there was an enormous solar storm, and it caused the Carrington Event. Now, let's imagine what kinds of problems a similar storm would cause today. The problems would be myriad simply because most electronic devices would be affected.

교수: 1985년, 영국의 천문학자 Richard Carrington이 망원경으로 태양을 관찰하고 있었어요. 관찰하는 동안, 그는 태양의 흑점에서 나온 백색광 섬광을 알아챘습니다. 하루 뒤에 지구에서 캐링턴이벤트라고 알려진 이상한 일들이 벌어지기 시작했어요.

어떤 일이 벌어졌을까요? 음, 밤하늘이 갑자기 여러 가지 색의 빛들에 의해 환해졌어요. 자, 어, 제가 북극광에 대해 말하고 있는 것처럼 들리죠, 그렇지 않나요? 음, 북극광은 보통 최북단에서만 보입니다. 하지만 이 밤하늘을 밝히는 빛들은 적도에서 가까운 중앙아메리카에 있는 파나마같은 더 남쪽에서도 관찰되었어요. 그 빛은 너무 밝아서 사람들은 한밤중에도 신문을 읽을 수 있었다고 보고했어요.

그게 전부가 아닙니다. 곧, 통신에 문제가 생겼어요. 자, 어, 당시에는, 전보가 장거리에서 연락을 주고받을 수 있는 방법이었지요. 하지만 약 12시간 동안, 전세계의 전보가 작동을 멈췄어요. 몇몇 전신 기사들은 자신의 기계에서 불꽃이 튀는 것을 보기까지 했습니다. 무슨 일이 벌어진 것이었느냐 하면, 거대한 태양 폭풍이 있었고 그것이 캐링턴이벤트를 야기시킨 것이었죠. 이제, 오늘날 유사한 폭풍이 어떤 종류의 문제들을 일으킬 수 있을지 상상해 봅시다. 그야말로 대부분의 전자 기기들이 영향을 받을 것이기 때문에 문제는 무수히 많을 것이에요.

강의에서 교수는 캐링턴이벤트에 대해 말한다. 그것은 1859년에 발생했고 그것이 캐링턴이라는 이름의 천문학자에 의해 관찰되었기 때문에 그 명칭을 받았다. 교수에 따르면, 캐링턴은 태양의 흑점에서 나온 백색광을 보았다. 그리고, 다음날, 몇 가지 이상한 일들이 지구에서 일어났다. 북극광이 파나마와 같은 최남단 지역에서도 보였고 하늘이 너무 밝아서 사람들은 한밤중에 신문을 읽을 수 있었다. 게다가, 반나절 동안 전보가 작동을 멈췄다. 몇몇 전보에서는 불꽃이 일었다. 교수는 이것이 태양 폭풍 때문에 발생했다고 말한다. 태양 폭풍은 태양 표면에서의 소란으로 전기와 자기장을 태양계로 배출한다. 만일 그것이 지구와 부딪히면, 북극광을 만들 수 있으며, 위성에 문제를 일으킬 수 있다.

Zoology: Animal Spikes

W Professor: Everyone is familiar with the porcupine. It has upward of 30,000 spikes, or quills, on its body to use to protect itself. Well, the porcupine isn't the only animal in the world that has spikes. There are many others with them, too.

Hedgehogs are one popular animal with spikes. Now, uh, many people keep hedgehogs as pets since they're cute and can be quite docile. However, if your pet hedgehog becomes scared or upset, it will raise its spikes and often curl itself into a ball. The result is that it creates a form that you should have no interest in touching. The hedgehog cannot shoot spikes from its body, nor can it dislodge them into attackers. But the spikes can hurt if they penetrate an attacker's body. The hedgehog's spikes therefore serve a defensive function for the little animal.

Sea urchins are another species of animals which have spikes, or spines, as we often call them. Sea urchins, as you can guess by the name, live in the sea. Their spikes actually have multiple functions. First, they can use their spikes for movement. That's right. They use their spikes to help them roll along the bottom of the ocean or seafloor. But the spikes also have a defensive purpose. Long and sharp, the spikes can hurt if they penetrate an attacker's body. Some sea urchins are even capable of injecting venom through their spikes. In general, the venom isn't harmful to humans although sometimes scuba divers get punctured multiple times, suffer greatly, and even die. However, in the marine world, many small animals can be harmed badly by the venom in sea urchin spikes.

교수: 모두들 호저에 대해 잘 알고 있을 거예요. 호저는 자신을 보호하기 위해 사용하는 위쪽을 향한 30,000개의 가시, 깃을 몸에 가지고 있어요. 음, 호저가 세상에서 못을 가진 유일한 동물은 아닙니다. 못이 있는 많은 다른 동물들 또한 있어요.

고슴도치는 가시로 유명한 동물입니다. 요즘은, 어, 그들이 귀엽고 유순하기 때문에 많은 사람들이 고슴도치를 반려동물로 키우죠. 하지만, 만일 당신의 반려동물인 고슴도치가 무섭거나 기분이 안 좋으면, 가시를 세우고 종종 몸을 공처럼 동그랗게 말 거예요. 그 결과는 여러분이 만지는 데 전혀 관심이 없어야 할 형태를 만드는 것입니다. 고슴도치는 몸에서 가시를 쏠 수도 없고 공격자에게서 벗어날 수도 없습니다. 하지만 가시들은 공격자의 몸을 뚫고 들어가면 상처를 줄 수 있어요. 고슴도치의 가시는, 그래서, 작은 동물을 위한 방어 기능을 제공하죠.

성게는 가시 또는 우리가 종종 그들을 부르는 등뼈를 가진 또 다른 동물종이에요. 성게는 이름으로 추측할 수 있듯이 바다에 살아요. 그들의 가시는 사실 다양한 기능을 가집니다. 첫째, 그들은 자기 가시를 움직이는 데 이용할 수 있어요. 맞습니다. 그들은 자기 가시를 그들이 바다나 해저 바닥을 구르는 걸 돕는 데 이용해요. 하지만 가시는 또한 방어 목적도 가지고 있습니다. 길고 날카로운 가시는 만일 공격자의 몸을 뚫고 지나가면 상처를 줄 수 있어요. 몇몇 성게들은 심지어 깃털을 통해 독을 주입할 수도 있어요. 독은 때때로 스쿠버 다이버들이 여러 번 찔리고, 엄청나게 고통스럽게 하고, 심지어 죽게 함에도 불구하고, 일반적으로 인간에게는 해롭지 않습니다. 하지만 해양 세계에서, 많은 작은 동물들이 성게 등뼈의 독에 의해 심하게 피해를 입을 수 있어요.

Sample Response   p.33

교수는 몇몇 동물들이 가지고 있는 가시와 그들이 가시를 어떻게 사용하는지에 대해 강의한다. 그녀는 가시를 가진 호저를 언급하고 그 다음 역시 가시가 있는 고슴도치와 성게에 대해 상세히 설명한다. 교수에 따르면 고슴도치는 가시를 쏘거나 자기 몸에서 벗어나게 할 수 없다. 하지만, 위협 받거나 겁이 날 때, 고슴도치는 자신을 공처럼 동그랗게 말아 가시를 올릴 수 있다. 결과는 가시 같은 공인데 이는 그것을 만지는 것이 누구든 또는 어떤 것이든 상처 입힐 수 있나. 성게는 해서에서 사기 롬를 움식일 때 이용찰 수 있는 가시를 가지고 있다. 하지만 고슴도치처럼, 성게 역시 자신의 가시를 방어를 위해 사용한다. 사실, 몇몇은 독이 있는 가시를 가지고 있다. 독은 해양 생물들에 심하게 해를 끼칠 수 있으며 만일 가시가 인간의 몸을 충분한 시간 동안 관통하면, 때때로 인간을 죽이기도 한다. 하지만, 교수는 성게 독은 일반적으로 인간에게 위험하지 않다고 말한다.

TASK 1 · INDEPENDENT TASK
The Best Teachers for Children

Sample Response   p.36

› AGREE

나는 부모가 아이들에게 가장 좋은 선생님이라는 점에 동의한다. 나는 두 가지 이유 때문에 이 의견을 가진다. 먼저, 부모는 대부분의 시간을 아이들과 함께 보낸다. 결국, 대부분의 아이들이 최소한 대학 때까지 부모와 함께 산다. 따라서 이로 인해 부모들은 아이들을 가르칠 수 있는 많은 시간을 갖는다. 내 어머니와 아버지께서도 우리가 함께 있을 때면 항상 내게 많은 것을 가르쳐줄 수 있는 기회를 가지고 계셨다. 둘째, 부모는 다른 누구보다도 아이들에 대해 잘 안다. 예를 들면, 많은 부모들이 아이들의 선생님 혹은 다른 사람들보다 어떻게 하면 아이들이 더 잘 배울 수 있는지를 알고 있다. 이로써 부모들은 매우 효과적인 방식으로 아이들을 가르친다. 이러한 두 가지 이유로, 나는 부모가 아이들에게 있어서 가장 좋은 선생님이라고 믿는다.

› DISAGREE

나는 부모가 아이들에게 가장 좋은 선생님이라는 점에 동의하지 않는다. 나는 두 가지 이유 때문에 이 의견을 가진다. 먼저, 나는 교사들이 가르치는 데 있어서 부모들보다 더 뛰어나다고 생각한다. 거의 모든 교사들이 교수법에 대한 수업을 들었다. 따라서 아이들이 어떻게 배우도록 가르치는가에 대한 최상의 방법을 알고 있다. 이로써 교사들은 부모들보다 더 뛰어난 선생님이 된다. 둘째, 아이의 친구들 역시 종종 부모보다 더 좋은 선생님이 된다. 예를 들면, 나이 차이 때문에 부모보다는 친구들과 서로 더 좋은 관계가 형성될 수 있다. 내 친구들은 나를 이해시키기 위해 가장 적합한 단어들을 사용하는 법을 알고 있기 때문에 어떤 것들을 부모님보다 더 잘 설명해 줄 수 있다. 이러한 두 가지 이유로, 나는 부모가 아이들에게 있어서 가장 좋은 선생님이라는 점에 동의하지 않는다.

TASK 2 · INTEGRATED TASK
No More Student-Advisor Meetings

READING   p.38

편집자님께,

저는 대학에서 학생 및 지도 교수간의 모임이 더 이상 필요하지 않다고 생각합니다. 우선, 학교 웹사이트에 수업 및 전공 필수 과목에 관한 정보들이 많이 있습니다. 따라서 학생들은 필요한 정보를 웹사이트에서 얻을 수가 있습니다. 또한, 학생과 지도 교수 모두 만나기에 편리한 시간을 찾는 것이 종종 어렵습니다. 모든 이들의 바쁜 스케줄 때문에, 학생들이 담당 교수님들을 만나 뵙기가 너무 힘듭니다. 학교 행정 당국이 제 제안을 고려해 주기를 바랍니다.

Amy Flanders
4학년

LISTENING   🎧 03-03

W Student: You know, um, this student has a point in her letter.

M Student: Why do you think so?

W: Well, I've never relied on my advisor to tell me what classes I need to take.

M: That may be the case for you, but not all students are like that. In my experience, the school's website isn't helpful at all. Plus, my advisor knows plenty about the requirements for my major.

W: Is that so?

M: It sure is. He has told me some good classes to take. I never would have known about them if I had just studied the school's website.

W: Okay, but I have problems getting together with my advisor.

M: I've never had a single problem. My advisor is at school four days a week. In addition, he always keeps his office hours, and he will come to school to meet me if I need to talk about something. I even know his home phone number. Maybe, um, you need a better advisor.

W: You may be right.

여학생: 알겠지만, 음, 이 학생의 편지는 일리가 있어.

남학생: 왜 그렇게 생각해?

여학생: 음, 나는 내가 어떤 수업을 수강해야 하는지에 대해 알려 달라고 지도 교수님께 의지했던 적이 한 번도 없어.

남학생: 너는 그럴 수도 있겠지만, 모든 학생들이 다 그런 것은 아니야. 내 경험으로는, 학교 웹사이트가 전혀 도움이 되지 않아. 게다가, 내 지도 교수님께서는 전공 필수 과목들에 대해 많은 것을 알고 계셔.

여학생: 그래?

남학생: 정말 그래. 그분께서는 수강하기에 좋은 몇몇 수업들을 알려 주셨어. 만약 학교 웹사이트만 살펴봤다면 나는 결코 그러한 것들에 대해 알지 못했을 거야.

여학생: 그렇지만, 나는 내 지도 교수님을 만나는데 어려움을 겪고 있어.

남학생: 나는 그런 적이 한 번도 없었어. 내 지도 교수님께서는 일주일에 나흘씩 학교에 계셔. 게다가, 항상 사무실 근무 시간을 엄수하시고, 내가 무언가에 대해 말씀드릴 일이 있다면 나를 만나러 학교에 나오실 거야. 난 심지어 교수님의 집 전화번호도 알고 있는 걸. 아마도, 음, 너에게는 더 좋은 지도 교수님이 필요해.

여학생: 네 말이 맞을지도 몰라.

Sample Response
p.39

남자와 여자는 편집자에게 보낸 편지에 대해 의견을 나누고 있다. 편지를 쓴 사람은 학생 및 지도 교수간의 모임이 더 이상 필요하지 않다고 믿는다. 남자는 편지를 쓴 사람의 의견에 반대하기 위해 두 가지 이유를 든다. 그가 제시하는 첫 번째 이유는 지도 교수가 매우 도움이 된다는 점을 그가 알게 되었기 때문이다. 그에 의하면, 지도 교수는 자신의 전공 필수 과목에 대해 많은 것을 알고 있다. 그의 지도 교수는 또한 그가 단순히 학교의 웹사이트에 의존했다면 결코 알지 못했을 그가 들을 수 있는 유용한 몇몇 수업에 관해 그에게 알려 주었다. 둘째, 남자는 자신의 지도 교수를 만나는데 아무런 문제가 없다고 말한다. 그의 지도 교수는 일주일에 나흘씩 학교에 나오며 자신의 근무 시간을 지킨다. 남자는 그가 어떤 것에 대해 이야기해야 하는 경우를 대비하여 지도 교수의 집 전화번호도 알고 있다.

Psychology: Emotional Intelligence

감성 지능

타인의 감정을 이해하여 그러한 감정에 반응할 수 있는 능력은 감성 지능의 핵심이다. 다른 사람 혹은 다른 집단의 감정을 인지하면 상황을 통제하고 바람직한 결과를 이끌어 낼 수 있다. 감성 지능의 높고 낮음은 개인적 삶 및 직장 생활에 커다란 영향을 미칠 수 있다. 타인의 감정을 이해하는 능력이 없으면 대인 관계 유지나 여러 가지 방면에서 성공에 방해를 받을 수도 있다.

LISTENING 🎧 03-05

W Professor: It's often crucial to know how people are feeling. Those who are able to grasp others' feelings are said to have a high emotional intelligence. We rely on many factors when determining others' feelings. Body language, a person's tone of voice, and even knowing someone's personal history are all factors.

For instance, just last week, my daughter, her friends, and I went to a café to order some drinks. At the café, none of them could make up their minds. I felt like we were wasting time there, so I started to get upset. My daughter noticed my body language, so she hurriedly encouraged her friends to select the drinks they wanted and to order them so that we could leave. In that case, my daughter's emotional intelligence prevented an outburst by me.

But consider my actions as well. I realized that getting upset and yelling at my daughter would embarrass her in front of her friends. She's a teenager, and no teen wants to get screamed at in public. Furthermore, I knew my daughter had been under a lot of stress at school recently because of her midterm exams, so that also prevented me from losing my cool and making a scene in public. In that case, my emotional intelligence kept a bad situation from getting worse.

교수: 때때로 사람들이 어떻게 느끼는지를 알아차리는 것이 중요합니다. 타인의 감정을 파악할 수 있는 사람들은 감성 지능이 높다고 이야기됩니다. 다른 사람의 감정을 알아내기 위해, 우리는 많은 요인에 의존합니다. 신체 언어, 목소리의 톤, 그리고 심지어 한 사람의 개인 이력을 알아내는 것 모두가 요인이 되는 것이죠.

예를 들면, 지난 주, 제 딸과 딸의 친구들, 그리고 저는 음료를 주문하기 위해 카페에 갔습니다. 매장에서, 그들 중 어느 누구도 결정을 내리지 못했습니다. 저는 그곳에서 시간을 낭비하고 있다는 생각이 들었기 때문에, 기분이 상하기 시작했습니다. 제 딸은 저의 신체 언어를 알아차리고, 우리가 떠날 수 있도록 친구들에게 빨리 마시고 싶은 음료를 골라 주문하라고 재촉했습니다. 이와 같은 경우, 제 딸의 감성 지능이 제가 화를 내는 것을 막아준 것이죠.

하지만 제 행동도 생각해 보세요. 저는 기분이 나빠져서 딸에게 고함을 치면 친구들 앞에서 딸이 당황할 것이라는 점을 알았습니다. 그녀는 십대이고, 어떤 십대도 공공 장소에서 꾸지람을 듣는 것을 원하지 않습니다. 게다가, 저는 제 딸이 중간 고사 때문에 최근 학교에서 많은 스트레스를 받고 있다고 알고 있었기 때문에, 공공 장소에서 냉정을 잃고 소란을 피우는 않았습니다. 이러한 경우, 제 감성 지능은 좋지 않은 상황이 더 악화되는 것을 막아 주었습니다.

교수는 학생들에게 자신과 자신의 딸이 감성 지능을 사용했던 두 가지 방식에 대해 강의한다. 첫 번째 예는 어머니의 신체 언어를 인식할 수 있었던 딸의 능력에 관한 것이다. 교수는 카페에서 교수의 기분이 나쁘다는 것을 딸이 알아차리고, 따라서 친구들을 설득하여 서둘러 마시고 싶은 음료를 고르게 했다고 말한다. 다음으로, 교수는 어떻게 교수 자신의 감성 지능이 그녀를 친구들 앞에서 자신의 딸에게 화를 내지 않게 했는가에 대해 이야기한다. 교수는 딸에게 고함을 지르면 딸의 기분이 상하게 될 것을 알았고 따라서 교수는 평정심을 유지했다. 이러한 것들은 감성 지능이라고 불리는 개념을 나타내 주는데, 감성 지능은 타인의 감정을 이해하고 이에 반응할 수 있는 능력으로 정의된다. 높은 감성 지능을 가지고 있는 사람들은 낮은 감성 지능을 가지고 있는 사람들보다 타인의 기분을 더 쉽게 알아차릴 수 있다.

Botany: Plant Root Systems

LISTENING   🎧 03-07

M Professor: Virtually all plants have roots. Roots have two basic functions. The first is to extract water and nutrients from the soil while the second is to provide an anchor for the plant so that it doesn't get washed or blown away. Root systems usually grow underground and are the strongest part of the plant. Yet there are exceptions.

Sometimes, a plant's roots grow above the ground more than below it. These aboveground roots are called aerial roots. Plants usually develop aerial roots in wet areas such as swamps and coastal regions. Uh, mangrove trees are one plant with an aerial root system. Mangrove trees require aerial roots since they mainly grow in coastal areas with high levels of salinity in the water. Their aboveground roots help reduce the amount of salt water that the trees absorb. They also employ special methods which absorb gases from the atmosphere that the mangrove trees need to process nutrients.

Maize, which is a type of corn, is another plant with a unique root system. Maize plants often grow rather high, so the plants require support as their stems, which are relatively thin and laden with corn, grow higher. Maize has an underground root system like that of most other plants. But a special type of root grows around the stem above the ground. These are brace roots. Many brace roots grow in a, uh, a ring around the stem. Then, they shoot down to the ground and brace themselves in the soil. In this way, they provide support for the stem as the plant grows higher.

교수: 사실상 모든 식물들이 뿌리를 가지고 있습니다. 뿌리에는 두 가지 기본적인 기능이 있습니다. 첫째는 토양으로부터 물과 영양분을 추출하는 것이고 두 번째는 식물에 닻을 제공함으로써 식물이 물에 쓸려가거나 바람에 날려가지 않도록 해주는 것입니다. 뿌리는 보통 땅 속에서 자라며 식물에서 가장 튼튼한 부분입니다. 하지만 예외가 있습니다.

때때로, 뿌리는 지하에서보다 지상에서 더 잘 자라기도 합니다. 이와 같이 지상에서 자라는 뿌리는 기근이라고 불립니다. 보통 늪이나 해안가와 같은 지역에서 식물들이 기근을 발달시키게 됩니다. 어, 맹그로브 나무들은 기근을 가지고 있는 식물 중의 하나입니다. 맹그로브 나무는 바닷물의 염도가 높

은 해안가 지역에서 주로 자라기 때문에 기근을 필요로 합니다. 지상에 있는 이들의 뿌리는 맹그로브 나무가 흡수하는 염수의 양을 감소시키는데 도움을 줍니다. 이들은 또한 영양분을 처리하는데 필요한, 대기의 기체를 흡수하는 특수한 방법도 사용합니다.

옥수수의 일종인 메이즈는 독특한 뿌리계를 지니고 있는 또 다른 식물입니다. 메이즈는 종종 다소 높게 자라는데, 이들의 줄기는 비교적 얇으며 옥수수 알을 지니고 있는 줄기가 더 높게 자라기 때문에 지탱할 것을 필요로 합니다. 다른 대부분의 식물들과 마찬가지로 메이즈의 뿌리계도 땅 속에 있습니다. 하지만 특별한 종류의 뿌리가 땅 위의 줄기 주위에서 자랍니다. 이들은 지주근입니다. 많은 지주근들이, 어, 줄기를 둘러싼 고리 형태를 이루며 자라나죠. 그런 다음, 지면으로 내려가 흙에 스스로를 고정시킵니다. 이러한 방식으로, 메이즈가 더 높이 자랄수록 지주근들이 줄기를 지탱해 주게 됩니다.

그의 강의 동안, 교수는 전형적인 뿌리를 지니고 있지 않은 두 가지 다른 식물에 대해 이야기한다. 그가 논하는 첫 번째 식물은 맹그로브 나무이다. 교수는 맹그로브 나무가 해안가 근처에서 자라는데, 그러한 물속에는 염분이 많이 들어 있다는 점을 언급한다. 이러한 점 때문에, 맹그로브 나무들은 기근을 가지고 있다. 이는 지상에서 자라는 뿌리이다. 지상에 있다는 것이 뿌리가 너무 많은 소금물을 흡수하는 것을 막는다. 또한 기근은 대기로부터 기체를 흡수할 수 있고 영양분을 처리하기 위해 그 기체를 이용할 수 있다. 두 번째 식물은 메이즈, 즉 옥수수이다. 교수에 따르면, 메이즈는 높이 자라지만, 줄기가 얇다. 따라서, 지탱을 제공하기 위해, 메이즈에서는 지주근이 자란다. 이들은 줄기 주변에 고리 형태를 형성하며 그런 다음 지면으로 내려오는데, 여기에서 메이즈가 흙에 고정될 수 있도록 해준다. 이는 메이즈가 넘어지지 않도록 해 준다.

Actual Test **04**

TASK 1 · INDEPENDENT TASK
Types of Jobs

▸ A HIGH-PAYING JOB

나는 만족감이 높은 직업보다 보수가 높은 직업을 선호한다. 이러한 의견을 갖는 것에는 두 가지 이유가 있다. 먼저 돈은 매우 중요하다. 살아가기 위해서는 내가 돈을 벌어야 한다. 자세히 말하면, 주거비, 식비, 교통비, 건강 보험료, 그리고 기타 비용을 충당하기 위해 돈이 필요하다. 따라서 보수가 높은 직업은 생활 필수품을 구입할 수 있는 돈을 제공해 준다. 둘째, 보수가 높은 직업은 여행을 할 수 있는 돈을 마련해 준다. 예를 들면, 내 삼촌은 은행에서 일을 한다. 그는 많은 월급을 받는다. 따라서 유럽과 아시아의 여러 곳으로 해외 여행을 할 여유가 있다. 나 역시 그렇게 하고 싶다. 이러한 두 가지 이유로, 나는 만족감이 높은 직업보다 보수가 높은 직업을 선호한다.

▸ A SATISFYING JOB

나는 보수가 높은 직업보다 만족감이 높은 직업을 선호한다. 이러한 의견을 갖는 것에는 두 가지 이유가 있다. 먼저 사람들은 거의 매일 일을 하러 간다. 자세히 말하면, 대부분의 직업들이 최소한 일주일에 40시간의 근무를 요

구하고 있다. 나는 이러한 시간 동안 만족감을 느끼기를 원한다. 만약 직업이 스트레스가 많고 지루하다면, 내 삶에 부정적인 영향이 미칠 것이다. 둘째, 나는 지금 당장 많은 돈을 필요로 하지는 않는다. 예를 들면, 나는 아직 부모님과 함께 살고 있기 때문에, 집세나 공공 요금을 내야 할 필요가 없다. 큰 지출이 없기 때문에, 내 생활비는 매우 낮다. 이러한 두 가지 이유로, 만족감이 높은 직업을 갖는 것이 보수가 높은 직업을 갖는 것보다 더 중요하다.

TASK 2 · INTEGRATED TASK
New Dormitory Quiet Policy

READING   p.48

기숙사의 정숙함을 위한 새로운 방침

2월 10일, 다음 주 일요일부터, 교내 모든 기숙사에서 정숙함을 보장하기 위한 새로운 방침이 실시될 것입니다. 밤 10시부터 다음 날 아침 8시까지, 기숙사에 있는 학생들은 불필요한 소음을 일으켜서는 안 될 것입니다. 여기에는, 하지만 이들에게만 국한되는 것은 아닌데, 음악을 듣거나 파티를 여는 것 등이 포함됩니다. 또한, 같은 시간 대에 4명 이상의 학생들이 동시에 기숙사의 한 방에 모여서는 안 됩니다. 최근 기숙사에서 너무나 많은 파티가 열리고 있으며, 이러한 파티는 공부하고 수면을 취하려는 학생들에게 방해가 되고 있습니다. 위반 학생들은 100달러의 벌금을 물게 될 것입니다.

LISTENING   🎧 04-03

W Student: That new quiet policy is so unfair. I love playing music late at night while I'm studying.

M Student: I understand what you mean, but I'm actually in favor of the policy. I've been disturbed too many times by loud music and students having parties.

W: Are you serious?

M: Absolutely. Just the other night, I had to go to the late-night study room at the library at eleven PM because my next-door neighbors wouldn't turn down their music even though I asked them three times. Now they'll get fined, and I think that's great.

W: But it's unfair that we can't get together in big groups of people anymore.

M: Well, it's the students' fault really. Too many students had too many loud parties, so now everyone's being punished for their actions. Anyway, I like to go to bed early on the weekend, but I can't because the students on my floor party all the time.

W: You make some good points, but I don't think this new policy will be popular.

M: I don't care about popularity. I need to be able to study and sleep at night.

여학생: 정숙성에 관한 이번 새 방침은 너무 불공정해. 나는 밤늦게 공부를 하면서 음악을 듣는 것을 좋아하거든.

남학생: 네 말 뜻은 알겠지만, 사실 나는 이번 방침이 마음에 들어. 시끄러운 음악과 파티를 여는 학생들 때문에 수차례 방해를 받았어.

여학생: 진심이야?

남학생: 그렇고 말고. 그날 저녁, 내가 세 번이나 요청했는데도 불구하고 옆

방의 학생들이 음악 소리를 줄이려고 하지 않아서, 저녁 11시에 심야 독서실에 가야 했지. 이제는 그렇게 하면 벌금을 물게 될 거야. 그건 좋다고 생각해.

여학생: 하지만 이제 더 이상 여러 명이 모일 수 없게 되었다는 점은 불공평하잖아.

남학생: 음, 사실 그것은 학생들의 잘못이야. 너무 많은 학생들이 시끄러운 파티를 너무 많이 열었기 때문에, 이제 모든 사람이 그들의 행동에 대한 벌을 받게 된 것이지. 어쨌든, 나는 주말에 일찍 잠자리에 들고 싶은데, 같은 층 학생들이 항상 파티를 열기 때문에 그럴 수가 없어.

여학생: 좋은 지적을 한 것 같지만, 이번 방침이 인기를 얻으리라고는 생각하지 않아.

남학생: 인기는 신경 안 써. 밤에 공부를 하고 잠을 잘 수 있으면 돼.

Sample Response   p.49

남자와 여자는 기숙사의 정숙성에 관한 대학의 새로운 방침에 대해 의견을 나누고 있다. 남자는 두 가지 이유로 새로운 방침에 긍정적인 의견을 나타낸다. 첫 번째 이유는 그가 시끄러운 음악과 파티로 인해 수 차례 방해를 받았기 때문이다. 그에 의하면, 이웃 학생들이 시끄러운 음악 소리를 줄이려고 하지 않았기 때문에, 어느 날 밤에는 밤늦게까지 공부하기 위해 도서관에 있는 심야 독서실에 가야 했다. 이제, 그들은 조용히 해야만 할 것이다. 둘째, 남자는 많은 학생들이 시끄러운 파티를 열었기 때문에, 그러한 학생들로 인하여 대학 측이 모든 이들을 벌하고 있다고 언급한다. 그는 자신이 일찍 잠자리에 드는 것을 좋아하지만, 파티 때문에 그럴 수 없다는 점에 주목한다. 시끄러운 소리가 너무 커서 잠을 자거나 공부를 할 수가 없다. 따라서, 남자는 학교의 새로운 방침에 동의한다.

Psychology: Assimilation

READING   p.50

동화

이민자들이 새로운 나라로 이주를 하면, 종종 자신들에게 이질적인 관습과 전통을 접하게 된다. 이민자들이 새로운 고향에 통합되기 위해서는, 본국과 새로운 국가 간의 차이에 적응해야만 – 혹은 적어도 그러한 차이를 이해해야만 – 한다. 이러한 과정의 동화는 시간이 지나면서 이루어진다. 이는 전형적으로 새로운 나라의 언어를 배워 이를 유창하게 구사하는 사람과 그곳 사람들이 행하는 다양한 관습에 참여하는 사람과도 관련된다.

LISTENING   🎧 04-05

W Professor: Moving to a new country can be unsettling. For many, it takes a while to adapt to their new homes. However, over a period that can literally take years to occur, these immigrants finally manage to assimilate into their new country.

There are several ways to do this. For instance, my cousin lived in Brazil for several years. While he was there, he got married. Then, he and his wife moved back home. At first, she had a tough time adapting. But she relied heavily on her husband and other family members to teach her about the customs and traditions of her new country. She steadily improved her English ability and lost her accent. A lot of that was due to everyone in the family speaking with her. Now, she's assimilated so well that most people assume she's a native-born citizen.

In other cases, people resort to actions. For instance, some immigrants have claimed that they assimilated into American culture by watching television. That's right. They watched, um, various sitcoms and dramas, and that's how they learned American slang, customs, and ways to behave. A few people have credited shows like *Sesame Street* for helping them assimilate into the country. It's a rather unorthodox method, but it worked for some people, uh, I suppose.

교수: 새로운 나라로 이주하는 것은 마음을 심란하게 만드는 것일 수 있습니다. 많은 경우, 새로운 고향에 적응하는 것에는 일정한 시간이 걸립니다. 하지만, 말 그대로 수년이 걸릴 수도 있는 기간에 걸쳐, 이러한 이민자들은 마침내 새로운 나라에 동화됩니다.

이렇게 하는 데는 몇 가지 방법이 있습니다. 예를 들면, 제 사촌은 수년 동안 브라질에서 살았습니다. 그곳에 있는 동안, 결혼을 했죠. 그런 다음, 그와 그의 아내는 다시 고국으로 돌아왔습니다. 처음에는, 아내가 적응하는데 힘들어 했습니다. 하지만 그녀는 자신에게 새로운 나라의 관습과 전통에 대해 알려 주는, 자신의 남편과 다른 가족들에게 많은 의지를 했습니다. 그녀는 꾸준히 영어 구사 능력을 키워 나갔고 자신의 억양은 없어졌습니다. 이와 같은 많은 것들은 그녀와 이야기를 나누었던 가족 모두의 덕분이었죠. 이제, 그녀는 잘 동화되어서 대부분의 사람들이 그녀를 토박이라고 생각하고 있습니다.

다른 경우로, 사람들은 행동에 의지하기도 합니다. 예를 들면, 일부 이민자들은 텔레비전을 시청함으로써 미국 문화에 동화되었다고 주장합니다. 맞습니다. 그들은, 음, 다양한 시트콤과 드라마를 시청했고, 그로 인해 미국의 속어, 관습, 그리고 행동 방식을 배웠습니다. 몇몇 사람들은 자신들이 미국에 동화되는데 *Sesame Street* 같은 프로그램이 도움이 되었다고 이야기합니다. 다소 전통적인 방식은 아니지만, 제 생각에, 어, 일부 사람들에게는 효과가 있었던 것이죠.

Sample Response   p.51

강의에서, 교수는 이민자들이 새로운 고향에 적응하는 두 가지 방식에 대해 설명하고 있다. 첫 번째 예는 교수 사촌의 아내에 관한 것이다. 교수의 사촌은 브라질 사람과 결혼하여 고국으로 돌아왔다. 사촌의 아내는 자신의 남편과 가족들에게 의지하여 새로운 나라에 적응했다. 그녀가 언어 및 관습을 배우는데 이들이 도움을 주었기 때문에, 사람들은 현재 그녀를 토박이로 생각한다. 두 번째 예는 미국의 생활에 적응하기 위해 사람들이 텔레비전을 시청하는 방식에 관한 것이다. 교수에 의하면, 사람들은 시트콤, 드라마, 그리고 Sesame Street 같은 쇼를 시청함으로써 미국의 속어와 관습에 대해 배우게 된다. 이러한 예들은 동화라고 불리는 개념을 나타내 주는데, 동화는 이민자들이 새로운 나라로 이주해서 새로운 나라의 사람들처럼 살고 행동하는 법을 배울 때 겪게 되는 과정으로 정의된다.

Ecology: Loon Feathers

LISTENING   🎧 04-07

M Professor: The loon is a species of bird which primarily lives in northern climates that are cold and have harsh weather. It gets most of its food from animals that live in the water. These include fish and crustaceans. To survive in such cold and wet conditions, loons need special protection, which they receive thanks to their feathers. Like most birds, loons have two main types of feathers: outer and inner feathers. Each serves a specific purpose.

The loon's outer feathers cover, obviously, the outside of its body, and they give the bird its color and shape. The outer feathers can be both short and long, and they grow in the vane shape typical of most birds. They're mostly used for, um, flying, but they also provide a measure of protection for the loon. See, uh, the outer feathers are waterproof, so this keeps water from soaking the loon's inner feathers and skin when it's rainy or snowy. These feathers also act like a diver's suit when the loon dives into lakes and ponds in search of food.

As for the inner feathers, they're smaller than the outer feathers. They're the feathers often referred to as down. Down feathers are soft and fluffy and aren't rigid like the outer feathers. They mostly provide warmth for the loon. They do this by acting as, er, a kind of insulation for the loon's skin. So even when a loon is in very cold conditions, as long as its down feathers remain dry, then the bird won't freeze. Thus, as you can see, the two types of feathers work together to keep the loon dry and warm.

교수: 아비는 주로 춥고 혹독한 날씨를 보이는 북부 기후에서 서식하는 조류의 한 종입니다. 아비는 대부분의 음식을 수중에 사는 동물들에게서 얻습니다. 여기에는 어류와 갑각류들이 포함됩니다. 그처럼 춥고 습한 환경에서 살아남기 위해, 아비들은 특별한 보호 장치를 필요로 하는데, 이러한 보호 장치는 깃털에서 구해집니다. 대부분의 새들과 마찬가지로, 아비는 주된 두 종류의 깃털을 지니고 있습니다: 바깥쪽 깃과 안쪽 깃이 그것입니다. 각각은 특별한 기능을 수행합니다.

아비의 바깥쪽 깃은, 확실히, 신체의 바깥쪽을 덮고 있으며, 새의 색깔과 형태를 결정해 줍니다. 바깥쪽 깃은 짧을 수도, 길 수도 있으며, 대부분의 조류에 있어서는 일반적으로 바람개비 형태로 자라납니다. 이들은 주로, 음, 비행에 사용되지만, 또한 보호 장치를 제공해 주기도 합니다. 자, 어, 바깥쪽 깃은 방수가 되기 때문에, 비나 눈이 오는 경우, 아비의 안쪽 깃과 피부가 물에 젖는 것을 방지해 줍니다. 또한 이러한 깃털들은 아비가 음식을 찾기 위해 호수나 연못으로 잠수를 하는 경우, 잠수복 역할도 합니다.

안쪽 깃에 대해 말씀드리면, 이들은 바깥쪽 깃보다 작습니다. 종종 솜털로 불리기도 하죠. 솜털은 부드럽고 복슬복슬하며 바깥쪽 깃과 달리 뻣뻣하지 않습니다. 이들은 주로 보온 기능을 담당합니다. 아비의 피부에 있어서, 어, 일종의 단열재 기능을 함으로써 그렇습니다. 따라서 아비가 매우 추운 환경에 놓여지더라도, 솜털이 건조하기만 하다면, 아비는 얼어 죽지 않을 것입니다. 따라서, 여러분도 알 수 있듯이, 두 종류의 깃털이 함께 기능함으로써 아비가 습하지 않고 따뜻하게 있을 수 있습니다.

Sample Response   p.53

그의 강의에서, 교수는 아비에게 있는 두 가지 종류의 깃털에 대해 설명하고 있다. 첫 번째 종류는 아비의 바깥쪽 깃이다. 아비는 이 깃털을 이용하여 비행을 하지만, 이 깃털들은 또한 아비를 보호해 주기도 한다. 바깥쪽 깃은 방수가 되기 때문에, 비와 눈이 오는 날씨에도 아비가 물에 젖지 않도록 해줄 수 있다. 아비는 먹이를 구하기 위해 물속으로 잠수를 하기 때문에, 이들은 매우 중요한 깃털이다. 방수가 되는 바깥쪽 깃은 아비가 먹이를 사냥할 때 물에 많이 젖지 않게 보호한다. 두 번째 종류의 깃털은 안쪽 깃이다. 솜털로도 알려져 있는 이 부드럽고 보슬보슬한 깃털은 아비로 하여금 몸을 따뜻하게 유지할 수 있도록 해준다. 이들은 아비에게 있어서 일종의 단열재 역할을 한다. 아비는 겨울 동안 매우 추울 수 있는 북부 지역에 서식하고 있기 때문에, 그들의 솜털은 아비가 얼어 죽지 않도록 해준다. 이러한 방법으로, 교수는 아비가 가지고 있는 두 가지 종류의 깃털과 그 깃털들이 아비의 생존하도록 도와주는 방식에 대해 설명을 하고 있다.

Actual Test 05

TASK 1 · INDEPENDENT TASK
No Need to Learn to Read Maps

Sample Response   p.56

› AGREE

나는 현대 기술 때문에 학생들은 더 이상 지도를 보는 법을 배울 필요가 없다는 주장에 동의한다. 이런 의견을 가지는 데에는 두 가지 이유가 있다. 먼저, 기술은 스마트폰과 태블릿을 사용한 상호 작용 지도에 접근하는 것을 용이하게 만들었다. 예를 들어, 내 차에 있는 지도 같은 다양한 기능이 내장된 태블릿 덕분에 나는 장소들을 쉽게 찾을 수 있다. 두 번째 이유는 전통적인 지도를 보는 법을 배우는 것은 시간 낭비이다. 예를 들면, 많은 사람들이 대신 전자 지도를 사용할 수 있을 때 지도 보는 법을 배우는 것은 무의미하다는 것을 알게 되었다. 이런 두 가지 이유들 때문에, 나는 오늘날 지도 보는 법을 배우는 것은 필요하지 않다고 믿는다.

› DISAGREE

나는 현대 기술 때문에, 학생들이 더 이상 지도 보는 법을 배울 필요가 없다는 주장에 동의하지 않는다. 이런 의견을 가지는 데에는 두 가지 이유가 있다. 먼저, 사람들이 전자 기기에 접근할 수 없는 때가 있다. 예를 들어, 밧데리가 닳았을 때 스마트폰이나 태블릿을 이용하는 것은 불가능하다. 두 번째 이유는 지도를 읽을 수 있다는 것은 사람들이 현대 기술을 활용해 지도를 만드는 데 필요하다. 예를 들어, 지도 개발자들은 그들이 어떤 온라인 상의 도구들을 개발할 수 있게 되기 전에 전통적인 지도에 대한 모든 것을 배워야 한다. 이런 두 가지 이유로, 나는 오늘날 지도 보는 법을 배우는 것은 여전히 필요하다고 믿는다.

TASK 2 · INTEGRATED TASK
TAs to Hold Office Hours This Semester

READING   p.58

조교들은 이번 학기에 지도 시간에 머물 것

이번 봄 학기에 화학과에서 일하는 모든 조교들은 학생들을 위해 지도 시간에 사무실에 머물 것이 요구될 것입니다. 각각의 조교들은 이제 매주 졸업생 사무소에서 10시간을 보내야 합니다. 학생들은 그러면 질문을 하거나 수업에서 도움을 얻기 위해 이 시간 동안 조교들을 방문할 수도 있는데, 시간은 반드시 붙여 놓아야 합니다. 조교들은 자신의 일정을 담당 교수들에게 제공해야 하며, 그러면 교수들은 학과 웹사이트에 게시할 것이고, 또한 수업 첫 날 조교들의 이용 가능한 시간을 알릴 것입니다.

LISTENING   🎧 05-03

W Student: Derrick, how is this new regulation from the Chemistry Department going to affect you?

M Student: You're talking about the requirement to hold office hours, right?

W: Yes, that's right. I know you're a TA for Professor Welker.

M: Hmm . . . I suppose I have mixed feelings. You see, um, I think it's a wonderful idea because my job is teaching assistant. So I'm supposed to help teach the students.

W: I like your attitude.

M: When I was an undergraduate, I had some outstanding TAs who were helpful. One went out of her way to help me, so I learned a lot in her class.

W: I've had the same experience.

M: However, I believe ten hours a week is way too much. I—and the other TAs in the department—am busy doing research and trying to write my dissertation. We've, uh, got plenty to do.

W: I'm sure you do.

M: So the department has just made our lives much harder. I'd say five hours a week would be more reasonable. Ten hours is just too much.

여학생: Derrick, 화학과의 이런 새 규정이 너에게 어떤 영향을 미칠까?

남학생: 지도 시간을 열어야 하는 요건 말하는 거야, 맞지?

여학생: 그래, 맞아. 너 Welker 교수님 조교인 걸 알고 있어.

남학생: 음... 복잡한 감정인 것 같아. 너도 알겠지만, 음, 내 직업이 조교이기 때문에 멋진 생각이라고 생각해. 그래서 학생들을 가르치는 걸 돕게 되겠지.

여학생: 네 자세가 마음에 들어.

남학생: 내가 학부생일 때, 도움이 되었던 몇몇 뛰어난 조교들이 있었어. 한 명은 나를 돕기 위해 특별히 노력해 주어서 난 그녀의 수업에서 많이 배웠어.

여학생: 나도 같은 경험이 있어.

남학생: 근데, 일주일에 10시간은 너무 긴 것 같아. 학과의 다른 조교들도 연구하느라 바쁘고 나도 논문 쓰느라 바쁘거든. 우리가, 어, 할 것이 너무 많아.

여학생: 그럴 것 같아.

남학생: 학과에서는 그저 우리 삶을 더 힘들게 만든 거지. 일주일에 다섯 시간이 더 합리적일 거야. 10시간은 그냥 너무 과해.

Sample Response   p.59

남자와 여자는 조교들이 학생들을 위해 의무적으로 지도 시간에 사무실에 머물러야 된다는 학교의 공지에 대해 의견을 나누고 있다. 지도 시간의 목적은 학생들에게 그들의 수업에 대한 도움을 제공하기 위함이다. 남자는 학교의 결정에 대해 복합적인 감정을 갖고 있으며, 그의 의견에 대해 두 가지 이유를 제시한다. 우선, 남자는 학생들을 도울 수 있어서 기쁘다. 그는 훌륭한 조교로부터 많은 도움을 받았던 그의 과거 경험을 설명한다. 반면, 그는 집무 시간으로 매주 10시간씩 보내야 한다는 점이 불만이다. 남자에 따르면, 조교들은 연구와 논문 집필을 하느라 굉장히 바쁘다. 그는 일주일에 5시간이 적당할 것이라고 생각한다. 따라서, 남자는 학생들을 위해 조교들이 지도 시간에 사무실에 머물러야 한다는 학교의 결정에 대해 복합적인 감정을 가지고 있다.

Geology: Geothermal Energy

READING   p.60

지열 에너지

지구 표면의 깊은 곳, 행성의 내부는 매우 뜨겁다. 지구 핵의 온도는 태양 표면의 온도보다 더 뜨거운 반면, 지표면 아래에 있는 맨틀은 마그마라 불리는 뜨겁고 녹은 바위로 가득 차 있다. 이는 주로 방사성 원소들의 느린 부식에 의해 야기된다. 일부 장소에서는 열이 지구 표면에 도달하고, 그렇지 않으면 표면에 아주 가까이 도달한다. 이 열은 사람들이 에너지를 만드는 데 사용될 수 있는데 이는 지열 에너지라고 불린다.

LISTENING   🎧 05-05

W Professor: You'd think that people in Iceland would have trouble heating their homes and would have high electricity bills, wouldn't you . . . ? Well . . . you'd be wrong. In fact, electricity is so cheap there that people take long, hot showers and open their windows when it gets too hot instead of turning down the heat.

How is this possible? Well, Iceland is not merely a land of ice. It's also a land of fire. There are approximately 130 volcanoes there, and many are active. Iceland is located where two tectonic plates meet, so there's plenty of volcanic activity. There's also lots of geothermal energy located beneath the ground in Iceland. This accounts for the numerous hot springs in the country. It is also how Iceland can create cheap electricity.

The Icelanders have built several geothermal power plants that can harness this energy. One advantage is that geothermal energy is cheap. Another is that it's renewable, so it will never be exhausted. Nearly all of Iceland's energy comes from renewable resources. Thanks to the liberal usage of geothermal energy, Icelanders can not only heat their homes and workplaces but also create electricity from underground heat. They use this energy to warm their streets to prevent them from getting slippery from snow, and greenhouses use it to let Icelanders grow fruits and vegetables.

교수: 여러분은 아이슬란드 사람들이 집을 따뜻하게 하는데 문제가 있을 것이고 전기 요금이 높을 것이라고 생각할 거예요, 그렇지 않나요...? 음... 여러분이 틀렸어요. 사실, 그 곳에서 전기는 매우 싸고 사람들은 오래 뜨거운 샤워를 하고 너무 더우면 온도를 낮추는 대신 창문을 열어놓습니다.

어떻게 이것이 가능할까요? 음, 아이슬란드는 단지 얼음의 땅이 아니에요. 불의 땅이기도 하죠. 그 곳에는 대략 130개의 화산이 있고, 많은 것이 휠 화산입니다. 아이슬란드는 두 개의 텍토닉 플레이트가 만나는 곳에 위치해 있어서 많은 화산 활동이 있습니다. 또한 아이슬란드의 지면 아래에 위치한 많은 지열 에너지가 있어요. 이는 그 나라에 있는 수많은 온천에 대해 설명해 줍니다. 그것은 아이슬란드가 싼 전기를 만들 수 있는 방법이기도 하죠.

아이슬란드 사람들은 여러 개의 지열 발전소를 지어 이 에너지를 이용할 수 있어요. 한 가지 장점은 지열 에너지는 싸다는 것이죠. 다른 장점으로 그것은 재생 가능하기 때문에 절대로 고갈되지 않아요. 거의 모든 아이슬란드의 에너지는 재생 가능한 자원에서 나옵니다. 지열 에너지의 자유로운 사용 덕분에, 아이슬란드인들은 집과 직장을 따뜻하게 할 수 있을 뿐만 아니라

지하 열로부터 전기를 만들 수 있어요. 그들은 이 에너지를 눈 때문에 미끄러워지는 것을 막기 위해 도로를 따뜻하게 하는 데 이용하고, 온실은 그것을 사용해 아이슬란드인들이 과일과 채소를 재배하게 해 줘요.

Sample Response   p.61

강의에서, 교수는 아이슬란드 사람들이 사용하는 에너지의 종류에 대해 말한다. 그녀는 아이슬란드는 매우 싼 전기가 있어서 오래 뜨거운 샤워를 할 수 있으며 열을 낮출 필요가 없다고 말한다. 교수는 아이슬란드에 약 130개의 화산이 있고 이는 그 나라의 온천과 싼 전기에 대해 설명해 준다고 언급한다. 그녀는 아이슬란드가 지하 에너지를 이용할 수 있는 지열 에너지 발전소를 가지고 있다고 말한다. 그것은 재생 가능한 에너지 유형이기 때문에 격감하지 않는다. 사람들은 그것을 집과 건물을 뜨겁게 하고, 도로가 미끄럽지 않게 하기 위해 도로를 따뜻하게 하고, 그리고 온실에서 식물이 자라게 하는 데 이용한다. 본문에 따르면, 지열 에너지는 지구 내부에서 생산되는 에너지이다. 그것은 대부분 방사성 원소의 부식에 의해 생긴다. 일부 열은 지구 표면 또는 표면에 가까운 곳까지 상승하고 사람들은 그 열을 가져다가 에너지로 바꿀 수 있다.

Marketing: Increasing a Company's Customer Base

LISTENING   🎧 05-07

M Professor: In the future, many of you will find employment in the business world as marketers. One of your most important functions will be increasing your customer base. You'll therefore be tasked with attracting customers to purchase your company's products and services. Let me give you a couple of tips on how to do that.

Something typically overlooked by marketers is that they should provide a free newsletter which anyone can acquire with ease. The newsletter must have quality content that's well written, and it should also be updated with frequency. Since the newsletter doesn't need to be printed but can instead be emailed or downloaded from a website, the cost is much less than it used to be before the Internet. Why is this important? Hmm . . . Basically, everyone loves free stuff. And if a company shows potential customers that it's willing to provide good information for free, that's going to be an attractive feature to numerous individuals.

Here's another thing you need to do as a marketer . . . Constantly ask your current customer base for their opinions. You can do this by having them complete surveys. These surveys can be emailed to customers, or they can appear on the screen before customers leave your firm's website. The surveys don't have to be long. But most people don't mind clicking on a few responses and submitting anonymous surveys. In addition, there are some people who will be happy to tell you everything you're doing right and wrong in great detail. Listen to those people, and you'll be able to gauge how well your company is treating its customers. Then, you can make changes that will attract new ones.

교수: 미래에 많은 분들이 마케터로써 업계에 직업을 얻게 될 거예요. 여러분의 가장 중요한 기능 중 하나는 여러분의 고객층을 늘리는 것일 거예요. 여러분은 그래서 여러분의 회사의 제품과 서비스를 구매하도록 고객들을 끌어

들이는 과업을 맡을 텐데요. 제가 여러분에게 어떻게 할지 두어 가지 조언을 드리도록 할게요.

마케터들에 의해 일반적으로 간과되는 것은 그들이 누구나 쉽게 얻을 수 있는 무료 소식지를 제공해야 한다는 것입니다. 소식지는 잘 쓰여진 양질의 내용을 가지고 있어야 하고 또한 자주 업데이트 되어야 해요. 소식지가 인쇄될 필요가 없고 대신 이메일로 보내지거나 웹사이트에서 다운로드할 수 있기 때문에 비용은 인터넷 사용 이전에 그랬던 것보다 훨씬 적게 들어요. 왜 이것이 중요할까요? 음... 기본적으로, 모든 사람들은 공짜 물건을 좋아합니다. 그래서 만일 회사가 잠재적 고객들에게 좋은 정보를 기꺼이 공짜로 제공할 것이라는 점을 보여준다면, 수많은 사람들에게 매력적인 특징이 될 것입니다.

마케터로서 여러분이 알아야 할 필요가 있는 또 다른 것이 있어요... 끊임없이 여러분의 현재 고객층에게 그들의 의견을 물으세요. 여러분은 그들이 설문 조사를 마치게 함으로써 이것을 할 수 있습니다. 이런 설문 조사는 고객들에게 이메일로 보내질 수 있고 고객들이 여러분 회사의 웹사이트를 나가기 전에 모니터에 나타나게 할 수도 있어요. 설문 조사는 길 필요가 없습니다. 하지만 대부분의 사람들은 몇 개의 대답을 클릭하는 것과 익명으로 설문 조사를 제출하는 걸 신경 쓰지 않아요. 게다가, 여러분이 잘하고 있는 것과 잘못하고 있는 모든 것을 상세하게 여러분에게 말하는 것이 행복한 몇몇 사람들이 있어요. 그 사람들을 경청하면 여러분의 회사가 얼마나 잘 고객들을 대하는지를 판단할 수 있을 거예요. 그러고 나면, 여러분은 새로운 고객들을 끌어들일 변화를 만들 수 있습니다.

Sample Response
p.63

교수는 학생에게 마케터들과 그들이 자신이 일할 회사의 고객층을 늘릴 수 있는 몇 가지 방법들에 대해 이야기한다. 첫째, 교수는 대부분의 사람들이 공짜 물건을 좋아한다는 것을 지적한다. 그는 마케터들이 종종 잠재적인 고객들에 의해 이메일로 보내지거나 다운로드될 수 있는 공짜 소식지를 쓴다는 생각을 간과한다고 언급한다. 교수는 소식지가 잘 쓰여진 유용한 정보를 포함하고 있어야 하고 정기적으로 업데이트 될 필요가 있다고 말한다. 만약 회사가 그렇게 하면 사람들은 무언가를 공짜로 준다는 사실에 깊은 인상을 받아 그들은 고객이 될지도 모른다. 다음으로, 교수는 마케터들이 설문 조사를 통해 고객들의 의견을 받아야 한다고 말한다. 고객들에게 질문을 함으로써, 마케터들은 회사가 잘 하고 있는 것과 잘못하고 있는 것이 무엇인지 알아낼 수 있다. 그리고 난 후, 그런 언급들에 근거하여 변화함으로써 회사는 스스로를 고객들에게 더 매력적으로 만들 수 있다.

Actual Test 06

TASK 1 · INDEPENDENT TASK
New or Old Buildings

Sample Response
p.66

> CONSTRUCT A NEW BUILDING

나는 새로운 건물을 짓는 것이 더 낫다고 생각한다. 나는 두 가지 이유 때문에 이 의견을 가진다. 한 예를 들면, 건축 방식이 끊임없이 발전하고 있다. 자세히 말하면, 오늘날의 건물들은 보다 뛰어난 재료들로 만들어지며 오래된 건물보다 더 튼튼하다. 최근 일본에서 대지진이 일어날 당시, 어떤 현대적인 건물도 무너지지 않았다. 하지만 다수의 오래된 건물들은 파괴되었다. 둘

째, 많은 새로운 건물들은 멋지게 보인다. 오늘날, 건축가들은 놀랍고도 새로운 설계를 생각해 낸다. 나는 새로운 건물들이 오래된 건물들보다 더 나아 보인다고 생각한다. 따라서 새 건물들이 도시를 더욱 좋아 보이게 만들고 있다. 이러한 두 가지 이유 때문에, 나는 오래된 건물을 보전하는 것보다 새로운 건물을 짓는 것이 더 낫다고 생각한다.

> PRESERVE AN OLD BUILDING

나는, 오래된 건물을 보존하는 것이 더 낫다고 생각한다. 내가 이렇게 느끼는 데에는 두 가지 이유가 있다. 첫째, 전통을 기억하는 것이 중요하다. 자세히 말하면, 나는 시내의 역사적인 장소에 살고 있다. 그곳의 일부 건물들은 100년 이상이 되었다. 몇몇 사람들은 이러한 건물들 대부분을 헐어버리고 싶어하지만, 나는 그것들을 지키고 싶다. 그러한 건물들은 우리 과거에서 중요한 일부이다. 둘째, 나는 오래된 건물들이 도시를 멋지게 보이도록 만든다고 믿는다. 예를 들면, 나는 나의 동네의 경치를 매우 좋아한다. 오래된 건물들은 특정한 매력을 주위에 부여해 주는데, 이러한 매력은 내가 생각하기에 새 건물에는 없는 것이다. 두 가지 이유 때문에, 나는 새로운 건물을 짓는 것보다 오래된 건물을 보존하는 것이 더 낫다고 생각한다.

TASK 2 · INTEGRATED TASK
Art Books No Longer to Be Borrowed

READING
p.68

예술 서적이 더 이상 대출되지 않습니다

학생들은 더 이상 도서관에서 예술 서적을 대출할 수 없게 됩니다. 너무나 많은 예술 서적들이 손상된 상태로 도서관에 반납되고 있습니다. 삽화들이 일정한 방식으로 손상되거나, 혹은 예술 서적의 페이지들이 뜯겨져 나가고 있습니다. 예술 서적을 교체하는 일에는 막대한 비용이 들기 때문에, 학생들은 더 이상 그러한 도서들을 도서관에서 가지고 나갈 수가 없게 되었습니다. 이러한 변화에 대한 보상책으로, 몇몇 테이블들이 도서관의 해당 서가에 추가되어 예술 서적들이 그곳에 보관될 것입니다. 이로써 보다 많은 학생들이 편안한 환경에서 도서를 열람할 수 있게 될 것입니다.

LISTENING
06-03

W Student: I guess I'm going to be spending lots of time in the library from now on. That's frustrating.

M Student: I know what you're saying, but I understand the school's point. You know, uh, I checked out an art book last week, and it was in awful condition.

W: How bad was it?

M: There were food and drink stains on numerous pictures. But since the library doesn't permit students to bring food and drinks inside, the new policy should cut down on a lot of the damage the books are suffering.

W: Okay, but how are we supposed to analyze the pictures if we can't take the books with us?

M: The library's going to provide tables. And that's probably a good thing.

W: Why?

M: Most art books are really heavy. I can't stand carrying them around all the time since that hurts my back. Now, I can just take them from the shelves to a table. I won't have to walk all around campus with them in my backpack. Sure,

I'll have to change my routine a bit, but I think this new policy will work out fine.

여학생: 이제부터는 도서관에서 많은 시간을 보내야 할 것 같아. 귀찮게 되었군.

남학생: 무슨 말인지는 알겠는데, 학교 측의 요지는 이해가 가. 알겠지만, 어, 지난 주에 예술 서적을 한 권 대출했는데, 상태가 엉망이었거든.

여학생: 얼마나 심했는데?

남학생: 수많은 그림에 음식과 음료 자국이 있었지. 하지만 도서관에서는 학생들이 음식과 음료를 반입하지 못하도록 하고 있기 때문에, 새로운 방침으로 인해 책에 가해지고 있는 많은 손상들은 줄어들게 될 거야.

여학생: 그렇기는 하지만, 책을 가지고 나갈 수가 없다면, 어떻게 그림들을 분석해야 하지?

남학생: 도서관에서 테이블을 제공해 줄 거야. 그리고 그것은 잘 된 일이고.

여학생: 왜?

남학생: 대부분의 예술 서적들은 정말로 무거워. 들고 다니면 허리가 아프기 때문에, 항상 들고 다닐 수는 없어. 이제는, 책을 서가에서 테이블로 가져갈 수 있을 거야. 가방에 넣고 캠퍼스를 돌아다닐 필요가 없게 된 것이지. 물론, 공부 습관을 약간 바꾸어야 하겠지만, 이번 새로운 방침은 효과가 좋을 것이라고 생각해.

Sample Response p.69

남자와 여자는 학생들에게 더 이상 예술 서적의 대출을 허용하지 않는 도서관의 새로운 방침에 대해 의견을 나누고 있다. 남자는 새로운 방침에 긍정적인 의견을 나타내며 두 가지 이유를 제시한다. 첫 번째 이유는 그가 도서관에 있는 많은 예술 서적들의 상태가 좋지 않다고 믿고 있기 때문이다. 그에 의하면, 그는 최근 한 권의 도서를 대출했는데, 책 안의 몇몇 그림들에 음식과 음료의 얼룩이 묻어 있었다. 도서관 안에서는 그 두 가지 모두 반입이 금지되고 있기 때문에, 그는 만일 책들이 도서관 내부에 있어야만 한다면, 도서들의 손상이 앞으로는 적어질 것이라고 확신한다. 둘째, 남학생은 도서관에서 테이블을 이용할 수 있게 되어 기뻐한다. 그는 무거운 예술 서적을 들고 다니면 허리가 아프다고 말한다. 그러므로 그는 서가에서 테이블로 도서를 가지고 가는 것을 꺼려하지 않을 것이다.

Sociology: Technical Incapacity

READING p.70

기술적 무능

오늘날, 특정 분야에서 전문적이 되는 것이 가능해졌다. 일부 경우, 개인의 직업이 너무나 전문화되어 있고 그들이 소유하고 있는 지식은 너무나 좁은 부분에 맞춰져 있기 때문에, 그러한 사람들은 다른 분야에 대해 거의 알지 못하는 경우가 많다. 이러한 기술적 무능은 학문과 비즈니스에 있어서의 현대적인 관행의 결과이다. 사람들은 종종 특정한 분야의 전문가가 되도록 교육을 받는다. 이로써 사실상 자신의 분야에 대한 모든 것을 배울 수 있다. 하지만 모든 시간을 그러한 영역에서 보내기 때문에, 다른 분야에 대해서는 많이 배우지를 못한다.

W Professor: Have you ever encountered a person who knew, uh, who knew an incredible amount of information about a relatively obscure topic? Yeah, you have, right? But interestingly enough, that person probably lacked knowledge in other fields, even those that were somewhat related to his or her field of expertise. We call this technical incapacity.

When I was a student, one of my English professors was an absolutely brilliant Shakespearean scholar. I mean, uh, he knew everything there was to know about Shakespeare and his era. However, he couldn't teach any classes on modern English literature. Why is that? Well, he was incapable of doing so because he pretty much ignored modern English literature and focused instead on the literature of Shakespeare's time.

Here's another example. My husband works for a cellphone manufacturing company. The company employs lots of engineers who design and build the phones. These phones are impressive, but they need user's manuals for customers to be able to use them properly. Anyway, my husband's company decided to let the engineers write the user's manuals. Big mistake. The engineers only knew how to write by using technical jargon, so the end result was user's manuals that were, well, unreadable to the general public. The engineers were incapable of writing in regular English since they never did it.

교수: 비교적 잘 알려져 있지 않은 주제에 대해, 어, 믿을 수 없을 정도로 많은 정보를 알고 있는 사람을 만나본 적이 있나요? 그래요, 만나본 적이 있죠, 그렇죠? 하지만, 흥미롭게도, 그러한 사람은 다른 분야, 심지어 자신의 전공과 어느 정도 관련이 있는 분야에 대한 지식이 아마 부족할 거예요. 우리는 이를 기술적 무능이라고 부릅니다.

제가 학생이었을 때, 영문과 교수님 중 셰익스피어에 대해 정말 박학다식하신 분이 한 분 계셨습니다. 제 말은, 어, 그 분께서는 셰익스피어와 그 당시에 대해 알아야 하는 모든 것들을 알고 계셨죠. 하지만, 현대 영문학 수업을 가르치시지는 않으셨습니다. 왜 그랬을까요? 음, 그 분은 현대 영문학은 거의 무시하셨고, 대신 셰익스피어 시대의 문학에 집중하셨기 때문에 그러실 수가 없었습니다.

또 다른 예가 있습니다. 제 남편은 휴대 전화 제조 업체에서 일을 합니다. 이 회사는 전화기를 디자인하고 제조하는 많은 엔지니어들을 고용하고 있습니다. 이러한 전화들은 인상적이지만, 여기에는 소비자들이 이를 적절히 사용할 수 있도록 해 주는 사용자 설명서가 필요합니다. 어쨌든, 제 남편의 회사에서는 엔지니어들로 하여금 사용자 설명서를 작성하도록 하는 결정을 내렸습니다. 큰 실수였죠. 엔지니어들은 전문 용어를 사용하여 글을 쓰는 법만 알고 있었기 때문에, 최종 결과로, 음, 일반 대중들이 읽을 수 없는 사용자 설명서가 나오게 되었습니다. 엔지니어들은 그래 본 적이 전혀 없었기 때문에, 일반적인 영어로 글을 쓸 수가 없었습니다.

Sample Response p.71

강의에서, 교수는 사람들이 특정한 일을 하지 못하게 되는 두 가지 방식에 대해 설명하고 있다. 그녀가 말하는 첫 번째 예는 그녀의 옛 영문과 교수에 관한 것이다. 교수는 그가 셰익스피어에 대해서는 모든 것을 알고 있었으나,

현대 영문학 수업은 가르칠 수 없었다고 말한다. 그 이유는 그것에 대해 많이 공부하지 않았기 때문에 그에게는 그러한 종류의 문학을 가르칠 능력이 없었던 것이다. 그가 포함한 두 번째 예는 남편의 회사에서 있었던 하나의 사건에 관한 것이다. 엔지니어들은 휴대 전화에 대한 사용자 설명서를 작성해야 했다. 하지만, 엔지니어들은 일상 영어를 잘 사용할 수가 없었기 때문에, 전문 용어를 사용해 설명서를 썼다. 따라서 대부분의 사람들이 설명서를 이해할 수 없었다. 이러한 예들은 기술적 무능이라고 불리는 개념을 나타내 준다. 그것은 자신의 전문 분야와 밀접한 관계가 있는 것을 하지 못하거나 알지 못하는 것이다.

Ecology: Wetland Animals

M Professor: Wetlands are regions with a significant amount of moisture in the land yet aren't oceans, lakes, or ponds. Wetlands are, however, usually located near an ocean, lake, or river system. Swamps and bogs are wetlands. These places have unique ecological systems in that both land and water animals dwell in them. Let me give you some examples of their diverse animal life.

Believe it or not, some shark species lay their eggs in coastal wetlands. They lay their eggs in the shallow waters of these wetlands in order to protect their young from the dangers that lurk in the open ocean. Sharks frequently lay their eggs in tropical wetlands near the Atlantic Ocean. What they do is visit the wetlands during the spring and summer months and then lay their eggs. Later, the eggs hatch, and the baby sharks remain in the wetlands for some time while they feed in relative safety and grow stronger. Once they are more mature, they head out to live in the open ocean.

Birds also utilize wetlands as places to feed and to take shelter. The sandpiper is one notable species that does these activities. In North America, sandpipers migrate south in the fall and north in the spring. Some species migrate up to 30,000 kilometers . . . That's an impressive distance. Well, during their migrations, entire flocks of sandpipers descend upon wetlands to feed. Wetlands have a wide variety of insect and invertebrate life, like worms, upon which the sandpipers gorge themselves. They also rest in the wetlands to prepare for the continuation of their migration. Once full and rested, they continue with the next stage of their journey.

교수: 습지대는 상당한 양의 수분을 가지고 있는 지역이지만, 바다나, 호수, 혹은 연못은 아닙니다. 습지는, 하지만, 보통 바다, 호수, 혹은 강 근처에 위치해 있죠. 소택지와 습원이 습지대입니다. 이러한 지역에는 육상 동물과 해양 동물 모두 살고 있다는 점에서 독특한 생태를 이루고 있습니다. 이곳에서의 다양한 동물들의 삶에 대해 몇 가지 예를 들어보도록 하겠습니다.

믿기 힘들겠지만, 일부 상어 종들은 해안가의 습지대에서 알을 낳습니다. 광활한 해양에 잠복해 있는 위험 요소들로부터 새끼를 보호하기 위해 이러한 습지대의 얕은 수역에서 알을 낳는 것이죠. 상어들은 종종 대서양 연안 열대 지방의 습지대에서 알을 낳습니다. 그들이 하는 것은 봄과 여름 동안 습지대를 찾아 알을 낳는 것입니다. 이후, 알이 부화하면, 새끼 상어들은 일정 기간 동안 습지대에 머물게 되는데 비교적 안전하게 먹이를 먹으며 보다 튼튼해집니다. 보다 성숙해지면, 새끼 상어들은 밖으로 나가서 광활한 바다에서

살게 됩니다.

새들 또한 먹이를 먹고 몸을 피할 수 있는 장소로 습지를 이용합니다. 이렇게 하는 주목할 만한 종은 깝짝도요입니다. 북미에서, 깝짝도요는 가을에 남쪽으로 이동하고 봄에는 북쪽으로 이동합니다. 일부 종들은 30,000킬로미터까지 이동을 하기도 하죠... 굉장한 거리입니다. 음, 이동 중에, 깝짝도요의 무리 전체는 먹이를 먹기 위해 습지대로 내려옵니다. 습지에는 다양한 곤충들 및 땅벌레와 같은 무척추 생물들이 살고 있는데, 깝짝도요들은 이들을 배불리 먹어댑니다. 또한 이동을 계속하기 위한 준비를 하기 위해 이들은 습지대에서 휴식을 취하기도 합니다. 배를 불리고 휴식을 취한 후에 그들은 다음 여정을 계속하게 됩니다.

교수는 습지대를 이용하는 두 종의 동물들을 언급하고 있다. 그가 논하는 첫 번째 종은 상어이다. 습지대는 일반적으로 바다 근처에서 찾아볼 수 있기 때문에, 상어들은 종종 대서양 근처 열대 지방의 습지를 찾는다. 그곳에서, 상어들은 알을 낳는다. 이후, 알이 부화하면, 새끼 상어들은 얼마 동안 습지대에 머무른다. 습지는 새끼 상어들에게 안전한 곳이기 때문에, 새끼 상어들은 그곳에서 먹이를 먹으며 성장할 수가 있다. 나이를 먹고 몸집이 충분히 커지면, 상어는 그곳을 빠져나와 바다로 가게 된다. 교수가 언급하는 두 번째 종은 새의 한 종류인 깝짝도요이다. 이 새는 북쪽과 남쪽으로 이동을 하며 매우 긴 거리를 날아간다. 이동하는 동안, 깝짝도요는 종종 습지대에서 머무른다. 먹이를 먹는 장소로 습지대를 이용하기 때문에, 이들은 거기 있는 여러 곤충들과 무척추 생물들을 잡아먹는다. 그들은 또한 이동을 계속할 수 있을 정도가 될 때까지 휴식도 취한다.

Actual Test 07

TASK 1 · INDEPENDENT TASK
How to Get to Destinations

› DRIVE TO DESTINATIONS

목적지까지 운전해 가는 데는 몇 가지 이점이 있다. 예를 들어, 당신은 당신이 원할 때는 언제든 떠날 수 있다. 나의 부모님은 두 분 모두 자기 차로 출근하신다. 그들에게는, 준비가 되면 언제든 그냥 떠나기 때문에 매우 편리하다. 다른 이점은 운전을 함으로써, 사람들은 목적지까지 가장 빠른 길로 갈 수 있다. 나의 가족이 여행을 할 때, 우리는 가는 곳이 어디든지 곧장 운전한다. 그것은 우리가 시간을 절약하게 해 준다. 단점으로는, 사람들이 피곤하고 스트레스를 받을 때, 운전은 매우 위험할 수 있다. 그런 상황에서는, 많은 사고가 일어나는 경향이 있다. 운전은 또한 돈이 많이 든다. 휘발유의 가격이 오르면, 일주일마다 한 번이나 두 번씩 차에 기름을 채우는 데는 너무 많은 돈이 든다.

› TAKE PUBLIC TRANSPORTATION

나는 대중교통을 타는 것에 대한 몇 가지 이점에 대해 말하겠다. 먼저, 많은 버스는 운전할 수 있는 전용 도로를 가지고 있어서 거의 교통 체증에 갇히지 않는다. 그것은 버스를 타는 것이 운송의 빠른 방법을 보증한다는 것을 의미한다. 둘째, 사람들이 버스나 지하철 같은 대중교통을 탈 때, 그들은 이동 중에 어떤 것이든 할 수 있다. 예를 들어, 그들은 읽고, 일하고, 또는 공부할 수 있다. 하지만 단점 또한 있다. 대중교통이 항상 사람들을 그들의 목적

지까지 곧장 데리고 가는 것은 아니다. 그래서, 그들은 다른 버스나 지하철로 갈아타야 하거나 최종 목적지까지 걸어가야 할 수도 있다. 이는 시간이 걸리고 짜증날 수 있다. 덧붙여, 러시아워에는 앉을 좌석을 찾는 것은 거의 불가능하기 때문에, 대부분의 사람들은 이동하는 중에 서 있다.

TASK 2 · INTEGRATED TASK
Fall Play Canceled

READING   p.78

가을 연극 취소

애석하게도 우리 드라마 부서는 올해 가을 연극을 취소하게 되었습니다. 연극은 11월 30일 토요일에 상연될 일정이었습니다. 학생들은 셰익스피어의 오델로를 연습하고 있었습니다. 하지만, 2명의 주인공을 포함한 4명의 학생들의 갑작스레 배역을 떠남으로써, 공연을 그야말로 할 수 없게 되었습니다. 새로운 학생들이 대사를 준비하기에는 남은 시간이 충분치 않습니다. 불편을 드려 죄송합니다. 또한 우리는 매우 열심히 작업한 배역을 맡은 남은 부원들에게도 매우 죄송합니다.

LISTENING   🎧 07-03

W Student: I can't believe it.

M Student: What? What happened?

W: The play I have been rehearsing all semester was just canceled.

M: Huh? What's going on? You were supposed to perform a week from now, weren't you?

W: That's right. Basically, some of the performers weren't happy with the director, so they suddenly quit. But, uh, I mean, the school doesn't need to cancel the play.

M: How can you put on a play without performers?

W: The actors and actresses all have understudies. They learn the lines and how to perform in case the regular actors can't perform. So we clearly have people who can act every role.

M: That's weird. Then why did the Drama Department cancel the play?

W: My guess is that the director is worried the understudies won't do a good job. But that shouldn't matter. Lots of us have worked hard to get ready for the performance. By canceling the play, all of our effort has been wasted. That's not right, and that's not fair. It might not be the best performance, but we should still be able to put one on.

여학생: 믿을 수 없어!

남학생: 뭔데? 무슨 일이야?

여학생: 학기 내내 연습해 온 연극이 취소됐어.

남학생: 뭐? 무슨 일인데? 일주일 후에 공연하기로 되어 있었지, 그렇지 않아?

여학생: 맞아. 원래, 몇몇 공연자들이 감독을 좋아하지 않았고, 그래서 그들이 갑자기 그만뒀어. 하지만, 어, 내 말은, 학교가 공연을 취소할 필요까지는 없었어.

남학생: 공연자들 없이 어떻게 상연할 수 있어?

여학생: 배우들은 다 대역이 있어. 그들은 대사와 정규 배우가 공연할 수 없을 경우에 어떻게 공연할지를 배워. 우린 분명히 모든 역할에 연기할 수 있는 사람들이 있어.

남학생: 좀 이상하다. 왜 드라마 부서는 연극을 취소한 거야?

여학생: 내 생각에 감독님은 대역이 잘 하지 못할까 걱정하는 것 같아. 하지만 그건 문제가 안돼. 우리들은 공연 준비를 위해 열심히 일해 왔어. 연극 취소는 우리의 모든 노력을 헛되게 만든 거야. 그건 옳지 않아, 그건 공평하지 않아. 최고의 공연은 아닐지도 모르지만, 우린 여전히 상연할 수 있어.

Sample Response   p.79

남자와 여자는 드라마 부서에서 한 발표에 대해 대화를 나누고 있다. 발표는 학생 연극인 오델로가 취소되었다고 언급한다. 이유는 몇몇 출연자들이 갑자기 그만두어 다른 학생들이 대사를 연습할 충분한 시간이 없기 때문이다. 여자는 드라마 부서의 결정에 강하게 반대한다. 먼저, 그녀는 모든 배우들에게 대역이 있다는 것을 지적한다. 대역들은 갑자기 공연할 필요가 있을 경우를 위해 다른 배우들의 대사를 배운 사람들이다. 두 번째, 여자는 감독이 아마도 대역들이 잘하지 못할 것을 염려했을 거라고 말한다. 하지만 그녀는 공연을 하지 않으면 출연진들의 노력이 헛될 것이라고 믿는다. 그녀는 연극이 취소된 것은 남은 학생들에게 불공평하다고 덧붙인다.

Psychology: Hindsight Bias

READING   p.80

사후 확증 편향

사후 확증 편향은 과거의 사건이 얼마나 중요했는지 또는 왜 그것이 그것이 일어난 방식으로 일어났는지를 인지하는 행동이다. 몇 가지 사건들이 이미 일어난 후에, 일부 사람들은 그들이 그런 사건들이 일어날 것을 알았고 그것들이 실제로 예측 가능했다고 주장한다. 과거 사건의 발생이 명백했다고 주장하는 이런 사람들은 사후 확증 편향을 겪고 있다. 이는 인지 편향의 한 유형으로 대단히 충격적인 사건들이 발생한 후에 빈번히 일어난다. 그것은 비록 그들이 실제로 어떤 일이 벌어질지 알 수 없었음에도 불구하고 자신이 예측하지 못한 어떤 일에 대해 사람들이 스스로를 책망하게 만든다.

LISTENING   🎧 07-05

M Professor: Have you ever looked back at a past event, uh, particularly one which was unusual or unexpected, and said something like, "I knew that was going to happen," or, "It was obvious, so why didn't I act differently?" If you've done that, you were almost surely suffering from hindsight bias.

I've got a friend who works in the financial world. He has been involved in it for three decades. He's very good at his job but doesn't always get things right. When he gets something wrong, he often feels guilty about it. He'll tell himself that he should have recognized the warning signs, so it's his fault he didn't sell a certain stock.

For instance, he was working during the Dotcom Bubble back in the 1990s. That happened right after the Internet started taking off. Numerous companies associated with the Internet were seeing their stock prices rise dramatically. Then, the market crashed. People lost fortunes. Afterward, lots of people—one of them being my friend—declared that they should have seen it coming, but that's just hindsight bias at work. The same thing happened more recently during the financial crisis of 2008. So many people blamed themselves for not noticing what was coming. Well, sure, in hindsight, the signs are obvious, but almost nobody could have predicted what would happen.

교수: 여러분은 과거 사건, 어, 특히 흔치 않거나 예상치 못한 사건을 되돌아보고, "그런 일이 벌어질 걸 알았어."라거나 "그것은 자명했는데, 왜 나는 다르게 행동하지 않았을까?"라는 식으로 말한 적이 있나요? 여러분이 그런 적이 있다면, 여러분은 거의 확실하게 사후 확증 편향을 겪은 것일 거예요.

저는 금융계에서 일한 친구가 있는데요. 그는 30년 동안 발을 들여놓고 있어요. 그는 일을 무척 잘하지만 언제나 일이 잘 돌아가는 것은 아니에요. 일이 잘못될 때, 그는 종종 자신에 대해 가책을 느껴요. 그는 경고 신호를 알아채야 했고 특정 주식을 팔지 않은 것은 자기 잘못이라고 스스로에게 말할 겁니다.

예를 들어, 그는 1990년대에 닷컴 버블 기간 동안 일하고 있었어요. 그 일은 인터넷이 급격히 인기를 얻기 시작한 직후에 벌어졌죠. 인터넷 관련 많은 기업들은 자신의 주가가 급격하게 오르는 것을 보고 있었습니다. 그 후, 시장이 붕괴했어요. 사람들은 거금을 잃었죠. 나중에, 많은 사람들, 그 중의 한 명이 제 친구인데요, 자신들이 그것이 오는 것을 알았어야 했다고 말했지만 그것은 단지 직장에서의 사후 확증 편향이에요. 같은 일이 더 최근에 2008년 금융 위기 동안 일어났습니다. 아주 많은 사람들이 무엇이 다가오고 있는지 알아채지 못한 것에 대해 자신을 탓했어요. 음, 물론, 지나고 나서 보면, 신호들은 명백하지만, 어떤 일이 일어날지 예측할 수 있는 사람은 거의 아무도 없습니다.

Sample Response

p.81

교수는 금융계에서 일해 온 자신의 친구가 겪은 몇 가지 경험들에 대해 수업에서 말한다. 그는 자기 친구가 일하면서 어떤 것에 대해 잘못했을 때, 죄책감을 느끼며 왜 어떤 일이 일어날지 깨닫지 못했는지 자문한다고 언급한다. 교수는 두 가지 예를 제시한다. 첫째, 그는 1990년대의 닷컴 버블에 대해 말한다. 이는 시장이 갑자기 붕괴했을 때 일어났으며, 인터넷 주식 가치가 사람들로 하여금 거금을 잃게 만들었다. 둘째, 그는 2008년의 금융 위기를 언급한다. 두 경우 모두, 교수의 친구는 자신이 경고 신호들을 알아채고 무슨 일이 벌어질지 깨달았어야 했다고 주장한다. 하지만 교수는 자기 친구는 사후 확증 편향을 겪고 있었다고 말한다. 이는 사람들이 어떤 대단히 충격적이거나 놀라운 사건들이 예측 가능했고 비록 예측할 어떤 방법도 없었지만 그들이 그런 사건들이 발생할 것을 알았어야 한다고 주장할 때 일어난다.

Biology: Bird Eye Positions

LISTENING 07-07

W Professor: One element crucial to the survival of many species is the ability to see properly. A simple examination of birds' eyes and the positions on their heads will easily demonstrate this. Birds have two types of eyes, which are determined based upon their positions on the birds' heads.

Some birds have their eyes in the front of their heads so that they look straight forward like human eyes do. Birds with these eyes have two main advantages. The first is that they can see far distances, and the second is that they have greater depth perception. These benefits are useful for predatory birds such as owls, hawks, and eagles. In fact, all birds of prey have forward-positioned eyes. By being able to see far distances, they can spot prey while flying high in the sky. By having better depth perception, they can more easily judge the distance to their prey as they swoop down to make a kill.

Yet the majority of birds have eyes on the sides of their heads. These are prey animals. The positioning of their eyes gives them the ability to see a broader area around them, which lets them spot approaching danger more quickly. So if a predator is coming from the side or even from behind, birds with side-positioned eyes are likely to spot them. Interestingly, these birds have problems seeing straight ahead. But birds have compensated for this by tilting their heads to the side and bobbing their heads back and forth. They do that in order to see straight ahead and therefore to be able to identify danger approaching from that direction.

교수: 많은 종에 있어서 생존에 필수적인 한 가지 요인은 적절히 볼 수 있는 능력입니다. 새의 눈과 이러한 눈이 머리에 있는 위치를 잠시 살펴보면 그러한 점이 쉽게 드러날 것입니다. 새에게는 두 가지 종류의 눈이 있는데, 이는 눈이 새의 머리 중 어디에 있는가에 따라 결정됩니다.

일부 새들은 머리의 앞쪽에 눈이 있고, 따라서 인간의 눈이 그러한 것처럼 바로 정면을 보게 됩니다. 이러한 눈을 가지고 있는 새들에게는 두 가지 주된 이점이 존재합니다. 첫째는 멀리 볼 수 있다는 점이고, 둘째는 보다 뛰어난 거리 감각을 지니고 있다는 점입니다. 이러한 이점은 올빼미, 매, 그리고 독수리와 같은 맹금류들에게 유용합니다. 실제로, 모든 종류의 맹금류들의 눈은 앞쪽에 있습니다. 멀리 볼 수 있으므로, 하늘 높이 나는 동안에도 먹이를 발견할 수가 있습니다. 뛰어난 거리 감각을 지니고 있기 때문에, 먹이를 급습하여 사냥을 할 때 먹이까지의 거리를 보다 손쉽게 판단할 수 있습니다.

하지만 다수의 새들은 머리의 측면에 눈을 가지고 있습니다. 이들은 피식 동물들입니다. 그러한 눈의 위치로 인해 주위의 보다 넓은 지역을 볼 수가 있는데, 이로써 보다 빠르게 위험이 접근한다는 점을 탐지할 수가 있습니다. 따라서, 포식자가 측면에서 혹은 후방에서 다가오면, 눈이 옆에 달려 있는 새들은 이들을 감지해 낼 것입니다. 흥미롭게도, 이러한 새들은 정면을 바로 주시하는 것에 어려움을 겪습니다. 하지만 머리를 기울이고 앞뒤로 빠르게 움직임으로써 그러한 점을 보완하고 있습니다. 정면을 보기 위해, 따라서 앞쪽에서 다가오는 위험을 확인하기 위해서 그렇게 하는 것이죠.

Sample Response p.83

강의에서, 교수는 새의 눈이 있는 두 가지 위치에 대해 설명한다. 첫 번째 위치는 머리의 앞쪽이다. 이러한 새들은 인간과 마찬가지로 정면을 향한 눈을 가지고 있다. 교수는 이러한 눈을 가진 새들이 올빼미, 매, 그리고 독수리와 같은 포식 동물이라는 점을 언급한다. 그녀에 따르면, 이와 같은 눈으로 인해 새들은 멀리 떨어져 있는 물체를 볼 수 있으며 거리 감각도 뛰어나게 된다. 이러한 두 가지 특징의 결합은 새들이 높은 하늘에서 사냥을 하고 더 쉽게 먹이를 포획할 수가 있게 한다. 두 번째 위치는 머리의 옆쪽이다. 교수는 이러한 눈을 가진 새들이 피식 동물이라고 말한다. 그러한 눈의 위치 때문에, 이런 새들은 양 측면을 잘 볼 수 있고 심지어는 후방도 볼 수 있게 된다. 하지만 그들의 앞을 잘 보기 위해서는 머리를 기울이거나 위아래로 흔들어야 한다.

Actual Test 08

TASK 1 · INDEPENDENT TASK
Children's Cellphone Usage

Sample Response   p.86

› AGREE

나는 오늘날 어린 아이들이 휴대 전화를 너무 많이 사용하고 있다는 점에 전적으로 동의한다. 나는 두 가지 이유로 인해 이렇게 느낀다. 먼저, 나는 요즘 어린 아이들이 휴대 전화를 사용하는 것을 항상 본다. 예를 들어, 버스를 탈 때, 버스에 탄 사실상 모든 어린 아이들이 다양한 방식으로 휴대 전화를 사용하고 있다. 몇몇은 통화를 하거나 다른 이들에게 문자 메시지를 보낸다. 그리고 그들 중 많은 수가 자신의 소셜 미디어 사이트를 업데이트하거나 친구들이 속한 사이트를 읽고 있다. 게다가, 많은 어린 아이들이 휴대 전화를 이용하여 게임을 한다. 요즘에는 매우 많은 온라인 게임들이 있고, 아이들은 항상 그런 게임들을 한다. 불행하게도, 많은 아이들이 이런 게임에 중독되어 있고 게임을 하느라 시간을 낭비한다.

› DISAGREE

나는 오늘날 어린 아이들이 휴대 전화를 너무 많이 사용하고 있다는 점에 동의하지 않는다. 나는 두 가지 이유로 인해 이렇게 느낀다. 먼저, 나는 전화 통화를 하고 있는 아이들을 거의 보지 못한다. 사실, 많은 내 친구들에게는 남동생과 여동생이 있다. 그들의 부모들이 자신의 아이들에게 휴대 전화를 사 주지 않기 때문에, 친구의 동생들은 휴대 전화를 가지고 있지도 않다. 게다가, 많은 경우, 어린 아이들은 전화를 사용하여 자신들의 부모님과 통화를 할 뿐이다. 예를 들면, 내 부모님께서는 내 누이 동생에게 휴대 전화를 주셨다. 하지만 동생은 부모님과 통화를 할 때나 혹은 긴급 상황 시에만 전화를 사용하도록 허락된다. 그녀는 전화로 다른 사람들과 통화를 하는 것은 허락받지 못했다.

TASK 2 · INTEGRATED TASK
Fall Break

READING   p.88

편집자님께,

저는 지금부터 학교 측이 가을 방학 실시를 고려해야 한다고 주장하고 싶습니다. 이러한 방학은 학기 중간의 일주일 동안 이루어질 수 있을 것입니다. 저는 10월 말 실시를 제안합니다. 이미 봄 학기 동안 일주일간의 방학이 있기 때문에 학생들에게 가을 방학을 주는 것은 논리적으로 보입니다. 이러한 짧은 휴식으로 학생들은 휴식을 취하고, 가족들을 만나고, 그리고 밀린 과제를 할 수 있는 기회를 갖게 될 것입니다. 학교 측이 저의 제안을 받아들이기를 바랍니다.

Rohit Pappu
3학년

LISTENING   🎧 08-03

W Student: I have to confess that this letter writer makes a lot of sense. A one-week fall break would be just the thing that we need.

M Student: I think you're right.

W: I know I am. After all, spring break arrives at precisely the right time. By the beginning of April, I'm utterly exhausted. Taking one week off then lets me recharge my batteries, so I can finish the semester strongly. A break at the end of October would help me out considerably.

M: Yeah, and think about the freshmen, too.

W: Oh, good point. I remember the fall semester of my freshman year. I was overwhelmed by my courses. If I had been able to take a one-week break, it would have let me get caught up with my homework and studies.

M: How was your GPA that semester?

W: It was my worst in three years here. Maybe if the school had given us a fall break, my grades wouldn't have been so low.

M: I'm certain that mine would have been higher as well.

여학생: 이 편지를 쓴 사람의 말이 옳다고 인정해야 할 것 같아. 일주일의 가을 방학은 우리가 필요로 하는 것일 거야.

남학생: 네 말이 옳다고 생각해.

여학생: 나도 그래. 어쨌거나, 봄 방학은 정확히 적절한 시간에 찾아오잖아. 4월 초에는 정말 지치거든. 일주일을 쉰다면 내 배터리가 충전될 수 있을 테니 나는 학기를 힘차게 마칠 수가 있을 거야. 10월 말 방학은 내게 큰 도움이 될 것 같아.

남학생: 그래, 그리고 신입생들도 생각해 봐.

여학생: 오, 좋은 지적이야. 내가 신입생이었던 때의 가을 학기가 기억나. 강의들 때문에 어찌할 바를 몰랐어. 일주일 간의 방학이 있었다면, 밀린 과제와 학업을 할 수 있었을 텐데.

남학생: 그 학기에 평점이 어땠어?

여학생: 여기서의 3년 동안 최악이었지. 아마 학교에서 가을 방학을 실시했다면, 내 학점이 그렇게 낮아지지는 않았을 거야.

남학생: 내 학점도 확실히 더 높았을 거야.

Sample Response   p.89

남자와 여자는 대학 신문의 편집자에게 보낸 편지에 대해 이야기한다. 편지를 쓴 사람은 학교 측이 일주일 간의 봄 방학과 마찬가지로 일주일 간의 가을 방학을 실시해야 한다고 믿는다. 여자는 그 제안에 찬성하며 두 가지 이유를 든다. 첫 번째 이유는 그녀가 봄 방학이 얼마나 유용한지를 언급하고 있기 때문이다. 그녀에 의하면, 봄 방학이 찾아오는 시기에, 그녀는 매우 지쳐 있다. 결과적으로, 봄 방학으로 쉴 수가 있어서 학기의 나머지 기간 동안에도 잘 지낼 수 있다. 그녀는 가을 방학이 동일한 효과를 가져올 것으로 생각한다. 여자가 제시하는 두 번째 의견은, 그녀가 신입생 때 가을 학기 동안 혹사 당했다는 것이다. 그녀는 당시 가장 낮은 평점을 받았다. 그녀는 가을 방학이 있었다면 자신의 평점을 더 높이는데 도움이 되었을 것이라고 주장한다.

Economics: Opportunity Cost

READING   p.90

기회 비용

사람들은 한정된 시간, 한정된 에너지, 그리고 한정된 돈을 가지고 있다. 인생에서, 사람들은 다양한 활동에 참여한다. 종종, 두 개 혹은 그 이상의 활동 사이에서 선택을 한다. 시간, 에너지, 그리고 돈을 어떻게 할당할 것인지는 기회 비용이라고 지칭된다. 예컨대 어떤 사람이 노동과 같은 하나의 활동을 할 때, 그 사람은 친구를 만나는 것과 같은 다른 활동에는 참여할 수 없다. 따라서 사람들은 종종 다른 것을 희생하면서 한 가지 활동에 대한 기회 비용을 고려한다. 선택과 연관된 긍정적 및 부정적 요인들을 먼저 고려한 다음, 무엇을 할 것인지를 결정한다.

LISTENING 🎧 08-05

M Professor: All of us are busy people and have many things to do. But since there are only twenty-four hours in a day, we usually can't do everything that we want. We have to make decisions to do one activity at the expense of another.

Consider your lives as college students. You have a test the next day, but some of your friends invite you to go out to dinner with them. If you choose to stay home and study for the test, the opportunity cost of that is missing an evening out with your friends. But if you opt instead to go out with your friends and don't bother studying, the opportunity cost could be a good grade on your exam. You can't do both. You have to choose one.

Opportunity cost is commonly related to money. Imagine that you have thirty dollars in your pocket. You're hungry, so you could go out to dinner at a restaurant and spend the thirty dollars there. Or you could go to the supermarket and buy enough food to have several meals. How do you decide what to do? Well, you consider the opportunity cost of both actions and then figure out which one benefits you the most.

교수: 우리 모두는 바쁜 사람들이고 해야 할 일들도 많습니다. 하지만 하루에 24시간만이 있기 때문에, 보통 원하는 모든 것을 할 수는 없습니다. 다른 것을 희생하고 한 가지 활동을 하겠다는 결정을 내려야만 하는 것이죠.

대학생으로서의 여러분의 생활을 생각해 보세요. 다음 날에 시험이 있지만, 친구 중 몇몇이 함께 밖에서 저녁을 같이 먹자고 초대를 합니다. 집에 있으면서 시험 준비를 하겠다고 하면, 그에 대한 기회 비용은 친구들과의 저녁 약속을 놓치는 것이 됩니다. 하지만 그 대신 친구들과 함께 밖에 나가서 공부에 대해 신경을 쓰지 않는다면, 그에 대한 기회 비용은 시험에서의 좋은 결과가 될 것입니다. 둘 다를 할 수는 없습니다. 하나만 선택해야 하는 것이죠.

기회 비용은 일반적으로 돈과 연관됩니다. 여러분이 주머니에 30달러를 가지고 있다고 상상해 보십시오. 배가 고프기 때문에, 식당으로 저녁을 먹으러 가서 그곳에서 30달러를 소비할 수도 있습니다. 아니면 슈퍼마켓으로 가서 몇 끼의 식사를 하기에 충분한 식품을 구입할 수도 있습니다. 무엇을 할 것인지 어떻게 결정을 내리나요? 음, 여러분은 두 행동에 관한 기회 비용을 고려한 다음 어떤 행동이 가장 큰 이익을 가져다 주는지를 알아볼 것입니다.

Sample Response p.91

교수는 학생들이 기회 비용에 근거하여 결정을 내릴 수 있는 두 가지 방식에 대해 강의한다. 첫 번째로, 교수는 다음 날 시험이 있지만 저녁 식사에 초대된 한 학생에 관해 말한다. 집에서 공부를 하는 것에 대한 기회 비용은 저녁 식사를 놓치는 것이고 밖에 나가는 것에 대한 기회 비용은 공부를 하지 못해서 좋은 성적을 받지 못하는 것이다. 다음으로, 교수는 30달러를 가지고 있는 한 학생에 관해 말한다. 교수는 이 학생이 식당에서의 저녁 식사에 모든 돈을 쓰는 것과 슈퍼마켓에서 더 많은 식품에 돈을 쓰는 것 사이에서 결정을

내려야 한다고 말한다. 이러한 예들은 기회 비용이라고 불리는 개념을 보여준다. 그것은 개인이 무엇을 할 것인지에 대한 결정을 내릴 때 고려해야 하는 어떤 것이다. 한 번에 두 가지의 것을 할 수는 없기 때문에, 무언가를 할 것인지 선택을 할 때, 기회 비용은 그럴 수 있었을 다른 행동이 된다.

Biology: Animal Defenses

LISTENING 🎧 08-07

M Professor: All animals, no matter how big or small, face the possibility of being attacked. Resultantly, they have developed a wide variety of defenses. We can categorize the measures they employ to protect themselves as either active or passive.

Active defenses consist of ways in which animals can fight back against their attackers. Claws, sharp teeth, and horns are three such examples of active defenses. For instance, many species of bulls have horns that they use to gore their attackers. The rhinoceros also has a ferocious-looking horn in the middle of its head which it uses to fight animals that threaten or provoke it. And countless animals, including members of the cat family, wolves, foxes, and bears, employ their teeth and claws in fights. Due to these active defenses, animals don't always have to flee when they are attacked but may instead stand their ground and fight.

Now, passive defenses are quite different. First and foremost is flight. Many animals—especially prey animals—flee at the first sign of danger, and some of them have, uh, remarkable speed that usually allows them to escape. Deer, antelopes, and gazelles come to mind when thinking about swift animals. A more unique passive defense is that some animals actually play dead. The opossum and the grass snake are two animals that do that. What they do is, uh, when faced with a predator and no means of escape, they roll over on the ground and act like they're dead. Since many predators only eat animals that they themselves have killed, this can be an effective defense. When the predator departs, the animal rises and makes its escape.

교수: 모든 동물들은, 그 크기가 크건 작건 간에, 공격을 받을 가능성에 직면해 있습니다. 그 결과, 이들은 매우 다양한 방어 수단들을 발달시켜 왔습니다. 우리는 동물들이 적극적으로 혹은 소극적으로 자기 자신을 보호하기 위해 사용하는 수단들을 분류할 수 있습니다.

적극적 방어 수단은 동물들이 공격자들과 맞서 싸우는 방식들로 이루어집니다. 발톱, 날카로운 이빨, 그리고 뿔은 적극적 방어 수단의 세 가지 예가 됩니다. 예를 들면, 많은 종의 황소들은 공격자를 찌르는데 사용하는 뿔을 가지고 있습니다. 코뿔소 또한 자신을 위협하거나 자극하는 동물들과 싸우는데 사용되는 무시무시한 뿔을 머리 중앙에 지니고 있습니다. 그리고 고양이과 동물들, 늑대, 여우, 그리고 곰을 포함한 수많은 동물들이 이빨과 발톱으로 싸움을 합니다. 이러한 적극적 방어 수단 덕분에, 동물들이 공격을 받을 때 항상 달아나야 하는 것은 아니며, 대신 물러서지 않고 맞서 싸울 수도 있습니다.

자, 소극적 방어 수단은 이와 상당히 다릅니다. 가장 중요한 것은 달아나는 것입니다. 많은 동물들이 – 특히 피식 동물들은 – 위험 징후가 나타나자마자 달아나는데, 그 중 일부는, 어, 놀라운 속도를 가지고 있어서 대개 포식자들로부터 몸을 피할 수가 있습니다. 빠른 동물들을 생각하면 사슴, 영양,

그리고 가젤이 머리 속에 떠오르는군요. 보다 독특한 소극적 방어 수단은 일부 동물들이 실제 죽은 척을 한다는 것입니다. 주머니쥐와 풀뱀이 그렇게 하는 두 동물들입니다. 이들이 하는 것은, 어, 포식자와 대면해서 달아날 방법이 없는 경우, 땅에 넘어져서 마치 죽은 척하는 행동입니다. 많은 포식자들이 직접 죽인 동물만을 잡아먹기 때문에, 이는 효과적인 방어 수단이 될 수 있습니다. 포식자가 멀어지면, 이러한 동물들은 몸을 일으켜 달아납니다.

Sample Response   p.93

그의 강의에서, 교수는 동물들이 공격자들로부터 자신을 보호하기 위해 사용하는 두 가지 유형의 방어에 대해 이야기한다. 첫 번째는 적극적 방어 수단이다. 교수는 발톱, 날카로운 이빨, 그리고 뿔을 언급한다. 그는 이러한 방어 수단을 사용하는 몇몇 동물들의 이름을 말한다. 그는 황소와 코뿔소가 뿔을 가지고 있다고 한다. 또한 그는 고양이, 늑대, 그리고 기타 동물들도, 달아나는 대신 이빨과 발톱을 사용하여 싸운다고 말한다. 두 번째 유형은 소극적 방어이다. 소극적 방어 수단의 첫 번째 유형은 달아나는 것이다. 사슴, 영양, 그리고 가젤과 같은 동물들은 매우 빠르기 때문에, 포식자들로부터 달아날 수 있다. 하지만 일부 동물들은 달아나는 대신 죽은 척을 하기도 한다. 주머니쥐와 풀뱀이 그렇다. 이들은 포식자를 보면 넘어져서 죽은 척을 한다. 많은 포식 동물들은 이미 죽어 있는 동물을 공격하지 않는다. 따라서 이들은 죽은 척하는 동물들을 공격하지는 않을 것이다.

Actual Test **09**

TASK 1 · INDEPENDENT TASK
Cooking Classes for High School Students

Sample Response   p.96

› AGREE

나는 요리 수업이 고등학생들에게 중요하리라 생각하기에 그 진술에 찬성한다. 내가 이렇게 느끼는 데는 두 가지 이유가 있다. 첫 번째 이유는 요리는 모두가 필요로 하는 필수적인 기술이다. 요리를 못하는 사람은 계속 외식을 해야 하고, 그것은 돈이 많이 든다. 20대인 내 사촌은 요리를 배웠고, 이제 혼자 산다. 그녀는 내게 늘 식당에서 밥을 먹는 그녀의 친구들보다 훨씬 많은 돈을 절약할 수 있다고 말했다. 두 번째 이유는 학생들은 요리 수업을 하면서 다른 기술을 배울 수 있다. 예를 들어, 그들은 재료를 측정해야 하기 때문에 수학을 배운다. 그들은 또한 특정 재료들이 같이 섞였을 때 무슨 일이 벌어지는지를 알아내기 때문에 화학을 배운다.

› DISAGREE

나는 요리하는 방법을 배우는 것이 고등학생들에게 필요하디고 생각하지 않기 때문에 그 진술에 반대한다. 내가 왜 요리 수업이 필요하다고 믿지 않는지 두 가지 이유를 말하겠다. 먼저, 대부분의 사람들은 집에서 요리를 배운다. 내 동생들과 나는 부모님에게 요리를 배웠다. 그들은 우리가 어렸을 때 부엌에서 우리가 돕도록 했고, 그래서 우리 모두는 다양한 요리를 만들 수 있다. 우리에게 요리 수업은 불필요하다. 두 번째, 사람들은 요즘 요리하는 법을 배울 필요가 없다. 사람들이 슈퍼마켓과 편의점에서 구입할 수 있는 이미 만들어져서 나오는 식사들이 많이 있다. 이런 식사들은 영양가가 높고 맛있을 뿐 아니라 저렴하기도 하다.

TASK 2 · INTEGRATED TASK
Changes to Summer School Program

READING   p.98

여름 학기 프로그램 변경

여름 학기 참가를 늘리려는 노력으로 올해는 두 가지 변화가 생겼습니다. 첫째, 여름 학기에서 가르치는 모든 강좌의 가격이 25퍼센트 할인될 것입니다. 정규 학생과 시간제 학생 모두 더 낮은 가격의 대상입니다. 둘째, 우리는 올 여름 다른 대학교들에서 저명한 교수단과 함께 하는 강좌를 제공할 것입니다. 예를 들어, 유명한 소설가인 Emma Darvish는 영문 학부에서 창의적인 작문 강좌를 가르칠 것인 반면, Faber 대학의 Larry McDonald 박사는 화학 학부에서 강좌를 가르칠 것입니다. 다른 초빙 교수들은 추후에 안내될 것입니다.

LISTENING   🎧 09-03

W Student: Isn't this great news about summer school?

M Student: It sure is. I'm really looking forward to attending classes this summer.

W: So am I. What are you looking forward to?

M: Well, I knew I was going to attend summer school but hadn't made up my mind about which classes to take. I'm definitely planning to register for Emma Darvish's class now. I can't wait to be taught by such an outstanding writer.

W: Even though I'm an engineer, I'm going to try to register for her class, too.

M: You should. I hope to author a novel someday, so this course could be integral to my development as a writer.

W: Good luck.

M: I'm also pleased to find out that the price of tuition will decrease. I'll still need to find a part-time job to pay for my classes, but I won't have to work as many hours as I had been planning to.

W: That's a good thing.

M: You can say that again. Now, I'll be able to relax a bit during summer instead of studying and working all the time.

여학생: 이건 여름 학기에 대한 굉장한 소식이지 않니?

남학생: 확실히 그래. 이번 여름에 수업을 듣는 게 정말 기대가 돼.

여학생: 나도 그래. 넌 뭘 기대하고 있니?

남학생: 음, 난 내가 여름 학기에 출석할 것은 알았지만 어떤 수업들을 들을지는 정하지 못했어. 난 당연히 지금 Emma Darvish의 수업을 등록할 예정이야, 어서 빨리 그런 뛰어난 작가에게 배우고 싶어.

여학생: 난 공학도지만, 나 역시 그녀의 수업을 등록할 예정이야.

남학생: 넌 그래야 해. 난 언젠가 소설을 쓰고 싶고 이 강좌가 작가로서 내 발전에 필수적일 수도 있어.

여학생: 행운을 빌어.

남학생: 학비가 줄 것이라는 것을 알게 된 점도 기뻐. 여전히 수업을 위해서 아르바이트를 해야 하지만, 계획했던 것만큼 많은 시간을 일할 필요가 없을 거야.

여학생: 잘 됐네.

남학생: 동감이야. 이제 내내 공부하고 일하는 대신 여름에 조금 느긋하게 쉴 수 있을 거야.

남자와 여자는 여름 학교에 대한 학교의 공지에 대해 자신들의 의견을 나누고 있다. 공지에 따르면, 유명한 교수들이 그 곳에서 가르칠 것이다. 게다가, 여름 학교의 학비가 정규 및 시간제 학생들에게 25% 감면될 것이다. 남자는 공지에 대해 긍정적인 의견을 가지고 있으며 자신의 의견에 대해 두 가지 이유를 제시한다. 우선, 그는 창작 강의를 듣는 것에 굉장히 기쁘다고 말한다. 그 이유는 그가 언젠가 소설을 쓰고 싶고 저명한 작가한테 배우는 강의를 들을 수 있는 훌륭한 기회이기 때문이다. 두 번째로 그는 여름에는 풀타임으로 일할 필요가 없을 것이다. 그가 설명하기를 25% 할인 덕분에, 그가 (돌아오는 여름) 할지도 몰랐던 시간만큼의 일을 하지 않아도 된다. 따라서, 남자는 여름 학교에 대한 공지에 대해 긍정적인 의견을 가지고 있다.

Zoology: Aggressive Mimicry

공격적 모방

모방은 다른 종의 행동이나 외모를 흉내내는 식물, 동물, 또는 일부 다른 종류의 유기체를 포함한다. 많은 경우, 피식자 종은 자신들이 포식자들에게 덜 매력적이기 위해 종종 더 위험한 다른 종들을 모방한다. 하지만, 포식자 또한 자신이 먹이를 훨씬 쉽게 포획하게 하기 위해 모방을 이용한다. 그들은 어떤 식으로든 덜 위험해 보이기 위해 스스로를 위장한다. 그러면 그들은 훨씬 잘 사냥할 수 있다. 공격적 모방은 악어 거북이나 아귀, 사마귀의 일부 종들과 파리지옥풀과 같은 동물들에 의해 행해진다.

W Professor: Okay, so, that's how some prey animals use mimicry to prevent themselves from being eaten by predators. Now, uh, I bet you'd be surprised to hear that some predators actually make use of mimicry so that they can catch prey better. Really. It's true. Here are two examples.

This little creature up here on the screen is the margay. It's a wild cat that's a bit larger than the average housecat. It can be found in forested areas in large parts of Central and South America. It's a really sneaky animal because of this one trick it does. It's capable of imitating the distress call of a baby pied tamarin. When adult monkeys come to see what the problem is, the margay attacks them. It's an easy way to get a meal.

Do you see this insect here . . . ? It's an orchid mantis, uh, a species of praying mantis. As you can guess from both the picture and its name, it prefers to stay on orchids. But notice how colorful the mantis is. In fact, it's actually more colorful than the flowers it's sitting on. Why is that important . . . ? Because of its brightness, it's highly attractive to pollinators such as bees. But when unsuspecting bees get too close, the mantis is able to catch and eat them.

교수: 좋아요. 그러니까, 그것이 몇몇 피식 동물들이 포식자들에 의해 먹히는 것으로부터 자신을 보호하기 위해 모방을 사용하는 방법이에요. 이제, 어,

일부 포식자들이 먹이를 더 잘 잡기 위해 실제로 모방을 사용한다는 것을 들으면 여러분들이 놀랄 거라고 확신해요. 진짜로요. 사실이에요. 여기 두 가지 예가 있습니다.

화면 위쪽에 있는 이 작은 생물은 얼룩살쾡이에요. 일반적인 집고양이보다 조금 더 큰 야생 고양이죠. 그건 중앙아메리카와 남아메리카의 많은 삼림 지역에서 발견됩니다. 그것은 그것이 행하는 이 한 가지 속임수 때문에 아주 교활한 동물인데요. 그것은 새끼 얼룩무늬 타마린의 구조 호출을 흉내 낼 수 있어요. 다 자란 원숭이들이 무슨 문제인지 보려고 왔을 때, 얼룩살쾡이는 그들을 공격합니다. 식사를 해결하는 쉬운 방법이죠.

여기... 이 곤충이 보이나요? 난초 사마귀로, 어, 사마귀 종의 하나인데요. 사진과 이름에서 짐작할 수 있듯이, 그것은 난초에 가만히 있기를 좋아해요. 하지만 그 사마귀가 얼마나 알록달록한지 주목해 보세요. 사실, 실제로 앉아 있는 꽃보다 더 화려하죠. 이것이 왜 중요할까요...? 그 선명함 때문에 그것은 벌 같은 꽃가루 매개자에게 대단히 매력적이에요. 하지만, 의심하지 않는 벌이 너무 가까이 가면, 사마귀는 그것을 잡아 먹을 수 있게 됩니다.

강의에서, 교수는 두 포식자인 얼룩살쾡이와 난초 사마귀에 대해 말한다. 그녀는 얼룩살쾡이는 야생 고양이로 중앙아메리카와 남아메리카 숲에 산다고 언급한다. 그것은 종종 새끼 원숭이의 구조 신호를 흉내냄으로써 사냥한다. 다 자란 원숭이가 그들이 새끼 원숭이라고 믿는 것을 도와 주기 위해 도착했을 때, 얼룩살쾡이는 그들을 공격하고 먹는다. 둘째, 그녀는 난초 사마귀에 대해 말한다. 이것은 사마귀의 일종으로 난초에서 산다. 그것은 자신이 머무는 꽃보다도 더 알록달록해서 벌 같은 꽃가루 매개자들에게 매력적이다. 벌이 너무 가까워졌을 때, 사마귀는 그것을 잡아 먹을 수 있다. 이 두 동물 모두 공격적인 모방을 사용한다. 모방은 한 유기체가 다른 것의 행동이나 외모를 흉내낼 때 발생한다. 포식자들은 덜 위험해 보임으로써 공격적 모방을 활용하고, 그들은 더 잘 그리고 더 효과적인 사냥꾼이 될 수 있다.

Physiology: Improving Memory

M Professor: As people get older, they often find that their memories don't work as well as they did in the past. It's definitely true for me. At times, I'll find that I, uh, I just can't recall simple things that I once could easily remember. You don't need to worry though. There are ways you can improve your memory. Let me explain.

The best way is to use your brain. You need to exercise your brain by stimulating it in a variety of ways. First, you can utilize your brain by learning something new. Now, uh, don't do something you're already good at as that won't do anything for your brain. Instead, learn a new skill such as a foreign language. You could also do challenging or complicated mental activities. For instance, learn to play a musical instrument and then try playing difficult pieces. Learn how to dance or how to play a thinking-person's game such as chess. By doing something both new and difficult, you'll be able to give your brain an excellent workout. And that will improve your memory.

In addition to giving your brain mental exercise, you should also engage in physical exercise. Why is that? Hmm

. . . First, if you engage in aerobic exercise, it will increase blood flow throughout the body, including to the brain. That will help you considerably. Exercise additionally reduces the amount of stress hormones in your body and can stimulate new connections between the neurons in your brain. If you do exercise that requires hand-eye coordination, such as, uh, such as playing baseball, you'll improve your brain's health as well, and that will let you improve your memory.

교수: 사람들이 나이가 들수록, 그들은 종종 자신의 기억력이 과거에 그랬던 것처럼 잘 작동되지 않는 것을 알게 되요. 그건 확실히 저에게도 그런데요. 가끔, 저는 제가, 어, 한 때는 쉽게 기억할 수 있었던 간단한 것들을 기억해내지 못한다는 걸 알게 되죠. 하지만 여러분은 걱정할 필요가 없어요. 여러분의 기억력을 향상시킬 수 있는 방법들이 있거든요. 제가 설명해 드리죠.

가장 좋은 방법은 여러분의 뇌를 사용하는 거예요. 여러분은 다양한 방법으로 뇌를 자극하면서 자신의 뇌를 훈련시킬 필요가 있어요. 첫째, 여러분은 새로운 것을 배움으로써 여러분의 뇌를 활용할 수 있습니다. 이제, 어, 여러분의 뇌를 위해 어떠한 일도 하지 않을 것이니 여러분이 이미 잘하는 것은 하지 마세요. 대신, 외국어 같은 새로운 기술을 배우세요. 여러분은 또한 도적적이고 복잡한 정신 활동을 할 수도 있을 겁니다. 예를 들어, 악기 연주하는 것을 배우고 어려운 작품을 연주하려고 해 보세요. 춤추는 법을 배우고 체스처럼 사고력 게임을 하는 법을 배우세요. 새로울 뿐 아니라 어려운 것을 함으로써, 여러분은 뇌가 놀라운 운동을 하게 할 수 있을 거예요.

여러분의 뇌에 정신 운동을 주는 것에 더해, 여러분은 신체 훈련에도 참여해야 합니다. 왜 그럴까요? 음... 첫째, 에어로빅 운동에 참여하면, 뇌를 포함한 몸 전체에 혈액 분류(奔流)가 증가해요. 그것은 여러분을 상당히 도와줄 거예요. 추가적으로 하는 운동은 여러분 몸의 스트레스 호르몬의 양을 감소시키고 뇌의 신경 세포 사이의 새로운 연결을 자극할 수 있습니다. 여러분이, 그러니까, 어, 야구 같은, 손과 눈의 동작을 일치시키는 능력을 요구하는 운동을 한다면, 여러분의 뇌 건강 또한 향상될 것이고, 이것은 여러분의 기억력을 향상시키게 할 거예요.

Sample Response   p.103

교수는 기억력을 향상시키는 방법에 대해 강의한다. 그는 자신이 예전에 그랬던 것처럼 잘 기억하지 않는다고 언급하며 시작한다. 그리고, 그는 사람들이 자신의 기억력을 향상시키는 것이 가능하다고 말한다. 그는 정신 운동을 통해 뇌를 자극하는 것에 대해 이야기를 시작한다. 그는 학생들에게 그들이 이미 알고 있는 것을 하는 대신에 그들 뇌에 도전이 될 일을 요구하라고 충고한다. 그들은 외국어를 공부하고, 춤추거나 악기를 연주하거나, 체스를 두는 것을 배움으로써 그렇게 할 수 있다. 그들이 생각하게 하는 어떤 것이든 기억력을 향상시킬 것이다. 교수는 그리고 나서 신체 운동이 뇌에 도움이 될 수 있다고 주장하는 것으로 넘어간다. 그에 따르면 에어로빅 운동은 피가 더 많이 뇌로 흐르게 할 수 있다. 운동은 스트레스 호르몬을 줄이고 뇌의 신경 세포 사이의 새로운 연결을 만든다. 마지막으로, 손과 눈의 동작을 일치시키는 능력을 요구하는 운동은 전반적인 뇌 건강을 향상시키고 그렇게 함으로써, 사람들의 기억력을 더 좋아지게 한다.

Actual Test 10

TASK 1 · INDEPENDENT TASK
Traveling

Sample Response   p.106

› ONE PLACE

여행을 할 때, 나는 주로 대부분의 시간을 한 장소에서 보낸다. 나는 두 가지 이류로 이렇게 한다. 첫째, 나는 관광하는 것을 정말로 좋아하지 않는다. 대신, 여행을 할 때, 나는 쉬기를 원한다. 관광을 하며 여행을 하면 지치게 된다. 따라서 나는 해변가와 같은 하나의 장소를 방문해서 그곳에서 쉬는 것을 더 좋아한다. 다음으로, 한 곳만 여행하는 것이 더 저렴하다. 예를 들면, 나는 예전에 로마로 여행을 간 적이 있었다. 멋진 여행이었고 많은 돈이 들지 않았다. 유럽의 5개 도시로 여행을 한 내 친구보다 훨씬 더 비용이 적게 들었다. 그녀는 재미있게 놀았지만, 내가 쓴 것의 두 배의 금액을 썼다.

› MANY PLACES

여행을 할 때, 나는 주로 여러 다양한 장소를 방문한다. 나는 두 가지 이유로 이렇게 하는 것을 좋아한다. 첫째, 휴가 기간이 그렇게 길지가 않다. 사실, 내가 여행할 수 있는 시기는 일 년에 2주뿐이다. 따라서 여행을 할 때 가능한 많은 곳을 방문해 보고 싶다. 그렇게 함으로써, 나는 짧은 시간 내에 두 개 혹은 세 개의 국가를 방문할 수 있다. 다음으로, 나는 쉽게 싫증을 낸다. 예를 들어, 나는 이틀 이상 같은 장소에 머무르면 정말로 지루해진다. 따라서 어딘가를 가서, 관광을 하고, 그리고 다른 장소로 이동을 하는 것을 좋아한다.

TASK 2 · INTEGRATED TASK
Changing Fall Orientation

READING   p.108

편집자님께,

우리 학교는 신입생 및 편입생들을 위해 개강 후 이틀 동안 가을 오리엔테이션을 개최하는 오랜 정책을 유지해 오고 있습니다. 저는 이러한 정책이 잘못되었다고 믿습니다. 대신, 가을 오리엔테이션은 개강 일 주일 전, 여름 방학 동안에 개최되어야 할 것입니다. 이렇게 함으로써, 신입생들은 오리엔테이션 행사와 수업 사이에서 차질을 빚지 않게 될 것입니다. 모든 오리엔테이션 행사에 참가할 수 있게 됨으로써, 그러한 학생들은 지금보다 더 빨리 이곳 City 대학의 생활에 익숙해질 수 있게 될 것입니다.

Peter Laurel
4학년

LISTENING   🎧 10-03

W Student: I don't understand why this student wants orientation to begin during summer vacation.

M Student: I totally agree with you. I mean, first of all, students are busy during summer. For instance, I work part time during vacation, so if I had to come to school a week early, I'd lose one week's salary. I couldn't afford to give up that much money. I'm sure others feel the same way.

W: As for me, I wouldn't want my vacation to end any earlier than it already does.

M: You can say that again.

W: Did you even go to the orientation events when you were a freshman?

M: I went to one, but I found it pretty useless, so I skipped the rest of them. And I didn't have any trouble adjusting to life on campus.

W: Same here. I had almost no use for the information they provided.

M: In addition, the school's website is fairly comprehensive, so students should be able to get enough information from that. You know, they could probably get rid of orientation completely, and virtually no one would complain.

여학생: 이 학생은 오리엔테이션이 여름 방학 때 시작되기를 바라고 있는데, 나는 그 이유가 이해가 안 가.

남학생: 전적으로 네 말에 동의해. 내 말은, 무엇보다, 학생들이 여름에는 바쁘다는 것이야. 예를 들면, 나는 방학 동안에 아르바이트를 하기 때문에, 일주일 앞서서 학교에 와야 한다면, 일주일치의 급여를 받지 못하게 될 거야. 내게 그렇게 많은 돈을 포기할 수 있는 여유는 없거든. 다른 학생들도 같은 느낌일 것이라고 확신해.

여학생: 나로서는, 단지 방학이 평소보다 더 빨리 끝나게 되는 것을 원하지 않을 뿐이야.

남학생: 정말 그렇지.

여학생: 네가 신입생이었을 때, 오리엔테이션 행사에 가 본 적이 있니?

남학생: 한 번 갔는데, 하지만 꽤 필요가 없는 것 같아서, 나머지 행사들은 빠졌어. 그리고 대학 생활에 적응하는데 아무런 문제를 겪지 않았지.

여학생: 나도 그래. 거기서 제공하는 정보들이 거의 쓸데없는 것이었어.

남학생: 게다가, 학교 웹사이트가 상당히 포괄적이어서, 학생들은 그곳에서 충분한 정보를 얻을 수가 있어. 알겠지만, 아마도 오리엔테이션이 완전히 폐지될 수도 있을 것이고, 사실상 아무도 그에 대해 불평을 하지 않을 수도 있어.

Sample Response
p.109

남자와 여자는 학교 신문의 편집자에게 보낸 편지에 대해 대화한다. 편지의 필자는 학교 측이 학기 시작 일주일 전에 가을 오리엔테이션을 개최해야 한다고 요청한다. 남자는 두 가지 이유로 편지 필자의 의견을 좋아하지 않는다. 첫 번째로 그는 여름 방학 동안 학생들이 바쁘다고 주장한다. 그에 의하면, 그는 여름에 아르바이트를 한다. 그에게는 일을 그만두고 일주일치의 급여를 포기할 여유가 없을 것이다. 그는 다른 학생들도 같은 기분일 것이라고 확신한다. 게다가, 남자는 오리엔테이션이 필요 없다는 점을 인정한다. 그는 한 행사에만 갔고 다른 행사들에는 가지 않았다. 그는 심지어 학교 측이 오리엔테이션을 폐지할 수도 있을 것이며 이에 학생들 누구도 부정적으로 말하지 것이라는 점을 언급한다.

Biology: Mutualism

READING
p.110

상리 공생

상리 공생은 일종의 공생이다. 공생은 종이 다른 두 개의 생물들이 일정한 종류의 관계를 맺고 있을 때 이루어진다. 일부 경우, 공생 관계는 해를 끼치지도 한다. 하지만 상리 공생에 있어서는 그렇지가 않다. 상리 공생에서, 관계를 맺고 있는 두 생물들은 모두 긍정적인 혜택을 얻는 동시에, 서로에게 아

무런 해도 끼치지 않는다. 이러한 혜택은 보통 직접적이지만, 그 특성상 간접적일 수도 있다. 많은 경우, 서로 다른 계에 – 예컨대 식물계와 동물계에 – 속하는 생물들이 상호 호혜적인 관계를 맺고 있다.

LISTENING
🎧 10-05

M Professor: I think it's fascinating to see how various species of organisms live together and manage to help each other out. Let me provide you with a few examples.

One of the most common examples happens every spring and summer. I'm sure you've all noticed the bees that buzz around from flower to flower, right? Well, bees and flowers have a relationship involving mutualism. You see, the flowers provide nectar for the bees, which gives them nourishment. And when the bees extract the nectar from the flowers, some grains of pollen get attached to the bees' bodies. When the bees fly to other flowers, some of this pollen falls off and then, uh, pollinates these flowers. As you can see, both species benefit.

A really fascinating relationship exists between the crocodile and the Egyptian plover, which is a bird. This bird actually flies into the crocodile's wide-open mouth, where it pecks away at the rotting meat in between the crocodile's teeth. So the plover benefits by getting a free meal. The crocodile, meanwhile, doesn't eat the plover, something it could do rather easily. Instead, it benefits by having the rotting meat, which could cause it problems later, removed. Again, both species benefit from the relationship.

교수: 얼마나 다양한 종의 생물들이 함께 살아가며 서로를 돕고 있는가를 지켜보는 것은 매우 흥미로운 일이라고 생각합니다. 몇 가지 예를 들어보도록 하겠습니다.

가장 일반적인 예 중의 하나는 매년 봄과 여름에 일어납니다. 저는 여러분 모두가 꽃들 사이를 날아다니는 벌들을 본적이 있을 것이라고 확신합니다, 맞나요? 음, 벌과 꽃은 상리 공생과 관련된 관계를 맺고 있습니다. 아시겠지만, 꽃들은 벌들에게 꿀을 제공해 주는데, 이로써 벌들은 영양분을 얻게 됩니다. 그리고 벌들이 꽃에서 꿀을 추출할 때, 일부 꽃가루들이 벌의 신체에 달라붙게 됩니다. 벌이 다른 꽃으로 날아가면, 이러한 꽃가루의 일부가 떨어져서, 어, 다른 꽃에 수분을 시킵니다. 아시겠지만, 양측의 종들이 혜택을 보는 것이죠.

정말로 흥미로운 관계는 악어와 악어물떼새 간의 관계인데, 악어물떼새는 새입니다. 이 새는 실제로 입을 벌리고 있는 악어의 입으로 날아가서, 악어의 이빨 사이에 끼어 있는, 썩어 가는 고기를 쪼아댑니다. 따라서 악어물떼새는 공짜 식사를 함으로써 혜택을 얻습니다. 악어는, 반면에, 악어물떼새를 잡아먹지 않는데, 악어는 이들을 쉽게 잡아먹을 수도 있을 것입니다. 그 대신, 악어는, 차후에 문제를 일으킬 수도 있는, 썩고 있는 고기가 제거됨으로써 혜택을 얻습니다. 또 다시, 이 두 종도 그러한 관계로부터 이익을 얻는 것이죠.

Sample Response
p.111

강의에서, 교수는 서로 다른 생물들이 어느 정도 서로 도움이 되는 관계를 맺는 두 가지 방식에 대해 이야기한다. 교수가 제공하는 첫 번째 예는 벌과 꽃을 포함한다. 교수는 벌들이 꽃 사이를 날아다니며 식물들이 만들어 내는 꿀을 얻는다고 말한다. 그 꿀은 벌들에게 영양분을 제공한다. 그러면 벌들은

꽃가루를 다른 꽃으로 옮겨 주는데, 이로써 꽃들은 수분이 된다. 교수가 논하는 두 번째 예는 악어물떼새와 악어 사이의 관계이다. 악어물떼새는 악어 이빨 사이에 끼어 있는 썩고 있는 고기를 먹고, 반면 악어는 그러한 고기를 제거할 수 있다. 이러한 방식으로, 동물들은 각각 혜택을 얻는다. 두 가지 예들은 상리 공생이라고 불리는 개념을 나타내 준다. 상리 공생은 두 생물 모두가 혜택을 얻고 서로에게 어떤 해도 끼치지 않는, 서로 다른 두 종의 생물 간의 관계로 정의된다.

Environmental Science: Burning Crop Residue

LISTENING   🎧 10-07

W Professor: After farmers harvest their crops, there are still parts of the plants remaining in the fields. Some farmers till those remains into the ground or remove them in other ways. But in many places around the world, farmers burn crop residue. For instance, farmers in Southeast Asia frequently burn the remainder of the rice plants in their fields while farmers in Africa burn the crop residue of numerous plants, too.

Unfortunately, doing this can result in various negative effects. One is that burning crop residue destroys what is essentially a protective layer for the soil. You see, uh, crop residue provides many advantages to the soil it's found on. It prevents erosion by both wind and water. It helps retain water in the soil. It provides places for animals, including field mice and birds, to live in. And as it decomposes, it deposits valuable nutrients into the soil. However, when farmers choose to burn their fields, they deprive the soil and their fields of all of those benefits.

Another problem with burning crop residue is that it slowly reduces the fertility of the soil. Now, uh, don't misunderstand. Occasionally burning crop residue won't dramatically harm the soil. I'm talking about long-term activities, such as, uh, continued burning of crop residue for twenty or thirty years. What happens is that there's a tremendous reduction in the amount of carbon and nitrogen in the soil. The amount of ammonium and phosphorus in the soil gets reduced as well. As a result, the health of the soil declines so much then that the only way to improve it is to add a significant amount of chemical fertilizer, and that comes with various disadvantages.

교수: 농부들이 작물을 수확한 후에, 들판에는 식물의 일부가 여전히 남아 있습니다. 일부 농부들은 그런 남은 것들을 땅에 경작하거나 다른 방법으로 그것들을 없애네요. 하지만 세계의 많은 곳에서 농부들은 작물 잔여물을 태워요. 예를 들어, 아프리카의 농부들은 또한 다수 식물들의 작물 잔여물을 태우는 반면 동남아시아의 농부들은 자주 자기 들판에 있는 벼의 나머지를 태웁니다.

불행하게도, 이렇게 하는 것은 다양한 나쁜 영향을 가져올 수 있어요. 하나는 작물 잔여물을 태우는 것은 사실상 토양의 보호층을 파괴합니다. 여러분도 아시겠지만, 어, 작물 잔여물은 그것이 발견되는 토양에 많은 이점을 제공합니다. 그것은 바람과 물 모두에 의한 침식을 막아줍니다. 그것은 토양에 물을 흡수하는 것을 돕습니다. 그것은 들쥐나 새를 포함한 동물들이 살 수 있는 장소를 제공해요. 분해되면서 그것은 토양에 가치 있는 영양소를 침전시

키죠. 하지만 농부들이 그 들판을 태우기로 선택했을 때, 그들은 토양과 자신의 들판에서 그런 모든 이점들을 빼앗게 됩니다.

작물을 태우는 것의 또 다른 문제는 작물 잔여물이 토양의 비옥함을 서서히 감소시킨다는 거예요. 자, 어, 오해하지 마세요. 가끔 작물 잔여물 연소는 토양에 급격하게 해를 끼치지는 않을 거예요. 저는 장기적인 활동들, 어, 20년이나 30년 동안 계속되는 작물 잔여물의 연소 같은 것에 대해 말하는 겁니다. 어떤 일이 일어나냐면, 토양의 탄소와 질소의 양이 엄청나게 감소하게 되요. 토양의 암모늄과 인의 양 역시 감소하게 되죠. 결과적으로, 토양의 건강이 너무 많이 악화되고, 그것을 향상시키는 유일한 방법은 많은 양의 화학 비료를 더하는 것인데, 이는 다양한 단점들이 따라옵니다.

Sample Response   p.113

강의에서 교수는 농부들에 의해 작물 잔여물이 태워지는 것에 대해 이야기한다. 그녀는 아프리카의 농부뿐 아니라 동남아시아의 농부들이 이것을 하는 것으로 알려져 있다고 말한다. 하지만, 그녀는 들판을 태우는 것은 두 가지 단점이 있다고 지적한다. 첫 번째는 들판의 작물 잔여물이 많은 이점을 가지고 있는 보호층을 제공한다는 것이다. 그것은 토양 침식을 막고, 토양에 수분이 유지시키며, 새, 쥐, 다른 동물들에게 살 곳을 제공하고, 분해되어 토양에 영양분을 더해 줄 수 있다. 하지만 농부들이 자기 들판을 태울 때, 작물 잔여물의 모든 장점들을 잃는다. 다음으로, 교수는 장기적인 작물 잔여물의 연소는 토양의 비옥함을 감소시킨다는 점을 언급한다. 이는 탄소, 질소, 암모늄과 인이 토양에서 대폭 감소되기 때문에 일어난다. 몇 년이 지나면, 그것을 다시 비옥하게 만들기 위해 화학 비료를 추가해야만 한다.

Actual Test 11

TASK 1 · INDEPENDENT TASK
An Extra Room at a School

Sample Response   p.116

› USE THE ROOM AS A LIBRARY

만일 새 건물에 여분의 공간이 있다면, 나는 그것을 도서관으로 사용하는 것을 택하겠다. 이런 의견을 가지는 데에는 두 가지 이유가 있다. 먼저, 학교에 도서관이 있다는 것은 학생들에게 책에 쉬운 접근을 하게 할 것이다. 예를 들어, 학생들은 공립 도서관에 감으로써 보다 학교 도서관에 방문함으로써 책을 읽을 가능성이 더 높다. 두 번째, 학생들은 공부를 하고 연구를 하기 위한 장소로 도서관을 사용할 수 있다. 그들이 참고 자료로 활용할 수 많은 책들이 있을 것이고, 도서관은 또한 조용하다. 이런 두 가지 이유 때문에, 나는 학교가 여분의 공간을 도서관으로 활용해야 한다고 믿는다.

› BUILD A COMPUTER LAB IN THE ROOM

만일 새 건물에 여분의 공간이 있다면, 나는 그 공간을 컴퓨터실로 이용하는 것을 택하겠다. 그것은 몇 가지 이유로 최고의 공간 활용이 될 것이다. 먼저, 많은 과제가 행해지고 온라인으로 제출된다. 예를 들어, 많은 학교에서 에세이를 (컴퓨터로) 입력해서 학급 웹사이트에 업로드하게 한다. 따라서, 새 컴퓨터실로 인해서, 학교는 더 많은 학생들을 수용할 수 있다. 두 번째, 학생들은 컴퓨터로 기술을 닦고 익힐 수 있다. 예를 들어, 학생들에게 제공되는 많은 코딩 프로그램들이 있다. 이런 두 가지 이유 때문에, 나는 학교가 여분의 공간을 컴퓨터실로 활용해야 한다고 믿는다.

› TURN THE ROOM INTO AN ARTS AND CRAFTS CENTER

만일 새 건물에 여분의 공간이 있다면, 나는 그 공간을 공예 센터로 바꾸는 것을 택하겠다. 그것은 몇 가지 이유로 최고의 공간 활용이 될 것이다. 먼저, 학생들은 그들의 취미를 발전시키고 즐길 기회를 갖게 된다. 예를 들어, 일부 학생들은 그림을 그리면서 자신의 스트레스를 완화시킨다. 두 번째로, 그것은 같은 흥미를 가진 다른 동료들과 어울릴 좋은 기회가 된다. 예를 들면, 함께 공예를 하면서, 학생들은 자신의 생각을 공유하고 함께 작업할 수 있다. 이런 두 가지 이유 때문에, 나는 학교가 여분의 공간을 공예 센터로 활용해야 한다고 믿는다.

TASK 2 · INTEGRATED TASK
New Courses to Be Taught

READING p.118

신규 강좌 개설

역사학과는 세 분의 새로운 교수들을 고용했다는 것을 발표하게 되어 기쁩니다. 그들은 Mary Ann Wilson, George Preston, and Eric Wallace입니다. Wilson 교수는 유럽 역사에 초점을 두고 있습니다. Preston 교수는 남미 역사학자이고, Wallace 교수는 고대 이집트와 메소포타미아뿐 아니라 로마와 그리스 전문가입니다. 각 교수는 한 학기에 두 개의 강좌를 가르칠 것입니다. 그들은 가을 학기에 신입 학년과 상위 학년 수준의 수업을 모두 가르칠 것입니다. 각각의 신규 수업에 대한 완전한 설명을 알기 위해서는, Robinson Hall의 303호에 있는 역사학과를 방문해 주십시오.

LISTENING 🎧 11-03

M Student: Bethany, you've heard about the new professors in the History Department, haven't you? What's your opinion of them?

W Student: You know, uh, I haven't met any of them yet, but I'm happy to see the department has brought in some new professors.

M: So am I, but I wonder why you feel that way.

W: For one thing, most of the history professors have been teaching there for years. They do the same classes year after year. Their courses are boring because they don't bother updating them with new material and don't use any new teaching methods. These new professors might teach more interesting classes.

M: Right. Some of the history classes I've taken recently have been, um . . . uninspiring.

W: Another thing is that we could really use an historian who focuses on ancient history.

M: That would be Eric Wallace, right?

W: Correct. The department doesn't have anyone who teaches anything before medieval times, and that's a huge problem. Professor Wallace will be able to teach students who want to learn about events that happened more than 2,000 years ago. I think that's important.

M: I agree.

남학생: 역사학과의 새로운 교수님들에 대해 들었지, 그렇지 않니, Bethany? 그 분들에 대해 어떻게 생각하니?

여학생: 알다시피, 어, 난 아직 그분들 중 누구도 만나지 못했지만 학부가 새 교수님들을 모신 것은 기뻐.

남학생: 나도 그래, 하지만 네가 왜 그렇게 느끼는지 알고 싶네.

여학생: 우선 한 가지 이유는, 대부분의 역사 교수님이 거기서 수년간 가르쳐 왔어. 매년 같은 수업을 하시지. 그 분들 강좌는 새 교재로 업데이트하지 않고 어떤 새로운 교수법도 활용하지 않기 때문에 지루해. 이 새 교수님들은 더 흥미로운 수업을 가르치실 지도 몰라.

남학생: 맞아. 최근 내가 들은 몇몇 역사 수업들은, 음... 흥미롭지 못했어.

여학생: 또 다른 이유는 우리가 고대 역사에 중점을 둔 역사학자를 이용할 수 있다는 점이야.

남학생: Eric Wallace 교수님 말이구나, 그렇지?

여학생: 맞아. 학부는 중세 이전의 어떤 것을 가르치는 사람도 없었고 그건 큰 문제야. Wallace 교수님은 2천 년도 더 전에 일어난 사건들을 배우고자 하는 학생들을 가르칠 수 있을 거야. 그건 중요하다고 생각해.

남학생: 맞아.

Sample Response p.119

남자와 여자는 역사학과에서 세 명의 새로운 교수들을 채용했다는 학교의 공지에 대해 의견을 나누고 있다. 공지에 따르면, 각 교수는 한 학기마다 두 개의 과목을 가르칠 것이다. 여자는 공지에 대해 긍정적인 의견을 표현하며 자신의 의견에 대해 두 가지 이유를 제시한다. 우선, 여자는 참신한 교육 방법을 활용할 수 있는 새로운 교수들이 오는 것에 기쁘다. 그녀는 현재 교수들은 참신한 강의 교재를 사용하지 않아서 그들의 수업이 다소 지루하다고 말한다. 둘째, 새로운 교수들 중 한 명은 고대사 전문가이다. 중세 시대 이전의 역사를 가르치는 사람이 아무도 없기 때문에, 고대 역사를 전문으로 하는 교수 아래에서 배우는 것은 학생들에게 훌륭한 기회이다. 따라서, 여자는 역사학과의 새로운 교수들의 채용에 대한 공지에 대해 긍정적인 의견을 가지고 있다.

Psychology: The Recency Effect

READING p.120

신근성 효과

대다수의 사람들은 더 먼 과거에 일어난 것들을 기억해 내는 것보다는 가장 최신의 사건들과 뉴스 스토리를 기억해 내는 경향이 있다. 결과적으로, 그들은 보통 더 새로운 사건들과 뉴스 스토리에 큰 중요성을 둔다. 많은 경우, 이런 사람들은 반복적인 사건들의 가능성을 과도하게 염려하거나 확신한다. 하지만, 그들은 반복적으로 발생하는 그러한 사건들의 개연성을 고려하는 것에는 실패한다. 이런 신근성 효과는 그들이 비논리적인 사고에 의거해 선택을 하기 때문에 사람들이 수준 이하의 결정을 내리게 할 수 있다.

LISTENING 🎧 11-05

M Professor: We all have biases. We might not realize it, but we do. One bias people have is that they frequently give more importance to recent events than they do to ones that happened in the past. Allow me to give you an example from this past summer.

Do you remember the shark attack that happened on the beach near here back in June? It was right at the start of the summer season. A swimmer got bitten by a shark and lost part of his leg. It was unfortunate, but he lived. As you know, the local economy is highly dependent on tourists, but it had an awful summer. The shark attack was the primary reason. People were terrified of going swimming because they were afraid of getting attacked by a shark.

But here's something that people simply forgot: Historically, this region averages one shark attack every ten years. People were therefore more focused on the recent event than they were on past events. If they had considered the history of this region, they would have realized that shark attacks are extremely rare, so it would be perfectly safe for them to swim at the beach. But tourists didn't do that, and lots of local businesspeople suffered economically because of the recency effect and what it did to potential visitors.

교수: 우리는 모두 편견을 가지고 있어요. 깨닫지 못할지도 모르지만, 우리는 그렇답니다. 사람들이 가진 하나의 편견은 그들이 빈번하게 과거에 일어난 것들에 그런보다 더 최근 사건들에 중요도를 부여한다는 것이죠. 금년 여름으로부터 예를 들어 볼게요.

6월에 이 근처 해변에서 발생한 상어 공격이 기억나나요? 여름철이 막 시작될 무렵이었죠. 한 수영하던 사람이 상어에게 물렸고 다리 일부를 잃었어요. 운이 없기는 했지만 그는 살아남았어요. 아시다시피, 지역 경제는 관광객들에게 크게 의존하고 있는데, 끔찍한 여름이었죠. 상어 공격이 주 원인이었어요. 사람들은 상어에게 공격 당하는 것이 두려워서 수영하러 가는 것에 겁을 먹었죠.

하지만 사람들이 단지 잊고 있는 것이 있는데요. 역사적으로, 이 지역은 평균 10년마다 한 번씩 상어 공격이 있었어요. 사람들은 그래서 그들이 과거 사건들에 그랬던 것보다도 더 최근 사건에 더 많이 주목했습니다. 만약 그들이 이 지역의 역사에 대해 고려했다면, 그들은 상어 공격이 극히 드물고, 그래서 해변에서 수영하는 것은 완벽하게 안전하다는 것을 깨달았을 거예요. 하지만 관광객들은 그러지 않았고, 신근성 효과와 그것이 잠재적 방문객들에게 한 일로 인해 많은 지역 사업가들은 경제적으로 고통받았어요.

Sample Response   p.121

교수는 여름에 발생한 상어 공격에 대해 말한다. 그것은 여름이 시작되었을 때인 6월에 일어났다. 교수에 따르면, 한 수영하는 사람이 상어에게 물렸지만, 죽지는 않았다. 교수는 지역 경제가 관광객들에 의존한다고 언급한다. 하지만, 여름 시즌은 끔찍했는데 사람들이 수영하러 가지 않았기 때문이었다. 그들은 상어가 자신들을 공격할까 두려워했다. 교수는 이런 사람들이 역사상의 상어 공격들은 고려하지 않고 최신 사건에 주목했다는 것을 지적한다. 그는 그 지역이 평균 10년에 한 번 상어 공격을 받았기 때문에 수영하기 안전했을 것이라 말한다. 그럼에도 불구하고, 사람들은 막 일어난 일에 대해서만 생각했기 때문에 해변을 방문하지 않았다. 이런 사람들은 신근성 효과를 범한 것이다. 이는 사람들이 과거에 일어난 것보다는 최신 사건들에만 주목할 때 발생한다. 신근성 효과 때문에, 사람들은 나쁜 결정을 내릴 수 있다.

Zoology: Characteristics of Marsupials

LISTENING   🎧 11-07

W Professor: Marsupials are a type of mammal believed to have evolved more than 140 million years ago. Today, there are approximately 300 species of marsupials, most of which reside either in Australia or North America. Among the best-known marsupials are the kangaroo, the koala, the wombat, and the opossum. Marsupials share a few characteristics which make them distinct from mammals.

One trait is that marsupial babies are frequently tiny at birth. In addition, because the gestation periods of most marsupials are very short, the babies are undeveloped when they're born. Let me give you an example. A joey is a baby kangaroo. When it's born after a thirty-three-day gestation period, it's tiny and undeveloped. It therefore climbs into a pouch in its mother's abdomen, where it continues to grow. A mother kangaroo's nipples are in her pouch, so the joey drinks milk there and develops further. The wallaby is another marsupial that, like the kangaroo, raises its young in a pouch.

Another interesting feature of marsupials is that they tend to have internal body temperatures which are about three degrees Celsius lower than those of mammals. It's possible this is caused in part by the slow metabolic rate which marsupials have. One result of this is that marsupials tend to be more restricted in the types of climates in which they live. Marsupials mostly dwell in places that have warm climates. The opossum, which can be found in North America, has made a comeback, so it now lives in many parts of the United States. It can even be found in parts of Canada, but it doesn't go too far north because it doesn't handle cold weather well.

교수: 유대목 동물들은 1억 4천만년 이상 전에 진화한 것으로 믿어지는 포유류 중 한 종류입니다. 오늘날, 약 300종의 유대목 동물들이 있는데요, 대부분은 오스트레일리아나 북아메리카에 거주합니다. 가장 잘 알려진 유대목 동물로는 캥거루, 코알라, 웜뱃, 그리고 주머니 쥐가 있어요. 유대목 동물들은 포유류와는 뚜렷이 다른 몇 가지 특징을 가집니다.

한 가지 특성은 유대목 동물의 새끼들은 흔히 태어날 때 아주 작아요. 게다가, 대부분의 유대목 동물들의 임신 기간이 아주 짧게 때문에 새끼들은 태어났을 때 미발달해 있죠. 예를 들어 볼게요. 새끼 캥거루는 캥거루의 새끼예요. 33일의 임신 기간 후에 태어났을 때, 그것은 아주 작고 미발달해 있지요. 그래서 어미의 배에 있는 새끼 주머니로 들어가서 그 곳에서 계속 자라게 됩니다. 어미 캥거루의 젖꼭지는 그녀의 새끼 주머니 안에 있어서 새끼 캥거루는 그 곳에서 우유를 마시고 더 성장합니다. 왈라비는 또 다른 유대목 동물인데요, 캥거루처럼 새끼를 새끼 주머니에서 키웁니다.

유대목 동물들의 또 다른 흥미로운 특징은 그들이 포유류의 체온보다 약 섭씨 3도 가량이 낮은 체내 온도를 가지는 경향이 있다는 거예요. 이는 유대목 동물이 가진 느린 기초 대사율에 의해 어느 정도는 야기되는 것이 가능합니다. 이로 인한 한 가지 결과는, 유대목 동물들은 그들이 사는 기후 형태가 더 제한적인 경향이 있다는 것이죠. 유대목 동물들은 대부분 따뜻한 기후를 가진 장소에 살아요. 북아메리카에서 발견되는 주머니쥐는 다시 돌아와서 미국의 많은 곳에 살고 있어요. 심지어 주머니쥐는 캐나다 곳곳에서 발견되는데요, 추운 날씨에 잘 대처할 수 없어서 북쪽으로 너무 멀리는 가지 않아요.

Sample Response   p.123

교수는 유대목 동물들과 그들을 포유류와 구분 짓는 그들의 두 가지 특징에 대해 강의한다. 그녀는 유대목 동물들이 1억 4천만년 전에 진화했으며 주머니쥐, 캥거루, 코알라, 그리고 웜벳이 그 일부라고 말한다. 유대목 동물들에 대해서, 그녀는 그들이 짧은 임신 기간을 가지고 있어서 새끼들은 미성숙하며 태어날 때 매우 작다는 것을 언급함으로써 시작한다. 그녀는 새끼 캥거루 즉, 캥거루의 새끼가 어미의 배 안에 있는 새끼 주머니로 들어가 그들이 더 자랄 때까지 거기서 우유를 마신다고 언급한다. 왈라비 또한 새끼가 성장할 수 있는 새끼 주머니를 가지고 있다. 다음으로, 교사는 유대목 동물들은 낮은 체온과 느린 기초 대사율을 가지고 있다고 말한다. 그런 것들은 유대목 동물들이 주로 따뜻한 기후에 사는 이유일지도 모른다. 그녀는 주머니쥐에 대해 이야기하는데, 주머니쥐는 북아메리카의 유대목 동물이다. 그것은 미국과 캐나다 곳곳에 사는데 그 곳에서 생존할 수 없기 때문에 추운 북쪽으로 너무 멀리는 살지 않는다.

Actual Test 12

TASK 1 · INDEPENDENT TASK

Listening to Music

Sample Response   p.126

> LIVE MUSICAL EVENTS

나는 라이브 음악 공연에 가는 것이 녹음된 음악을 듣는 것보다 훨씬 더 좋다고 믿는다. 이러한 의견을 갖는 것에는 두 가지 이유가 있다. 첫 번째 이유는 라이브 음악은 녹음된 음악보다 소리가 훨씬 더 좋다. 한 달 전에, 나는 록 콘서트에 갔는데, 그 음질에 놀랐다. 내게 있어서, 라이브 공연은 내가 가지고 있는 CD보다 훨씬 더 소리가 좋았다. 두 번째로, 나는 직접 공연을 보는 것을 좋아한다. 예를 들면, 때때로 라이브 공연 도중에 관객들은 가수들과 서로 영향을 주고받는다. 또한 몇몇 가수들은 녹음한 적이 없는 곡들을 들려 준다. 이는 직접 공연을 보는 것을 더 즐겁게 해 준다.

> RECORDED MUSIC

나는 라이브 음악 공연에 가는 것보다 녹음된 음악을 듣는 것이 훨씬 더 좋다고 믿는다. 이러한 의견을 갖는 것에는 두 가지 이유가 있다. 첫 번째 이유는 녹음된 음악은 항상 소리가 깨끗하다. 결과적으로, 녹음이 되어 있을 때 음악을 완벽히 들을 수 있다. 하지만 공연에서는, 관객들이 환호하고 때로는 노래를 따라 부르기 때문에, 가수의 노래를 똑똑히 듣기가 어렵다. 나는 그런 것을 전혀 좋아하지 않는다. 두 번째로, 나는 듣고 싶을 때마다 음악을 듣는 것을 좋아한다. 예를 들면, 나는 집에서, 버스에서, 그리고 돌아다니면서 음악을 듣는다. 하지만 라이브 음악은 특정한 시간과 장소에서만 들을 수 있다.

TASK 2 · INTEGRATED TASK

Banning Bicycles from Sidewalks

READING   p.128

편집지님께,

학교 측은 교내에서 자전거가 인도로 다니지 못하게 해야 합니다. 어제, 저는 인도에서 저를 지나치며 질주하는 자전거와 거의 충돌할 뻔 했습니다. 자전거를 타는 모든 사람들로 하여금 차도에서 타도록 해야 할 것입니다. 제 친구 중 다수가 자전거를 타는 사람들에 대해 동일한 불만을 가지고 있습니다. 그들은 보행자의 안전에 신경을 쓰지 않으며, 무모한 행동으로 수많은 사고를 일으킬 뻔 했습니다. 학교 측이 인도에서의 자전거 타기를 금지시키지 않는다면, 무고한 사람들이 다치게 될 심각한 사고가 곧 발생할 것이라고 확신합니다.

Emily Jenkins
3학년

M Student: You know, Emily Jenkins is one-hundred-percent correct. I can't stand those bicyclists and how they couldn't care less about safety.

W Student: I agree with you, but banning them from the sidewalks would be pointless.

M: What makes you say that?

W: Well, who's going to enforce the law? You can hardly ever find a policeman around here when you need one. Besides, with the crime problem we've got here on campus, I'd rather the cops watch out for thieves than hand out tickets to bicyclists.

M: But what if someone gets hurt?

W: Look, uh, I agree with you. I almost got run over by a bicyclist last week. I'm just saying that a ban wouldn't work.

M: Then what could we do?

W: Perhaps the school could put up some signs advising bicyclists to be more cautious. Those would serve as a warning. If the signs don't work, the school can ban bikes from sidewalks in the future. But the signs might be able to get the bicyclists to be more careful.

남학생: 알겠지만, Emily Jenkins의 말은 100% 맞아. 나는 그런 자전거를 타는 사람들 그리고 그들이 안전에 대해 별로 신경을 쓰지 않는 것을 정말 참을 수가 없어.

여학생: 네 말에 동의하지만, 인도에서 자전거를 타지 못하게 하는 것은 적절하지 않을 수도 있어.

남학생: 왜 그렇게 말하는데?

여학생: 음, 누가 그러한 규칙을 집행할 것이지? 경찰관이 필요한 경우에도 이곳 주변에서 경찰관은 거의 찾아볼 수가 없어. 게다가, 이곳 캠퍼스에서 범죄 문제가 있다면, 자전거 타는 사람에게 딱지를 발급하는 대신 도둑들을 감시하는 편이 더 좋을 거야.

남학생: 하지만 누군가가 다치면 어떻게 할 건데?

여학생: 봐, 어, 나는 네 말에 동의해. 나도 지난 주에 자전거의 거의 **부딪힐** 뻔했거든. 나는 단지 금지 조치의 효과가 없을 것이라고 말하고 있는 거야.

남학생: 그러면 무엇을 할 수 있을까?

여학생: 아마 학교 측에서 자전거를 타는 사람들을 위해 더 주의하라는 안내판을 세워 놓을 수 있을 거야. 경고의 기능을 하게 되겠지. 안내판의 효과가 없는 경우, 학교 측은 추후에 인도에서 자전거 타는 것을 금지시킬 수 있어. 하지만 안내판이 자전거를 타는 사람들로 하여금 더 주의를 기울이게 할 수 있을 거야.

Sample Response   p.129

남자와 여자는 학교 신문에 나온 편집자에게 쓴 편지에 관해 이야기한다. 편지의 필자는 학교 측이 인도에서의 자전거 타기를 금지하고 대신 도로에서 자전거를 타도록 해야 한다고 믿는다. 편지의 필자는 자전거를 타는 사람들의 신중하지 못한 행동 때문에 사람들이 다칠 것이라고 생각한다. 여자는 편지의 필자의 의견에 동의하지 않는다. 먼저, 그녀는 누가 금지를 집행할 것인지 궁금해한다. 그녀에 의하면, 그녀는 경찰이 자전거를 타는 사람들에게 딱지를 발부하는 대신 교내의 범죄자들을 붙잡기를 바란다. 다음으로, 여자는 인도에서 자전거 타기를 금지하는 조치를 실시하는 대신, 학교 측이 안내판을 세울 수 있을 것이라고 믿는다고 말한다. 이러한 안내판은 자전거를 타는 사람들로 하여금 더 주의하라는 경고를 할 수 있을 것이다. 만약 이것의 효과가 없다면, 추후에 금지 조치를 실시할 수도 있을 것이다.

Philosophy: Logical Consequences

READING   p.130

논리적 결과

논리적 결과는 사람들의 행동을, 특히 어린이들의 행동을 다룰 때 매우 중요하다. 행동은 반드시 결과로 이어지지만, 이러한 결과는 논리의 법칙을 따라야 한다. 예를 들면, 한 아이가 잘못된 행동을 했을 때, 처벌은 잘못된 행동에 적합한 것이어야 한다. 너무 심하거나 너무 너그러워서는 안 된다. 처벌은 또한 잘못된 행동과 관련이 있어야 한다. 당연하게도, 적절한 행동을 한 아이는 긍정적인 행동에 대해, 처벌이 아니라 보상을 받아야 한다. 이 또한 논리적 결과이다.

LISTENING   🎧 12-05

W Professor: Since you're all studying to become teachers, I need to give you a little advice for when you're actually in the classroom. You're going to have children who misbehave a lot. And you're going to have to use logic in how you punish them.

I used to teach elementary school children. I once had a girl named Mary who always wrote and drew pictures on her desk. I tried making her stay after school, but that didn't work. So one day, I simply gave her a bucket of water and a cloth and made her clean everyone's desk. The next day, she received the same punishment. Soon, she expected to receive that punishment, so she quit doing making marks on her desk.

However, before I taught Mary, I didn't think much about how to punish students properly. There was a boy named Tom in one of my classes. He used to talk a lot in class. Sometimes I would give him detention for talking. Other times, I'd make him clean the blackboard. And other times, I'd just ignore him and not punish him at all. In that case, there were no logical consequences when I kept changing his punishment. That's probably one of the reasons he continued talking in class. I was acting illogically, so he didn't know what to expect.

교수: 여러분 모두 교사가 되기 위해 공부를 하고 있으므로, 여러분이 실제 교실에 있는 경우에 대한 조언을 하나 해 드려야겠네요. 여러분에게는 크게 잘못한 아이가 있게 될 것입니다. 그리고 여러분은 아이들을 처벌하는 방식에 있어서 논리를 사용해야 할 것입니다.

저는 초등학생들을 가르쳐 본 적이 있습니다. 항상 책상에 글을 쓰거나 그림을 그리는 Mary라는 여자아이가 있었죠. 저는 방과 후에 그녀를 학교에 남게 해 보았지만, 효과가 없었습니다. 그래서, 어느 날, 저는 그녀에게 물이 들어 있는 양동이와 걸레를 주고서 모든 학생들의 책상을 닦으라고 시켰습니다. 그 다음 날, 그녀는 같은 벌을 받았습니다. 곧, 그녀는 그러한 벌을 받게 될 것을 예상해서, 책상에 낙서하는 것을 멈췄습니다.

하지만, 제가 Mary를 가르치기 전, 저는 어떻게 학생들을 적절히 벌할 수 있는지에 대해 많은 생각을 하지 못했습니다. 제 학급 중 하나에 Tom이라는

남자아이가 한 명 있었습니다. 그는 수업 중에도 말을 많이 했습니다. 때때로, 저는 떠드는 것을 이유로 그를 학교에 남게 했습니다. 다른 경우에는, 칠판을 지우게 하기도 했습니다. 그리고 또 다른 때에는, 단지 그를 무시하고 전혀 벌을 주지 않았습니다. 그러한 경우, 제가 벌을 계속 바꾸었을 때는, 아무런 논리적 결과가 없었습니다. 그것이 아마 그가 수업 중에 계속 떠들게 된 이유 중 하나가 되었을 것입니다. 저는 비논리적으로 행동을 했고, 그래서 그는 무엇을 기대해야 하는지를 몰랐던 것이죠.

Sample Response   p.131

그녀의 강의에서, 교수는 초등학교 교사로 보낸 시간에 대해 이야기한다. 그녀는 자신의 수업에서 잘못된 행동을 해서 벌을 주어야 했던 두 명의 학생들에 대해 말한다. 그녀가 불을 준 첫 번째 학생은 종종 책상에 낙서를 했던 한 여자아이였다. 교수는 학생에게 벌을 주기 위한 한 방법으로, 그녀로 하여금 모든 책상을 닦게 했다. 다음으로, 교수는 항상 수업 중에 떠들었던 한 남자아이에 관해 학생들에게 이야기한다. 교수는 자신이 그에게 여러 가지 벌을 주었고 때로는 전혀 벌을 주지 않았다고 말한다. 이러한 비논리적인 행동은 남자아이로 하여금 수업 중에 떠드는 것을 그만두도록 하지 못하였다. 이러한 예들은 논리적 결과라고 불리는 개념을 보여준다. 논리적 결과는 행동이 적절한 결과를 가져올 때 생긴다. 한 사람이 잘못된 행동을 할 때, 그에 대한 처벌은 논리적이어야 한다. 마찬가지로, 착한 행동을 한 학생은 논리적으로 처벌이 아니라 보상을 받아야 한다.

Biology: Mountain Animals

LISTENING   🎧 12-07

M Professor: One unusual environment in which some animals dwell is the land found in high mountain ranges. At high altitudes, animals must adapt to conditions such as high winds and cold weather. They must also be able to negotiate the rocky landscape in order to avoid predators or to run down prey. Here is how some do these things.

High in the mountains, the wind can blow fiercely—much harder and faster than near sea level. Thus many mountain animals have evolved by growing thick fur. The mountain goat, for instance, has a layer of outer fur that grows very thickly in the winter and then falls off when the animal sheds in the summer. This fur is crucial for a couple of reasons. First, let me remind you that snowfall in mountains is often measured in meters, not centimeters. And due to the wind, the temperature can feel like it's minus fifty or sixty below zero at times. Luckily for the mountain goat, its fur is thick enough to protect it from the elements such as snow and wind as well as cold temperatures.

Another adaptation some mountain animals have is specialized legs. What I mean by that is that some animals have claws or hoofs that permit them to tread more easily on the rocky terrain. Bighorn sheep are one such animal. They have stronger legs and larger hoofs than other species of sheep. They require these stronger legs to help them climb up and down the mountains, which can be very steep. And they need large hoofs to enable them to avoid slipping and falling to their deaths.

교수: 일부 동물들이 서식하고 있는 특이한 환경 중 하나는 고산 지대에서

발견되는 지역입니다. 고도가 높은 곳에서, 동물들은 강력한 바람과 추운 날씨와 같은 환경에 적응해야 합니다. 또한 포식자로부터 달아나거나 먹이를 잡기 위해서는 바위로 덮인 지역에 익숙해져야 합니다. 이러한 일들을 일부 동물들이 어떻게 하고 있는지에 대해 알려드리도록 하죠.

고산 지대에서는, 매우 세차게 – 해수면 근처에서보다 훨씬 더 강하고 더 빠르게 바람이 불 수 있습니다. 따라서 여러 산짐승들은 많은 털을 갖도록 진화해 왔습니다. 예를 들면, 산양은 겨울에 매우 빠르게 자라고 여름 털갈이 시기에는 빠지는 털을 지니고 있습니다. 이 털은 두어 가지 이유로 매우 중요합니다. 우선, 산에서의 눈은 종종 센티미터가 아닌, 미터 단위로 측정된다는 점을 상기해 주십시오. 그리고 바람 때문에, 기온이 때때로 영하 50도나 60도처럼 느껴질 수 있습니다. 산양에게는 다행스럽게도 이들의 털은 낮은 기온뿐만이 아니라 눈과 바람과 같은 요인으로부터 스스로를 보호하기에 충분할 정도로 숱이 많습니다.

일부 산짐승들이 지니고 있는 또 다른 적응 형태는 특화된 다리입니다. 일부 동물들은 산악 지형에서 보다 쉽게 다닐 수 있도록 해주는 발톱이나 발굽을 가지고 있다고 말씀드립니다. 큰뿔야생양이 그러한 동물입니다. 이들은 다른 종의 양들보다 더 강력한 다리와 더 커다란 발굽을 가지고 있습니다. 그들은 산을 오르고 내리는데 도움이 되는 이런 더 강한 다리를 필요로 하는데, 이러한 산은 매우 가파를 수 있습니다. 그리고 산에서 미끄러져서 떨어져 죽는 위험을 피할 수 있도록 커다란 발굽도 필요한 것이죠.

Sample Response p.133

그의 강의에서, 교수는 높은 산악 지대에 살 수 있도록 적응해 온 몇몇 동물들에 대해 학생들에게 이야기한다. 첫 번째 적응은 많은 털이다. 교수는 털이 많은 동물의 예로서 산양을 든다. 교수에 의하면, 산에는 몇 미터의 눈이 내릴 수 있다. 바람 또한 매우 세게 불 수 있기 때문에, 기온이 실제보다 더 춥게 느껴진다. 산양에게는 다행스러운 일인데, 이들은 매우 숱이 많은 털을 가지고 있고, 이로써 악천후에서도 체온을 유지할 수가 있다. 다음 적응은 특화된 다리이다. 교수는 특화된 다리를 지니고 있는 동물의 예로서 큰뿔야생양을 언급한다. 큰뿔야생양에게는 가파른 산을 오르내릴 수 있는 강한 다리가 필요하다고 교수는 말한다. 그는 또한 그들의 커다란 발굽이 그들을 산에서 떨어지는 것을 막아준다고 말한다.

Actual Test **13**

TASK 1 · INDEPENDENT TASK

Owning a Pet

Sample Response p.136

> AGREE

나는 아이들이 반려동물을 가져야 한다는 주장에 동의한다. 이런 의견을 가지는 데에는 두 가지 이유가 있다. 먼저, 아이들은 책임감을 기를 수 있다. 예를 들어, 매일 먹이를 주고 개를 산책시킴으로써 아이는 생명체를 돌보는 것을 배울 수 있다. 두 번째 이유는 반려동물을 기르는 것은 정서 발달을 돕기 때문이다. 예를 들어, 아이들은 반려동물을 돌볼 때, 사랑과 지속적인 관심을 주는 것을 배운다. 이는 아이의 정서 발달에 긍정적인 영향을 미칠 수 있다. 이런 두 가지 이유 때문에, 나는 아이들이 반려동물을 가져야 한다고 믿는다.

> DISAGREE

나는 아이들이 반려동물을 가져야 한다는 주장에 동의하지 않는다. 이런 의견을 가지는 데에는 두 가지 이유가 있다. 먼저, 아이들은 종종 무책임해진다. 예를 들어, 그들이 생명체를 돌보기에는 여전히 너무 어리기 때문에, 매일 자신의 반려동물에게 먹이를 주는 것조차 그들에게는 너무 어려울 수 있다. 두 번째 이유는 반려동물을 소유하는 것은 때때로 정서적 외상을 줄 수도 있다. 예를 들어, 만일 반려동물이 병이나 사고로 죽으면, 그것은 아이들을 매우 슬프게 하고 심지어 죽음을 두려워하게 할 수 있다. 이런 두 가지 이유 때문에, 나는 아이들이 반려동물을 가지도록 강요되지 말아야 한다고 믿는다.

TASK 2 · INTEGRATED TASK

New Administrators Hired

READING p.138

신규 행정관 채용

Atlantic 대학은 두 명의 새 행정관을 막 고용했으며, 그 둘 모두는 학교에서의 그들의 직무를 즉시 시작할 것입니다. Amanda Carter는 지금 학장의 보좌관으로 고용되었고 Watson Hall에서 근무할 것입니다. Joseph Young은 부학장 사무실의 사무총장으로 임명되었습니다. 그의 사무실은 Jefferson Hall에 있을 것입니다. 우리 Atlantic 대학은 이 곳에 그들의 존재가 확실하게 도움이 될 것은 물론 Carter 씨와 Young 씨가 전문성을 더할 것을 기대합니다.

LISTENING 13-03

W Student: Is this a joke? I can't believe the school just hired two more administrators.

M Student: What does it matter to you?

W: Have you seen the salaries these people make? The average administrator at our school makes more than one hundred thousand dollars a year in salary and benefits.

M: What's bad about that? I say good for them for making money.

W: Yeah, but the school has been constantly telling students that it doesn't have any money, so that's why it raises tuition annually. If it would stop hiring so many expensive administrators, perhaps tuition wouldn't need to go up so much.

M: Oh, yeah. I guess you have a legitimate point there.

W: Another thing is that the school is simply bloated with administrators these days.

M: Bloated? How so?

W: There are too many of them. Did you know there are more administrators at our school than there are full-time professors? That's a travesty. The school ought to be hiring more professors instead of people who barely do anything connected to education. Having more professors would be way more beneficial than having more administrators.

여학생: 농담하는 거야? 학교가 두 명의 행정관을 더 고용했다는 게 안 믿겨져.

남학생: 그게 너랑 무슨 상관이야?

여학생: 이 사람들 급여 본 적 있어? 우리 학교 일반 행정관은 일년에 연봉과 급여로 십만 달러 이상을 받아.

남학생: 그게 뭐가 나빠? 돈 버는 건 그들에게 좋은 건데.

여학생: 그렇지, 하지만 학교는 계속해서 학생들에게 돈이 없다고 말해 왔고, 그게 매년 학비를 올리는 이유잖아. 그렇게 많은 비싼 관리직들을 고용하는 걸 멈춘다면, 아마도 학비가 그렇게 많이 오를 필요가 없을 지도 몰라.

남학생: 오, 그렇네. 타당한 지적인 것 같아.

여학생: 또 다른 이유는 학교는 단지 요즘 행정관들로 비대해졌다는 거야.

남학생: 비대해졌다고? 어떻게?

여학생: 그들은 너무 많아. 넌 우리 학교에 전임 교수들보다 더 많은 행정관들이 있다는 걸 알았어? 그건 웃음거리야. 학교는 교육과 관련된 어떤 것도 거의 하지 않는 사람들 대신에 더 많은 교수들을 고용해야 해. 더 많은 교수를 가지는 것이 더 많은 행정관을 가지는 것보다 훨씬 더 이득일 거야.

남자와 여자는 두 명의 행정관을 추가로 채용했다는 학교의 공지에 대해 의견을 나누고 있다. 공지에 따르면, 한 명은 대학 부총장의 사무실에서 전무 이사로, 다른 한 명은 학생회의 부총장으로 일을 할 것이다. 여자는 공지에 대해 부정적인 의견을 표현하고, 그녀의 의견에 대해 두 가지 이유를 제시한다. 우선, 그녀는 학교가 행정관들에게 너무 많은 예산을 지출한다고 생각한다. 그녀가 설명하기를 평균 행정관은 해마다 십만 달러 이상을 번다고 한다. 결과적으로, 과도한 급여는 학비가 오르는 원인이 되고 있다. 둘째, 여자는 학교가 오히려 교수를 더 많이 채용해야 한다고 믿는다. 그녀는 학교에는 너무 많은 행정관들이 있다고 말한다. 더 나은 학업 환경을 제공하기 위해, 그녀는 학교가 행정관보다는 더 많은 교수들을 채용해야 한다고 주장한다.

History: Famine

기근

때로는, 마을, 도시, 주, 또는 국가라는 한 지역 사람들은 충분한 양의 식량에 거의 또는 전혀 접근할 수 없을 수도 있다. 이것이 장기간 계속될 때, 기근이 발생한다. 기근은 가뭄, 홍수, 나쁜 날씨, 폭풍, 질병, 곤충을 포함한 자연적 원인을 지닐 수도 있고, 전쟁이나 정보의 잘못된 운영 같은 인공적인 원인을 가질 수도 있다. 극심한 기근 속에서, 사람들은 영양실조가 되고 많은 수가 죽는다. 역사를 통해, 수백만 명의 사람들을 죽인 기근이 발생했으며, 일부는 다양한 문명의 몰락을 초래했다.

W Professor: I'm sure some of you have gone a day or two without eating anything. You probably felt really hungry then. Now, imagine how people who don't have enough to eat for weeks or months must feel. Famines are some of the worst disasters that can happen. Some have been so bad that they caused powerful civilizations to vanish.

The Mayan Empire once occupied various parts of Central America. It had an advanced culture featuring a written language and advanced astronomical knowledge. The Mayans built large cities in the jungles of Central America, and some of their works remain today. However, between the years 760 and 930 A.D., millions of Mayans died because they couldn't get enough to eat. Now, uh, the famine didn't last that entire time. But due to natural causes, particularly droughts, there were more than ten famines during that period, and as a result, the once-great Mayan Empire had disappeared by the time the Europeans arrived in the fifteenth century.

The Toltec Empire, which existed in parts of Mexico, was another empire destroyed by a lack of food. It was never a huge empire, but the Aztecs considered the Toltecs to be their forerunners. Around 1100 B.C., the Toltecs had to depart their capital due to a famine, and they soon disappeared from history.

교수: 여러분 중에는 아무 것도 먹지 않고 하루나 이틀을 보낸 분들이 있을 거라 확신합니다. 그때 여러분은 엄청나게 배가 고팠을 거예요. 아, 몇 주 또는 몇 달간 충분히 먹지 못하는 사람들이 어떻게 느낄지 상상해 봅시다. 기근은 일어날 수 있는 최악의 재난입니다. 몇몇은 너무 안 좋아서 강력한 문명들이 사라지게 만들었어요.

마야 제국은 한때 중앙아메리카의 다양한 지역을 차지했습니다. 문자 언어와 선진 천문 지식을 특징으로 한 선진 문화를 가지고 있었어요. 마야인들은 중앙아메리카의 정글에 커다란 도시들을 세웠고 그들의 작업 중 일부는 오늘날까지 남아 있지요. 하지만 760년에서 930년 사이, 수백만 명의 마야인들이 먹을 것을 충분히 구하지 못해 죽었어요. 자, 어, 기근은 전체 기간 동안 계속되지는 않았어요. 하지만 특히 가뭄 같은 자연적인 원인 때문에, 그 기간 동안 10번 이상의 기근이 있었고, 결과적으로, 한때 위대했던 마야 제국은 15세기 유럽인들이 도착했을 때는 사라져 있었습니다.

멕시코 지역에 존재했던 톨텍 제국은 식량 부족으로 인해 파괴된 또 다른 제국입니다. 결코 거대한 제국은 아니었지만 아즈텍족은 톨텍족을 자신의 전신으로 여겼어요. 약 기원전 1100년에 톨텍족은 기근으로 인해 자신의 수도를 떠나야 했고, 그들은 곧 역사에서 사라졌지요.

교수는 마야 제국과 톨텍 제국에 대해 강의한다. 첫째, 그녀는 마야 제국에 대해 말한다. 그녀는 마야 제국이 한때 중앙아메리카에 존재했고 문자 언어가 있는 선진 문화를 가지고 있었다고 말하며 그곳 사람들이 커다란 건물을 건설했고 그 중 일부는 오늘날에도 여전히 서 있다고 말한다. 하지만 760년과 930년 사이에 마야인들은 10번 이상의 기근으로 고통 받았다. 그 기근들이 수백만 명의 마야인들을 죽였고, 그 결과 마야 제국은 유럽인들이 도착하기 전에 사라지게 되었다. 둘째, 교수는 톨텍 제국에 대해 이야기한다. 그것은 멕시코에 있었고 그곳 사람들 역시 제국이 사라지는 원인이 된 기근으로 인해 고통 받았다. 기근은 한 특정 기역 사람들이 식량이 없거나 충분한 식량을 얻지 못하는 오랜 기간이다. 기근은 인공적이거나 자연적 원인을 가질 수 있다. 역사를 통해, 기근은 수백만 명의 사람들을 죽여 왔으며 문명을 파괴해 왔다.

Sociology: Exurbs

M Professor: All of you are surely familiar with urban and suburban areas. But I wonder . . . How many of you have heard of exurban areas . . . ? Hmm . . . Not too many . . . The exurbs, uh, as we often refer to them, are residential areas that lie between suburbs and rural areas. However, exurbs also have a connection to the metropolitan areas that they're near.

Now, uh, let me tell you some of their primary features. One of the main attractions of exurbs to their residents is that they have an extremely low housing density. So there are a relatively small number of people living in each square kilometer in the exurbs. In urban centers, where there are tall apartment buildings, and in suburbs, where there are both apartments and houses on small lots, the housing density is much higher. The median exurban lot covers around fourteen acres of land, which is much greater than the median lot for the entire U.S., which is 0.8 acres. As you can guess from those numbers, houses are spaced out far from one another in the exurbs.

Nevertheless, exurbs maintain closeness to their neighboring cities through both jobs and services. For instance, more than twenty percent of the residents of some American exurbs commute to cities. This results in them driving either all of the way or part of the way to a city to do their jobs. There may also be highways and even interstates running through exurbs, which helps residents obtain swift access to cities. Others have commuter trains located somewhere nearby. This allows residents the ability to go downtown easily, yet they don't have to deal with the myriad problems facing modern-day American cities.

교수: 여러분은 모두 도심 지역과 교외 지역에 대해 잘 알고 계실 겁니다. 하지만 저는 궁금하네요... 여러분 중 몇 명이나 준(準)교외 지역에 대해 들어 봤나요...? 음... 많지는 않을 거예요. 준(準)교외는, 어, 우리가 종종 참조하듯이 교외와 시골 사이에 위치한 거주 지역이에요. 하지만 준(準)교외는 가까이 있는 수도권과도 관계가 있어요.

이제, 어, 그들의 주요 특징들에 대해 이야기하겠습니다. 준(準)교외의 주요 매력 요소 중 하나는 거주자들이 아주 낮은 주택 밀도를 가진다는 거예요. 그래서 상대적으로 준(準)교외의 1제곱킬로미터당 적은 수의 사람들이 살아요. 도심에는 높은 아파트 빌딩이 있고, 교외에는 아파트와 작은 부지가 있는 주택이 있고 주택 밀도가 훨씬 높아요. 중앙에 있는 준(準)교외 부지는 14에이커 가량의 토지를 포함하는데 이는 전체 미국에 있는 0.8에이커의 중앙 부지보다 훨씬 더 큽니다. 여러분이 이런 숫자에서 추측할 수 있듯이, 주택들은 준(準)교외에서 서로 멀리 넓은 간격을 두고 있습니다.

그럼에도 불구하고, 준(準)교외는 직장뿐 아니라 서비스를 통해서도 인근 도시들과 접근성을 유지해요. 예를 들어, 20% 이상의 몇몇 미국 준(準)교외에 사는 거주자들은 도시로 통근합니다. 이는 그들이 일을 하기 위해 도시로 가는 도중이나 내내 운전을 하게 하는 결과를 낳아요. 준(準)교외를 달리는 고속도로나 심지어 주간 고속도로가 있을 수 있는데, 이는 거주자들이 도시로 빠른 접근을 할 수 있게 해 줘요. 또 다른 준(準)교외들은 가까운 어딘가에 위치한 통근 기차가 있어요. 이는 거주자들이 시내에 쉽게 갈 수 있는 능력을 가능하게 만들고, 아직 현대 미국의 도시들이 직면한 수많은 문제들을 상대할 필요가 없지요.

Sample Response   p.143

교수는 교외와 시골 사이에 위치한 거주 지역인 준(準)교외에 대해 강의한다. 그는 미국에 있는 준(準)교외의 두 가지 구별되는 특징들을 지적한다. 그

가 논하는 첫 번째 특징은 준(準)교외의 낮은 주택 밀도이다. 교수는 미국 주택 부지의 평균 크기가 0.8에이커라고 언급한다. 그러나, 준(準)교외 부지의 평균 크기는 14에이커이다. 이런 크기의 엄청난 차이 때문에, 준(準)교외의 주택 밀도는 도시와 교외의 그것에 비해 훨씬 낮다. 이는 사람들이 준(準)교외에서 서로 멀리 떨어져 산다는 것을 의미한다. 교수가 말하는 두 번째 특징은 준(準)교외가 어떻게 도심과 연결되어 있는지에 대해서이다. 교수에 따르면, 많은 준(準)교외 거주자들은 일하기 위해 도시로 출퇴근한다. 이 때문에, 일반적으로 고속도로, 주간 고속도로, 통근 열차들이 준(準)교외 근처에 있다. 그것들은 사람들이 어떤 문제도 없이 시내에 갈 수 있게 한다.

Actual Test 14

TASK 1 · INDEPENDENT TASK
Same or Different Opinions

Sample Response   p.146

› SAME OPINIONS

나는 나와 같은 의견을 가지고 있는 사람과 이야기하는 것을 더 좋아한다. 나는 두 가지 이유 때문에 이렇게 느낀다. 먼저, 나는 다른 사람과 논쟁하는 것을 싫어한다. 기본적으로, 논쟁은 내게 많은 스트레스를 준다. 정치, 종교, 혹은 기타 주제에 대해 의견을 달리하는 경우, 통상 논쟁이 이루어진다. 따라서 나는 의견이 서로 같은 사람들과만 이야기하는 것을 선호한다. 둘째, 친구들은 대체로 같은 의견을 가지고 있을 때 더 잘 어울리며 지낸다. 예를 들면, 가장 친한 친구 중 한 명과 나는 서로 다른 정치적 견해를 가지고 있었기 때문에 항상 논쟁을 벌였다. 특정 문제에 대한 서로의 의견이 결코 일치할 수 없었기 때문에, 우리는 서로 친구 하기를 그만두었다.

› DIFFERENT OPINIONS

나는 나와 다른 의견을 가지고 있는 사람과 이야기하는 것을 더 좋아한다. 나는 두 가지 이유 때문에 이렇게 느낀다. 먼저, 나는 다른 사람과 토론하는 것을 좋아한다. 그 때문에, 나는 교내 토론 팀의 멤버이다. 토론을 하는 동안, 우리는 우리와 다른 의견을 가지고 있는 사람들과 이야기를 하게 되며 그들의 생각을 바꾸기 위해 그들을 설득하려고 노력한다. 그렇게 하는 것은 내게 매우 재미있는 일이다. 둘째, 나는 내 아이디어가 반박되는 것을 좋아한다. 예를 들면, 누군가가 일정 주제에 대한 내 신념을 방어하도록 요구하는 경우를 좋아한다. 나는 잠시 멈춰서 내가 어떤 것을 왜 믿고 있는지에 대해 생각해 보아야 한다. 나는 언제나 내 친구들과 그렇게 한다.

TASK 2 · INTEGRATED TASK
Shuttle Buses to City to Begin Operations

READING   p.148

시내로 가는 셔틀버스 운행 시작

1월 15일, State 대학에서는 캠퍼스에서 시내 중심가까지 운행되는 셔틀버스를 운영하기 시작할 것입니다. 버스는 매일 아침 7시에서 자정까지 운행될 예정입니다. 버스 노선은 학교 웹사이트의 첫 페이지에 게시되어 있습니다. 유효한 학생증 혹은 교직원증을 가진 사람들만이 버스를 이용할 수가 있습니다. 명목상의 요금인 50센트가 버스를 이용하는 사람들에게 부과될 것입니다.

W Student: This is great. It's about time that the school starts running a shuttle bus service downtown.

M Student: How come . . . ? Oh, right. You don't live in a dorm, do you?

W: No, I still live with my parents. And according to the website, the shuttle bus route is going to head right by my house.

M: How do you usually come to school?

W: I drive here every day, but now I won't have to. I'm going to save a ton of money since I won't have to fill my car with gas every week now. What a relief.

M: That is a good thing.

W: I also think it would be great if more students started taking public transportation like this instead of driving.

M: Because of the environment?

W: Exactly. If more students take mass transit, we can improve the environment by cutting down on harmful emissions. With less pollution being created, our city will become a better place to live.

M: It's about time that the school starts becoming more environmentally conscious.

여학생: 멋지네. 학교에서 시내 중심가까지 가는 셔틀버스 서비스를 시작할 때가 되긴 했어.

남학생: 어째서...? 오, 맞아. 너는 기숙사에서 살고 있지 않지, 그렇지?

여학생: 그래, 아직 부모님과 함께 살고 있어. 그리고 웹사이트에 의하면, 셔틀 버스 노선이 우리 집 옆을 지나가.

남학생: 평상시에는 어떻게 학교에 오는데?

여학생: 매일 여기까지 운전을 하고 오지만, 이제는 그럴 필요가 없게 되었어. 이제 매주 차에 기름을 채울 필요가 없을 테니까 많은 돈을 절약할 수가 있을 거야. 정말 다행이야.

남학생: 정말 잘 됐다.

여학생: 또 더 많은 학생들이 운전을 하는 대신에 이렇게 대중 교통을 이용하기 시작한다면 좋을 거라고 생각해.

남학생: 환경 때문에?

여학생: 바로 그거야. 보다 많은 학생들이 대중 교통을 이용한다면, 해로운 배출 물질을 경감시킴으로써 환경을 개선시킬 수가 있어. 오염이 줄어들면, 우리 도시는 보다 살기 좋은 곳이 될 거야.

남학생: 학교가 더 환경에 대한 지각을 가지기 시작해야 할 것 같아.

Sample Response
p.149

화자들은 대학 학생 서비스 사무소의 공지 사항에 대해 이야기한다. 공지 사항은 학교 측이 캠퍼스에서 시내 중심지까지 셔틀버스를 운행할 것이라고 말한다. 여자는 그녀가 공지 사항에 찬성하는 두 가지 이유를 제시한다. 첫 번째 이유는 그녀가 버스가 지나가는 곳에서 살고 있기 때문이다. 그녀에 의하면, 그녀는 매일 학교까지 차를 몰고 다니기 때문에, 기름값에 많은 돈을 쓰고 있다. 하지만 그녀는 이제 버스를 타고 학교에 갈 수 있을 것이기 때문에, 돈을 아끼게 될 것이다. 다음으로, 여자는 보다 많은 사람들이 셔틀버스를 이용한다면, 환경에 도움이 될 것이라고 언급한다. 그녀는 도로에 차가 적

어지면, 그 결과 오염이 줄어들게 될 것임을 강조한다. 그녀는 학교가 환경에 신경 쓰는 것이 중요하다고 믿는다.

Psychology: Choice-Supportive Bias

선택 지지적 편향

사람들은 항상 결정을 한다. 결정을 하기에 앞서, 사람들은 종종 그와 관련된 긍정적 및 부정적 요인들을 비교하여 검토한다. 그런 다음에 결정을 내린다. 하지만, 차후에는, 결정을 내렸던 긍정적인 이유들만을 기억한다. 결정을 내릴 당시 아무리 중요한 것이었다고 하더라도 부정적인 요인들이나 기타 요인들에 대해서는 완전히 잊어버리게 된다. 또한 왜 특정한 선택을 했는가에 대해 설명을 할 때에는, 새로운 이유들을 – 당시에는 생각하지 못했던 이유들을 – 탓할 수도 있다. 이는 선택 지지적 편향이라고 알려져 있다.

M Professor: Virtually every one of us has selective memories. This is particularly true of the choices we make in our lives. Let me give you some examples.

Here's a personal story. Seven years ago, my family purchased a new house. At that time, I wanted to live somewhere close to work to cut down on my commuting time. That was the only factor I was concerned about. However, after living there for a few years, I came to realize what a great neighborhood it's in. It's close to shopping centers and parks, and the schools are great, too. A few weeks ago, when someone asked me why I moved there, I automatically said that I had known it was a great neighborhood. My wife, who was with me at that time, later reminded me about my original feelings. I'd completely forgotten them.

Many years ago, I started working out because, well, I was rather overweight. I began jogging and came to really love it. There's honestly nothing better than running through a forest. Nowadays, when people ask why I do that, I rarely mention losing weight. I usually just say that I love to jog in a natural environment. That's an example of choice-supportive bias.

교수: 사실상, 우리 모두는 선택적 기억을 가지고 있습니다. 우리의 삶에서 선택을 할 때가 특히 그렇습니다. 몇 가지 예를 들어보도록 하죠.

개인적인 이야기를 하나 하겠습니다. 7년 전, 제 가족은 주택을 새로 구입했습니다. 당시, 저는 통근 시간을 줄이기 위해 직장에서 가까운 곳에 살고 싶었습니다. 그것이 제가 관심을 가졌던 유일한 요인이었습니다. 하지만, 몇 년 동안 살아본 후, 저는 그곳 주변 환경이 얼마나 좋은지를 깨닫게 되었습니다. 쇼핑센터와 공원이 가까이에 있었고, 그곳 학교들 또한 매우 좋았습니다. 몇 주 전, 누군가 제게 왜 거기로 이사를 갔느냐고 물었을 때, 저는 주변 환경이 좋다는 것을 알고 있었다고 거의 자동적으로 말했습니다. 제 아내는, 당시 저와 함께 살았는데, 나중에 제가 가졌던 첫 감정을 상기시켜 주었습니다. 완전히 잊을 뻔 했죠.

수년 전, 저는 운동을 시작했는데, 그 이유는, 음, 약간 살이 쪘기 때문이었습니다. 조깅을 시작했고, 그리고 정말로 조깅을 좋아하게 되었습니다. 솔직히 숲 속을 달리는 것보다 더 좋은 것은 없습니다. 요즘은 사람들이 왜 조깅

을 하냐고 물으면, 체중 감량에 대해서는 거의 언급하지 않습니다. 통상 자연에서 조깅을 하는 것을 좋아한다고 말할 뿐이죠. 이것이 선택 지지적 편향의 예입니다.

Sample Response   p.151

그의 강의에서, 교수는 과거 사건들에 대한 자신의 기억이 시간이 지남에 따라 변하게 된 두 가지 방식에 대해 이야기한다. 첫 번째는 그가 특정 지역에서 주택을 구입한 이유에 대한 기억과 관련이 있다. 원래 그는 직장에서 더 가까이 있기를 원했다. 하지만 잠시 후에, 그는 사람들에게 자신의 동네가 너무나 좋은 것을 알고 있었기 때문에 그곳으로 이사를 가고 싶어했다고 말하기 시작했다. 교수가 제시한 두 번째 예는 그의 조깅을 시작한 이유에 관한 것이다. 교수는 자신이 과체중이어서 조깅을 시작했다고 언급한다. 하지만, 현재 그는 자신이 단지 야외에서 조깅하는 것을 좋아한다고 사람들에게 말한다. 이러한 예들은 선택 지지적 편향이라고 불리는 개념을 나타내 준다. 선택 지지적 편향은 사람들이 선택적 기억을 갖게 되는 방식과 관련이 있다. 사람들은 통상 과거에 내렸던 결정에 대한 좋은 이유들만을 기억한다. 부정적인 이유들은 잊어버린다.

Agricultural Engineering: Soil Health

LISTENING   🎧 14-07

M Professor: The health of the soil is essential to the livelihood of most plants. After all, if the soil isn't healthy, then the plants can't grow. Important to soil health are moisture, compactness, and the ability to retain nutrients and water. Interestingly, animals play key roles in keeping the soil healthy.

One tiny animal that's crucial to soil health is the earthworm. As an earthworm moves through the soil, it ingests soil and takes in decayed leaves and other organic matter as well. The earthworm uses the ingested soil to grind the organic matter. It later excretes the ingested soil and the remains of the organic material. In doing so, many crucial nutrients found in the organic material get broken down and enter the soil. Additionally, the soil that passes through the earthworm's body becomes sticky. This stickiness makes the soil compact, which allows for better soil cohesion and water retention. Finally, while tunneling through the soil, the earthworm creates tiny gaps that let air and water penetrate the soil.

A larger animal that makes a big contribution to the health of the soil is the elephant. How so . . . ? Well, a single elephant can consume a tremendous amount of vegetation every day. As this vegetation passes through the elephant's digestive system, it gets broken down. Later, the elephant deposits its body waste as manure. Some elephants may produce around one hundred kilograms of manure a day. This manure, when deposited into the soil, adds nutrients such as nitrogen. This can increase the productivity of the soil tremendously. That's why farmers have been placing animal manure in their fields for thousands of years.

교수: 토양의 건강은 대부분 식물들의 삶에 있어서 필수적인 것입니다. 어찌되었던, 토양이 건강하지 못하면, 식물들은 자랄 수 없으니까요. 토양의 건강에 있어서 중요한 것은 수분, 다짐도, 그리고 영양분 및 수분을 보유할 수

있는 능력입니다. 흥미롭게도, 토양의 건강을 유지하는데 동물들이 중요한 역할을 합니다.

토양의 건강에 중요한 작은 동물 중 하나는 지렁이입니다. 지렁이는 흙 속을 이동하며, 흙을 먹고 부패한 나뭇잎들 및 유기물들을 섭취합니다. 지렁이는 섭취한 흙을 이용하여 유기 물질을 잘게 만듭니다. 그런 다음 섭취한 흙과 남은 유기물들을 배설합니다. 이렇게 함으로써, 유기 물질에서 발견되는 여러 중요한 영양분들이 분해되어 흙으로 돌아갑니다. 또한, 지렁이의 몸을 통과한 흙은 끈적거리게 됩니다. 이러한 끈적거림은 토양을 조밀하게 만들어 토양의 점착력과 수분 함유량을 개선시켜 줍니다. 마지막으로, 흙 속에 굴을 만듦으로써, 공기와 수분이 흙을 관통할 수 있도록 해주는 미세한 구멍들을 지렁이들이 만들어 놓습니다.

토양의 건강에 커다란 기여를 하고 있는 보다 큰 동물은 코끼리입니다. 어떻게 그럴까요...? 음, 코끼리 한 마리는 매일 수많은 양의 식물을 소비할 수 있습니다. 이러한 식물이 코끼리의 소화 기관을 통과하면 분해가 됩니다. 그 후, 코끼리는 자신의 분뇨를 퇴비로 남기게 되죠. 일부 코끼리들은 하루에 약 100킬로그램의 분뇨를 만들어 낼 수 있습니다. 이러한 분뇨는, 쌓여서 흙으로 들어가면, 질소와 같은 영양분을 공급해 주게 됩니다. 이는 토양의 생산성을 엄청나게 증대시킬 수 있습니다. 수 천년 동안 농부들이 동물들의 분뇨를 논밭에 두고 있는 이유인 것입니다.

Sample Response   p.153

그의 강의에서, 교수는 동물들이 토양의 건강을 향상시키는데 도움을 주는 두 동물들에 대해 말한다. 교수가 말하는 첫 번째 동물은 지렁이이다. 지렁이는 흙 속을 이동하며 흙과 유기물들을 섭취한다. 그것들은 유기물을 분해시켜 흙 속에 영양분을 남겨 준다. 또한 토양을 끈적거리게 만드는데, 이로써 토양의 밀도는 높아진다. 그리고 지렁이는 굴을 파서 토양에 구멍을 만들어 놓는다. 이러한 구멍은 공기와 수분이 토양을 통과하도록 만든다. 교수가 말하는 두 번째 동물은 코끼리이다. 교수는 코끼리가 매일 많은 양의 식물을 먹는다고 언급한다. 그처럼 많은 양을 먹기 때문에, 코끼리는 또한 많은 양의 분뇨를 만들어 낸다. 일부 코끼리들은 매일 약 100킬로그램의 분뇨를 만들 수 있다. 이러한 분뇨는 토양에 매우 좋다. 여기에는 질소 및 다른 영양분들이 포함되어 있다.

Actual Test 15

TASK 1 · INDEPENDENT TASK
Investing Money or Saving It

Sample Response   p.156

▶ INVESTING IN THE STOCK MARKET

주식 시작에 돈을 투자하는 것은 몇 가지 이점이 있다. 하나는 만일 누군가가 투자한 주식이 오르면, 투자자는 빠르게 큰 돈을 벌 수 있다. 두 번째 이점은 많은 주주들이 배당금을 받는다는 것이다. 이는 만일 그들이 주식을 소유한 기업이 이윤을 내면 그들은 가진 각각의 지분에 대해 돈을 받게 된다. 단점에 대해 말하자면, 많은 사람들이 그들이 주식 시장에 투자할 때 무엇을 하고 있는지 모른다는 것이다. 그래서 어떤 주식을 살지 결정하는 것이 그들에게 어렵고 스트레스가 될 수 있다. 게다가, 만일 누군가 파산한 기업의 주식을 소유하고 있다면, 주식은 갑자기 가치 없어질 것이다. 그러면, 그 사람의 모든 투자가 날아갈 수 있다.

‣ SAVING MONEY IN A BANK

은행에 돈을 저축하는 것의 한 가지 이점은 돈이 안전하다는 것이다. 비록 은행이 붕괴해도 정부는 각 은행 계좌에 있는 특정 액의 돈을 보장한다. 그래서 은행에 돈을 저축한 사람들은 그들이 언제나 그 돈을 가지고 있을 것이라는 것을 알고 있다. 은행은 또한 사람들의 계좌에 이자를 지불한다. 이는 누군가의 돈이 은행에 예치되어 있기만 해도 돈이 불어날 수 있다는 것을 의미한다. 단점으로 말하자면, 요즘 은행 금리는 많이 높지 않다. 그래서 사람들이 이자를 받을 때, 그들은 아주 적은 양을 받는다. 다른 단점은 만일 누군가의 돈이 은행에 예치되어 있을 때, 그것은 어떤 것도 하지 않는다는 것이다. 그래서 그 사람은 잠재적으로 큰 액수를 벌 수 있는 투자 기회를 날릴 수 있다.

TASK 2 · INTEGRATED TASK
Microfilm Holdings to Be Disposed Of

READING   p.158

마이크로 필름 소장품 처리

중앙 도서관의 마이크로 필름 소장품이 여름 방학 동안 처리될 예정입니다. 마이크로 필름의 주 자료는 1,800년대 초반으로까지 거슬러 올라가는 오래된 신문의 사본들입니다. 마이크로 필름 소장품은 도서관에서 많은 양의 자리를 차지하는데, 그 구역은 다른 방식으로 더 잘 사용될 수 있습니다. 그것은 학생들을 위한 열람실과 실험이나 학업을 수행하기 위해 사용할 학부로 변모될 수 있을 것입니다. 마이크로 필름을 획득하는 데 흥미가 있는 누구라도 도서관 안내 데스크의 Jerod Freeman에게 연락할 수 있습니다. 그 자료는 요청하는 사람들에게 무료로 제공될 것입니다.

LISTENING   🎧 15-03

M Student: Hmm . . . It looks like the library won't have any more microfilm after summer ends. I can't say I'm disappointed.

W Student: I've never actually used the microfilm collection, so it doesn't affect me at all.

M: I have used it on occasion, but it's kind of redundant. You see, uh, most of the old copies of newspapers saved on microfilm can also be accessed online. You merely need to contact the archivist at each newspaper to gain access to newspaper articles decades or centuries old.

W: That sounds convenient.

M: It's not bad if you know what you're doing. Plus, uh, I like the fact that the library is going to expand its seating areas.

W: Oh, yeah? Why do you say that?

M: It can be extremely hard to find a place to sit at the library on occasion. That's especially true around exam time. If the library adds even thirty or forty more seats, that will help a tremendous amount. All things considered, the library is doing the right thing.

W: Yeah, I suppose you're right.

남학생: 흠... 도서관은 여름이 끝나면 더 이상의 마이크로필름을 가지고 있지 않을 거 같아. 실망이라고 말하기는 그렇네.

여학생: 난 사실 마이크로 필름 소장품을 한 번도 이용한 적이 없어서, 나에게는 전혀 영향이 없어.

남학생: 난 가끔 이용해 왔지만, 불필요한 것 같아. 너도 알겠지만, 어, 대부

분의 오래된 신문 사본은 온라인으로도 접근할 수 있거든. 수십 년, 혹은 수 세기가 된 신문 기사들을 보려면 단지 각 신문사의 기록 보관 담당자에게 연락하면 되거든.

여학생: 편리할 것 같아.

남학생: 네가 뭘 하고 있는지 알면 나쁘지 않아. 그리고, 어, 난 도서관이 좌석 구역을 확장할 거라는 사실이 좋아.

여학생: 오, 그래? 왜 그런 건데?

남학생: 가끔 도서관에서 앉을 장소를 찾는 게 너무 힘들 수 있어. 시험 기간에 특히 그래. 도서관이 서른 개나 마흔 개 정도만 좌석을 더한다고 하더라도 엄청나게 도움이 될 거야. 모든 것을 고려해 볼 때, 도서관은 옳은 일을 하고 있어.

여학생: 맞아, 네 말이 옳은 것 같아.

Sample Response   p.159

남자와 여자는 마이크로필름 소장품이 중앙 도서관에서 처리될 것이라는 학교의 공지에 대해 의견을 나누고 있다. 그 공간은 학생들이 공부하고 교수들이 연구를 진행하는 공간으로 바뀔 것이다. 남자는 공지에 대해 긍정적인 의견을 표현하며 그의 의견에 대해 두 가지 이유를 제시한다. 첫째, 남자는 대부분의 신문은 온라인으로 이용이 가능하기 때문에 소장품은 불필요하다고 생각한다. 그는 신문사의 기록 보관 담당자에게 연락을 취함으로써 누구나 과거의 신문 기사를 이용할 수 있다고 덧붙인다. 둘째, 남자는 도서관이 좌석 확장하는 것이 기쁘다. 그는 특히나 시험 기간에는 자리를 찾기가 힘들다고 설명한다. 30석 혹은 40석만 늘리더라도 바쁜 시기에는 학생들에게 도움이 될 것이다. 따라서, 남자는 도서관에서 마이크로필름 소장품이 없어진다는 공지에 대해 긍정적인 의견을 가지고 있다.

Psychology: Social Cognitive Theory

READING   p.160

사회 인지 이론

사람들이 다른 개개인이 하는 것과 하지 않는 것을 관찰한 다음, 그 사람들의 행동과 비행동을 모방함으로써 배운다고 주장하는 이론이 있다. 이는 사회 인지 이론이다. 이 개념에 따르면 사람들의 사회적 상호 작용과 경험은 시행착오가 아니라 대신 다른 사람의 직접 관찰을 통해 빈번히 학습된다. 관찰자는 그런 다음 그들이 관찰했던 다른 이들의 행동과 다른 이들의 행동에 대한 결과를 바탕으로 자신들의 향후 행동을 결정한다. 이 이론은 심리학과 교육 분야에서 유용하다는 것이 증명되어 왔다.

LISTENING   🎧 15-05

M Professor: Have any of you heard of the Bobo Doll Experiment . . . ? No . . . ? Okay, let me tell you about it.

In the 1960s, Albert Bandura conducted some experiments in an effort to see how children learned behavior. He divided some young children into various groups. All of the children spent time alone with an adult model. Some of the models acted aggressively toward a Bobo doll. Er, that's a doll which looks like a clown. Here's a picture . . . The models physically hit the doll or abused it verbally. But other models ignored the Bobo doll while they were in the room with the child.

Next, the children were taken to a different room to play

with some fun toys for two minutes, and then they were removed from the room. This made the children frustrated. After that, they were sent to another room with toys. One of the toys was a Bobo doll. In most cases, if the model had acted aggressively toward the Bobo doll, then the children were also aggressive. Boys tended to be physically aggressive while girls were more verbally aggressive. However, boys were more than twice as aggressive as girls. As for the other children—you know, the ones whose adult model was nonaggressive—they too were basically nonaggressive toward the Bobo doll.

교수: 보보 인형 실험에 대해 들어봤나요...? 아니라고요...? 좋아요, 그것에 대해 말해 보도록 하죠.

1960년대에, Albert Bandura는 아이들이 어떻게 행동을 배우는지를 보기 위한 노력으로 몇 가지 실험을 했습니다. 그는 몇몇 어린 아이들을 여러 그룹으로 나누었지요. 모든 어린이들은 한 명의 성인 모델과 단 둘이 시간을 보냈지요. 몇몇 모델은 보보 인형에게 공격적으로 행동했어요. 어, 그건 광대처럼 생긴 인형이에요. 여기 사진이 있어요... 그 모델들은 신체적으로 인형을 때리고 그것을 말로 학대했어요. 하지만 다른 모델들은 아이와 함께 방에 있는 동안 보보 인형을 무시했어요.

다음으로, 아이들은 2분간 몇 개의 재미있는 장난감을 가지고 놀기 위해 다른 방으로 갔고, 아이들은 방에서 내보내졌어요. 이는 아이들을 좌절시켰습니다. 그 후에, 그들은 장난감과 함께 다른 방으로 보내졌어요. 장난감 중 하나는 보보 인형이었지요. 대부분, 모델이 보보 인형에게 공격적으로 행동했다면, 아이들 역시 공격적이었어요. 여자 아이들은 말로 더 공격적이었던 반면, 남자 아이들은 신체적으로 공격적이었습니다. 하지만, 남자 아이들이 여자 아이들보다 두 배 더 공격적이었어요. 다른 아이들, 즉, 성인 모델이 비공격적이었던 아이들 말이에요, 그들 역시 보보 인형에 대해 기본적으로 비공격적이었어요.

Sample Response   p.161

교수는 보보 인형 실험에 대해 강의한다. 실험을 한 사람은 아이들이 행동하는 것을 어떻게 배우는지에 대해 흥미가 있었다. 일부 아이들은 성인 모델과 광대같이 생긴 인형과 함께 방에 들어갔다. 때때로 모델은 보보 인형을 때리거나 말로 그것을 학대했지만, 다른 때에는 그것을 무시했다. 아이들은 그 후에 2분간 인형을 가지고 놀기 위해 다른 방으로 데려가졌다. 그리고 그들은 떠나야 했는데, 이는 아이들을 좌절시켰다. 그들은 보보 인형이 포함되어 있는 또 다른 방으로 데려가졌다. 대부분의 경우, 만일 모델이 보보 인형에게 공격적이었다면, 아이들도 똑같이 행동했다. 덧붙여, 만일 모델이 보보 인형을 무시했다면, 아이들도 주로 그것을 무시했다. 그들의 행동은 사회 인지 이론과 관련이 있다. 그것은 사람들이 다른 이들의 행동과 비행동을 관찰하고 그 행동을 흉내냄으로써 배우는 것을 말한다.

Zoology: Diana Monkey Communication

LISTENING   🎧 15-07

W Professor: This is a picture of some Diana monkeys. These primates are native to West Africa and live in jungles from Sierra Leon to Ghana. They're mostly tree dwellers, so they rarely descend to the ground. Like all monkeys, they're social animals. They've also developed some rather, uh,

complex communication systems. Let me tell you about them.

Of course, Diana monkeys communicate through touch, body language, and smell. But they also use vocalizations to a much greater extent than most other primates do. For instance, there are always Diana monkeys in a colony that look out for predators, especially when the other monkeys are feeding. When they spot a predator, they make calls to warn the others in the group. But the monkeys have different calls depending on the type of predator that's approaching. For instance, there's a call for eagles, a call for leopards, a call for snakes, and so on. This provides the members of the group with more detailed information and helps them know how to avoid the incoming predator.

What's more is that Diana monkeys are capable of combining calls to make messages which are essentially sentences. For instance, they might add a sound that means maybe or urgent to a call alerting the others that an eagle has been spotted. This requires the monkeys to use what's basically grammar. So rather than just screeching a general warning, Diana monkeys are capable of informing others, "A lion has been spotted, but it's not urgent," or, "A snake might have been detected." That's a much more complicated usage of verbal communication than most animals are capable of.

교수: 이것은 일부 다이애나원숭이의 사진입니다. 이들 영장류는 서아프리카가 원산지로 시에라리온에서 가나에 이르는 정글에 살아요. 그들은 일반적으로 나무에 사는 동물이며, 거의 땅으로 내려오지 않아요. 오든 원숭이들처럼, 그들은 사회적 동물이죠. 그들은 또한, 발전시켜 왔는데요, 어, 복잡한 의사 소통 체계를요. 여러분에게 그것에 대해 알려 드릴게요.

물론, 다이애나원숭이들은 접촉, 몸짓, 그리고 냄새를 통해 의사소통을 해요. 하지만 그들은 또한 다른 영장류가 하는 것보다 훨씬 더 크게 발성을 사용합니다. 예를 들어, 언제나 한 집단 내에 특히, 다른 원숭이들이 먹고 있을 때 포식자들을 경계하는 다이애나원숭이들이 있어요. 포식자를 발견하면, 그들은 집단 안의 다른 원숭이들에게 경고하기 위해 울음소리를 냅니다. 하지만 원숭이들은 접근하는 포식자의 종류에 따라 다른 울음소리를 가집니다. 예를 들어, 독수리 때문에 내는 울음소리, 표범 때문에 내는 소리, 뱀 때문에 내는 소리 등이 있어요. 이는 집단 내 구성원들에게 더 상세한 정보를 제공하며 그들로 하여금 들어오는 포식자를 피하는 법을 알게 해 줍니다.

추가로, 다이애나원숭이는 본질적으로 문장들인 메시지를 만들기 위해 울음소리를 합칠 수 있어요. 예를 들어, 그들은 독수리가 발견되었다고 다른 구성원들에게 알리기 위해 '어쩌면' 또는 '긴급한'을 의미하는 소리를 더할 수도 있어요. 이는 원숭이들이 기본적으로 문법을 사용할 것을 요구하지요. 그래서 일반적인 경고음으로 단지 날카로운 소리를 내기보다는, 다이애나원숭이들은 다른 구성원들에게 공식적으로 알릴 수 있지요. "사자 한 마리가 발견되었지만, 긴급한 것은 아니야."라거나 "뱀 한 마리가 발견될 수 있어."라고 말이에요. 그건 대부분의 동물들이 할 수 있는 것보다 훨씬 더 복잡한 언어를 통한 의사소통 용법이라 할 수 있어요.

Sample Response   p.163

강의에서 교수는 어떻게 다이애나원숭이들이 의사소통을 하는지에 대해 이야기한다. 다이애나원숭이들은 서아프리카의 정글에 사는 영장류인데, 시간이 지나면서 복잡한 의사소통 체계를 발전시켜 왔다. 교수는 이 원숭이들이 다른 영장류들이 그러는 것보다 더 많이 발성을 사용한다고 말한다. 그녀는 그들 집단을 보호하는 다이애나원숭이들이 포식자를 발견했을 때, 그들이 울음소리를 낸다고 말한다. 하지만 그들은 뱀, 표범, 독수리를 포함한 다른 종류의 포식자들에 대해 특화된 소리를 가지고 있다. 결과적으로 다른 원숭이들은 어떻게 달아날 것인가를 더 잘 알 수 있다. 교수는 그리고 나서 다이애나원숭이들이 '아마도'나 '긴급한'이라는 뜻의 소리를 그들의 울음소리에 더함으로써 문법을 사용할 수 있다고 덧붙인다. 그들은 그러므로 자기 집단 내 다른 무리들에게 포식자가 발견되지도 모르지만 긴급한 것은 아니라거나 다른 동물들이 발견될지도 모른다고 말할 수 있다. 이런 의사소통은 대부분의 동물들이 할 수 있는 것보다 훨씬 더 복잡한 것이다.

Actual Test 16

TASK 1 · INDEPENDENT TASK
Learning about One's Ancestors

Sample Response   p.166

› AGREE

나는 내 조상의 역사에 대해 배우는 것이 중요하다는 점에 동의한다. 나는 두 가지 주요 이유로 이렇게 느낀다. 먼저, 나는 역사를 좋아한다. 사실, 내가 관심이 있는 과목이었기 때문에, 나는 수많은 역사책을 읽었다. 살면서 겪은 실제 역사적인 사건들에 대해 조부모님들께 여쭤 보면, 그러한 사건들이 마치 살아서 다가오는 것처럼 보인다. 둘째, 나는 조상들에 대해 가능한 많이 아는 것이 중요하다고 믿는다. 예를 들면, 부모님들께서 조부모님들에 대해 이야기하실 때, 나는 항상 주의를 기울인다. 나는 그분들에 대해 알고 싶고 그분들이 어떠한 사람이었는지를 알고 싶다. 이러한 두 가지 이유로, 나는 내 조상에 대해 배우는 것이 중요하다는 점에 동의한다.

› DISAGREE

나는 내 조상의 역사에 대해 배우는 것이 중요하다는 점에 동의하지 않는다. 나는 두 가지 주요 이유로 이렇게 느낀다. 먼저, 나는 과거에 대해 크게 신경을 쓰지 않는다. 사실, 역사는 학교에서 내가 가장 싫어하는 과목이다. 나는 한 세기 혹은 2세기 전에 일어났던 사건에 대해 흥미를 느낄 수가 없다. 둘째, 나는 내 조상들과 아무런 연관성을 느끼지 못한다. 예를 들면, 내 조부모님들께서는 내가 태어나기 전에 모두 돌아가셨고, 그래서 그분들 모두를 알지 못한다. 그러한 점 때문에, 나는 그분들께서 어떤 일을 하셨는지, 혹은 그분들의 삶이 어떠했는지에 대해 궁금하지가 않다. 이러한 두 가지 이유로, 나는 내 조상들에 대해 배우는 것이 중요하다는 점에 동의하지 않는다.

TASK 2 · INTEGRATED TASK
Computer Laboratory to Charge for Services

READING   p.168

컴퓨터실 서비스에 대한 요금 부과

대학 컴퓨터실에서는 이제 일부 서비스에 대한 요금을 부과할 예정입니다. 이전에는 프린트가 무료였지만, 이제는 흑백 프린트의 경우 학생들은 10페이지당 5센트의 비용을 지불해야 합니다. 또한 컬러 프린트의 경우 7페이지당 5센트의 요금을 지불해야 합니다. 학생들은 두 시간 동안 컴퓨터를 무

료로 이용할 수 있습니다. 하지만 하루 2시간 이상 컴퓨터를 사용하는 학생들은 시간당 1달러의 요금을 지불해야 합니다. 이러한 새로운 요금으로 모아진 돈은 차후 컴퓨터실의 시설을 업그레이드하는데 사용될 것입니다.

LISTENING   🎧 16-03

M Student: Do you have a dollar I can borrow? I just spent all of my money.

W Student: I thought you had five dollars on you.

M: I did, but I had to print two copies of my senior thesis at the lab. I spent all of my money on printing charges.

W: Ah, I see.

M: Even though I don't have any money, I have to admit that I like the new policy. In the past, students printed anything that they felt like since it was free. Now, perhaps they'll be a little more judicious in what they print. As a result, I expect paper usage at the school to go down.

W: You're probably right about that. And I like that they're going to spend the money on new equipment.

M: I agree with you. Some of those monitors in the lab are really old. And one of the printers needs to be replaced badly. It doesn't make good copies at all.

W: You didn't print your thesis on it, did you?

M: Thankfully, no. I made sure to avoid it.

남학생: 내게 1달러 빌려 줄 수 있는 돈이 있니? 돈을 모두 써 버렸거든.

여학생: 너한테 5달러가 있는 것으로 생각했는데.

남학생: 그랬는데, 하지만 컴퓨터실에서 졸업 논문을 두 부 프린트해야 했어. 프린트하는데 돈을 모두 써 버렸어.

여학생: 아, 알겠어.

남학생: 내게 돈이 없다고 하더라도, 새로운 방침이 마음에 든다고 인정해야 할 것 같아. 과거에는, 무료였기 때문에 학생들은 원하는 어떤 것이라도 프린트를 했지. 이제, 아마도 프린트하는 것에 대해 조금 더 신중하게 될 거야. 그 결과, 학교에서의 용지 사용이 감소할 것으로 기대해.

여학생: 그 점에 대해서는 네 말이 맞는 것 같아. 그리고 나는 새로운 장비에 돈을 쓰게 될 것이라는 점이 마음에 들어.

남학생: 네 말에 동의해. 컴퓨터실의 일부 모니터들은 정말로 오래되었거든. 그리고 프린터 중 하나는 정말로 교체가 필요하고. 프린트가 잘 안 돼.

여학생: 그것으로 논문을 프린트한 것은 아니지, 그렇지?

남학생: 다행히도, 아니었어. 그건 확실히 피하려고 했어.

Sample Response   p.169

남자와 여자는 대학 컴퓨터실의 공지에 대해 이야기한다. 그것은 컴퓨터실이 특정 서비스에 대한 요금을 부과하기 시작할 것이라고 명시하고 있다. 남자는 새로운 방침에 긍정적인 의견을 보이며 자신의 의견을 뒷받침하기 위해 두 가지 이유를 제시한다. 첫 번째 이유는 그렇게 함으로써 학생들이 하는 프린트 양이 줄어들 것이기 때문이다. 그에 의하면, 프린트가 무료였던 때, 학생들은 종종 많은 양을 프린트했다. 이제 그들이 한 프린트에 대해 요금을 지불해야 하기 때문에, 그는 학생들이 프린트를 덜 하게 되고, 그 결과 용지를 아낄 수 있을 것이라고 믿는다. 둘째, 남자는 컴퓨터실의 장비에 대해 불평하고 있다. 그는 모니터들이 매우 오래되었고 프린트 중 하나는 프린터가 잘 되지 않으며 따라서 교체될 필요가 있다고 말한다. 그러므로 그는 요금

이 장비를 업그레이드하는 데 사용될 것이라는 사실을 좋아한다.

Economics: Sensory Marketing

READING   p.170

감각 마케팅

인간은 다섯 가지의 감각을 가지고 있다: 촉각, 미각, 청각, 시각, 그리고 후각이 그것이다. 때때로, 제품이나 서비스를 판매하고자 할 때, 기업들은 고객을 유치하기 위해 이러한 감각들을 이용한다. 이는 감각 마케팅이라고 알려져 있다. 연구에 따르면, 감각을 활발히 사용하고 있는 소비자들은 매장에 보다 오래 머무르는 경향이 있으며 또한 감각에 자극을 받지 않은 사람보다 더 많은 돈을 소비하는 경향을 보인다. 그 결과, 많은 기업들이 판매 증진을 위해 소비자들의 감각에 호소할 수 있는 새로운 방법을 찾고 있다.

LISTENING   🎧 16-05

M Professor: Have you ever wondered why stores play music for their customers? No, it's not to annoy the customers. It's actually done to engage them and to appeal to their senses. This is known as sensory marketing. There are numerous examples of this.

For instance, there's a pizzeria near campus that has an open kitchen. This allows the customers there to watch the chefs while they prepare the pizzas and the other foods. If you've ever been there, you've probably spent some time watching them. This is an appeal to customers' sense of sight. As the customers are watching their food get made, they spend more time at the restaurant and thus order more food. You know, uh, that place gets more business than any other restaurant in the neighborhood.

Here's another one. Go past the cosmetics store in the mall, and you'll smell all sorts of wonderful aromas. Notice how many shoppers get lured inside by the enticing smells of perfume and cologne. Once inside, the shoppers often spend time sniffing various perfumes, lotions, and soaps. Lots of them make purchases, too. I'd say that sensory marketing is a pretty effective way to sell items, wouldn't you?

교수: 왜 매장에서 소비자들에게 음악을 틀어 주는지 궁금해한 적이 있나요? 아닙니다, 소비자들을 성가시게 하려고 하는 것은 아닙니다. 실제로는 소비자들을 끌어들여서 그들의 감각에 호소하기 위해 그렇게 하는 것입니다. 이는 감각 마케팅이라고 알려져 있습니다. 이에 대한 수많은 예가 있습니다.

예를 들면, 학교 근처에 주방이 개방되어 있는 피자 가게가 하나 있습니다. 이로써 그곳 소비자들은 피자 및 기타 음식들을 준비하고 있는 주방장들을 지켜볼 수가 있습니다. 여러분들이 그곳에 가 보셨다면, 아마 그들을 보느라 약간의 시간을 보냈을 것입니다. 이는 소비자들의 시각에 호소하는 것입니다. 자신이 시킨 음식이 만들어지는 것을 지켜보면서, 소비자들은 식당에서 더 많은 시간을 보내게 되고 따라서 더 많은 음식을 주문하게 됩니다. 아시다시피, 어, 그 가게는 인근의 어떤 식당보다도 장사가 더 잘되고 있습니다.

또 다른 예가 있습니다. 쇼핑몰의 화장품 매장을 지나치면, 온갖 종류의 좋은 향기를 맡을 수가 있습니다. 향수와 화장수의 매혹적인 냄새로 인해 얼마나 많은 쇼핑객들이 안으로 들어가게 되는지에 주목해 보세요. 일단 안으로 들어가면, 쇼핑객들은 종종 다양한 향수, 로션, 그리고 비누의 향을 맡느라 시간을 보내게 됩니다. 그리고 또한 그들 중 많은 이들이 구매를 합니다.

감각 마케팅은 꽤 효과적인 제품 판매 방식이라고 말하고 싶군요, 그렇지 않나요?

Sample Response   p.171

강의에서, 교수는 사업장들이 소비자들의 감각에 호소함으로써 소비자들을 유인하기 위해 시도하는 두 가지 방식에 대해 학생들에게 말한다. 그가 제시하는 첫 번째 예는 한 피자 가게에 관한 것이다. 이 식당은 주방을 개방하고 있기 때문에, 소비자들이 음식이 만들어지는 것을 지켜볼 수가 있다. 이는 학생들의 시야에 호소한다. 교수는 이 가게가 인근의 어떤 다른 가게보다도 장사가 더 잘된다는 점에 주목한다. 교수가 제시하는 두 번째 예는 화장품 매장에 관한 것이다. 교수에 의하면, 매장에서 나오는 향기가 소비자들을 유혹하며, 소비자들은 안으로 들어가서 향수, 로션, 그리고 비누를 구입하게 된다. 이 두 가지 예들은 감각 마케팅이라고 불리는 개념을 나타낸다. 그것은 사람의 감각에 호소하는 마케팅의 한 유형이다. 본문에 따르면, 감각이 자극을 받을 때, 사람들은 매장 안에서 더 많은 시간과 돈을 소비하게 된다.

Biology: Adaptations to Arctic Conditions

LISTENING   🎧 16-07

W Professor: The Arctic is a relentless environment. There's a relative lack of food sources, and animals must also deal with the extremely cold temperatures. For animals to survive the severe weather conditions in the Arctic, their bodies have adapted in many ways.

One crucial manner in which this has occurred is that animals have developed protective layers on their bodies. Most Arctic mammals—take the polar bear, for instance—have two layers of protection from the cold. The first is an inner layer of fat, and the second is an outer layer of fur. The fat and the fur act like insulation as they keep out the cold while retaining the heat the body generates. Arctic birds have adapted similarly. The ptarmigan lives in the northern latitudes of North America and Europe. Instead of fur, it grows thick feathers, even on its extremities. Additionally, it has layers of fat that keep it warm.

The, uh, body shapes of animals are another important way in which Arctic animals manage to survive. Think about what many Arctic animals look like. Consider, um, the walrus, the Arctic fox, and the Arctic hare. They have squat, rounded bodies with short limbs and heads that are close to their bodies. What's the purpose of these compact bodies? Well, first, this body shape keeps the heat that the animals generate inside a smaller area, where it can more easily protect the animals' vital organs. Second, with a smaller external body surface, Arctic animals lose less heat through their extremities. You see, uh, if they had longer legs, arms, and necks, their bodies would have larger surface areas, and they would lose more heat.

교수: 북극은 혹독한 환경입니다. 비교적 음식을 구하기가 힘들고, 동물들은 또한 극도로 추운 기온에 대처해야만 합니다. 북극의 혹독한 기후 조건에서 살아남기 위해, 동물들의 신체는 여러 가지 방식으로 적응해 왔습니다.

이러한 적응이 이루어진 한 가지 중요한 방식은 동물들이 신체에 보호층을 발전시켜 왔다는 점입니다. 북극에 사는 대부분의 포유류들은 – 북극곰을 예로 들면 – 추위로부터 몸을 보호하기 위해 두 개의 층을 지니고 있습니다. 첫 번째는 지방으로 이루어진 내층이고, 두 번째는 털로 이루어진 외층입니다. 지방과 털은 신체가 발생시키는 열을 유지하게 해주고 추위를 막아 주기 때문에 마치 단열재와 같은 역할을 합니다. 북극에 사는 새들도 유사하게 적응해 왔습니다. 뇌조는 북미와 유럽의 북쪽 위도에서 서식합니다. 털 대신, 뇌조에는 두꺼운 깃털이 자라나는데, 심지어 사지에서도 자라납니다. 게다가, 체온을 유지시켜 주는 지방층도 가지고 있죠.

어, 동물들의 체형은 북극의 동물들이 생존할 수 있도록 해주는 또 다른 중요한 방식이 됩니다. 많은 북극 동물들이 어떻게 생겼는지에 대해 생각해 보세요. 음, 해마, 북극여우, 그리고 북극토끼를 생각해 봅시다. 이들은 크기가 작고, 둥그런 신체를 가지고 있는데, 팔다리는 짧고 머리는 몸통 가까이에 있습니다. 이렇게 다부진 신체의 목적은 무엇일까요? 음, 우선, 이러한 체형은 동물들이 발생시키는 체온을 보다 좁은 공간에 유지할 수 있도록 해주는데, 이러한 좁은 공간에서는 동물의 중요 장기들을 보호하는 것이 더욱 용이할 수 있습니다. 둘째, 신체 표면이 보다 작기 때문에, 북극의 동물들은 사지로 빠져나가는 열을 줄일 수 있습니다. 아시겠지만, 어, 다리, 팔, 그리고 목이 더 길다면, 이들의 신체는 보다 표면이 넓어져, 더 많은 열을 잃게 될 것입니다.

Sample Response   p.173

교수는 북극에 사는 동물들의 두 가지 유형의 적응 방식에 대해 이야기한다. 첫 번째는 동물들이 신체에 보호층을 지니고 있다는 점이다. 북극의 날씨는 매우 춥다. 따라서 북극곰과 같은 포유류들에게는 많은 단열이 필요하다. 북극곰은 체온을 유지시켜 주는 털을 가지고 있다. 신체 내부에는 역시 체온을 따뜻하게 돕는 지방층이 있다. 교수는 또한 뇌조를 언급하는데, 뇌조는 북극에 서식하는 새이다. 뇌조는 털을 가지고 있지는 않지만, 몸 전체에 지방층뿐만 아니라 깃털도 가지고 있다. 또 다른 적응은 북극의 동물들이 다부진 신체를 가지고 있다는 점이다. 해마, 북극여우, 그리고 북극토끼는 모두 둥그런 신체와 짧은 다리, 그리고 짧은 목을 가지고 있다. 이들의 체형은 그들의 장기를 따뜻하게 유지하게 해주고, 만일 다른 체형을 가졌다면 그랬을 것보다 체열을 덜 잃게 해준다.

MEMO

MEMO